JN218532

ゲッターズ飯田の
運命の人の増やし方
ゲッターズ飯田
朝日新聞出版

運命の人に、いつ出会えますか?

「運命の人に、いつ出会えますか?」
占い師にこの質問をしたことがある人、または、聞いてみたい人は、多いのではないでしょうか。

「この人は運命の人ですか?」
「運命の人とは、もう出会っていますか?」
この質問も、とても多く寄せられます。

冒頭の質問は、相手がまだいない人で、次の2つは、具体的な相手を想定しての質問だと僕は判断していますが、相手がいても、他にもっと相性のいい人がいるのではないかと期待して聞くケースもあるようです。

ところで、運命の人って、どんな人を指すのでしょうか？

運命の人について、あまりによく聞かれるので、この本で、運命の人とはどういう人なのかを、一度きちんと考えたほうがいいのではないか？　と思いました。

そもそも、皆さんが口にする「運命の人」とは、自分にとって「どういう人か」と、考えたことはありますか？

「こういう人です」と、ハッキリ説明できますか？

実際に聞いてみると、生まれる前から赤い糸で結ばれている人がいると信じている人もいれば、運命的な出会いをする人だと思っている人もいます。または、出会った瞬間にビビッとくる人だと考えている人もいます。人によって定義はバラバラです。

赤い糸で結ばれている人、運命的に出会う人、ビビッとくる人、どのケースでもいいのですが、その人に出会った瞬間、運命の人だと、ちゃんと気づけますか？

運命の人は、恋愛相手だけを指すわけではないでしょう。

幼い頃からの親友。
自分の才能を見出してくれた恩師。
事業を成功に導いてくれたパートナー。
嫌いで理解できなかったけれど、それを反面教師にして、今では感謝している親。
自分の人生に影響を与えた人という意味でなら、タレントや作家などの著名人を、運命の人だと言う人もいるでしょう。

つまり、運命の人とは、人によって定義はさまざまで、曖昧なままに使われている表現です。

かくいう僕も、「運命の人とは」の説明をしないまま、「その人は、運命の人です」「運命の人と出会えるのは、○年後です」などと言ってきました。

では、どういう意味で「運命の人」と言っているのか……。
僕なりの基準があるので、この本でしっかりと紹介していこうと思います。

そして、運命の人に出会うにはどうしたらいいか。
現在のパートナーや気になる人は、運命の人なのか。
自分にとっての運命の人は、相手から見てもそうなのか。
1つひとつ、解き明かしていきましょう。

この本でわかること

この本では、「運命の人とはどんな人を指すのか」について考え、どう生きれば運命の人に出会えるのか、運命の人に出会うには、どう行動すればいいのかを、前半の【1〜4章】でお伝えします。

運命の人の輪郭をつかんだうえで、読者の皆さんが、いま運命の人だと思う相手の生年月日と出会ったタイミングを元に、相性をご自分で調べられるよう、その方法をまとめました。

この本の後半にあたる【5〜10章】で、たっぷりと調べることができます。

また、「まだ運命の人に出会えていない」「これから運命の人を増やしたい」という人のためにも、自分の生年月日と運気のタイミングから、「いつ準備をして、いつ行動すればいいか」を書いています。

この本は、運命の人に出会うための道案内です。運命の人を増やすための奥義書でもあります。人生のさまざまなタイミングで、この本を何度も開いて、人との出会いを楽しんでください。

CONTENTS

6章 運気の波を味方につける！ ～12年周期の運気・記号の説明～

7章 運気グラフを読む ～タイプ別・運気グラフと特徴～

8章 「五星三心占い」タイプ別・基本相性（三心×三心）

9章 「五星三心占い」五欲別・基本相性（五星×五星）……263

10章 相手の命数別！ この相手を運命の人にする方法 …… 307

［装丁］――新上ヒロシ（ナルティス）
［デザイン］――原口恵理（ナルティス）
［DTP］――稲見 麗（ナルティス）
［イラスト］――河野 愛
［校正］――ぷれす
［編集］――鈴木久子（KWC）
高橋和記（朝日新聞出版）

1章
運命の人は、どこにいる？

運命の人って、どんな人？

運命の人とは、どういう人でしょうか。

ネットで「運命の人」と検索すると、主に占い関連のサイトや恋愛コラムが出てきて、「人生を変えてくれる人」「強い力で惹かれ合う人」「言葉に出さなくても理解し合える人」などと、さまざまな表現で伝えています。それらを読むと、〝見えない力が働いている〟というイメージを伝えている印象を受けます。

しかし、よく考えてみてください。きちんと定義されていないのに、なぜ、「運命の人」という言葉に、多くの人が似たようなイメージを抱くのでしょうか。

それは映画やドラマ、小説や漫画で、さまざまな「運命の人」のパターンを見ているからではないでしょうか。たとえば、偶然が重なるような出会い、奇跡的な再会、突然のトラブルやハプニングの共有など、何かに導かれるように2人が出会い、深く関わることになり、その後の人生が左右されることになる……。こういったストーリーを、ハ

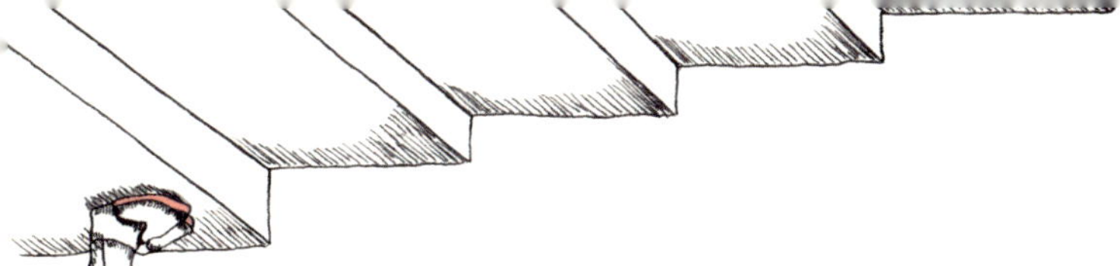

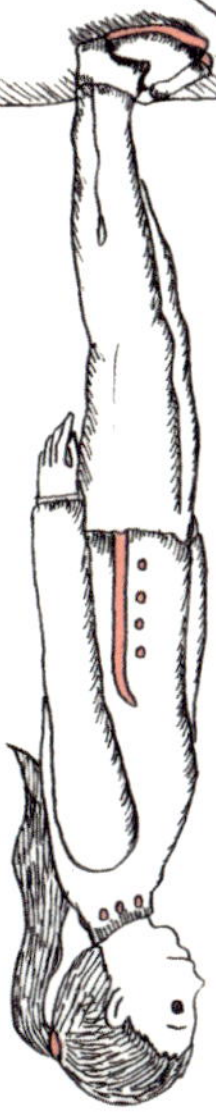

ラハラドキドキしながら見てきたからでしょう。

奇跡、偶然、思いがけず……といった出来事は、人智の及ばない力が働いているかのようで、どこかドラマチックです。そんなドラマチックな出会いがあなたにも起きるかもしれないと期待させ、甘い夢を見させる言い方として、「運命の人」という表現が生まれたのかもしれません。

もちろん実際に、奇跡的な出会いを経験した人もいると思います。

しかし、ここではいったん、夢の世界と現実世界とは、切り離して考えてください。

なぜなら僕は、夢を見させる道具として占いを使うのではなく、現実世界で戦略を立てるための道具として、占いを使いたいからです。

だからこそ、現実世界における「運命の人」とはどういう人かを、一度はっきりさせたほうがいいでしょう。

運命の人を判断するポイントとは？

じつは僕も、「運命の人」という表現を占いで使っています。
「いま付き合っている人は、運命の人ですか？」と聞かれたとき、占いの観点から判断し、「そうですね、運命の人の1人ですね」と答えることがあります。
僕が考える運命の人とは、ひと言で言えば、**「あなたの人生を左右しうる人」**です。
これには僕なりの基準があるので、まずはそれを紹介しましょう。

僕が「運命の人」に認定するのは、次の2つの条件が当てはまる人です。

Ⅰ．生年月日で見て相性がいい人
Ⅱ．出会ったタイミングがいい人

より具体的に言うと、次の①～④の4つに当てはまる人です。

①五星三心占いで「三心（キャラクターのタイプ）」での相性がいい人
②五星三心占いで「五星（五欲＝欲望の種類）」での相性がいい人
③自分の運気がいい年に関係を深めた人
④自分の運気がいい月に関係を深めた人

Ⅰ．生年月日に関わるのが①②で、Ⅱ．出会ったタイミングに関わるのが③④です。僕は1つの占い結果から判断しているわけではなく、①②③④と、4つの観点から見て、総合的に判断しています。

この占いの手法を明かすのは、今回が初めてです！

しかも、本邦初公開である「運命の人は誰か」を調べる方法を、この本では①＋②＋③＋④と、4つの相性点数を合計することで、誰にでもわかるようにしました。

「すぐに相手のことを調べたい」という人は、5章の「実践編」に飛んでもいいですが、その前に、なぜ僕がこの4つの相性点数を重視するのか、それを理解してください。

なぜなら、僕の考えに納得がいかないと、よい点数が出たら、「よかった！」と喜ぶか、

「へぇ〜」と思って終わり。悪い点数が出たら、「悪いのか……」と落ち込むか、「信じない！」と反発して終わりになってしまうからです。それでは「運命の人とは、どんな人か」もわからず、ヒントも得られないまま、軽いノリの相性診断で終わってしまいます。

それでは、占いを使えたことにはなりません。

エンターテインメントとして遊ぶなら、「運命の人だった！」「違った〜！」と、こたえ合わせをするだけでも十分楽しめますが、僕としては占いをもっとリアルに活用してもらいたい。何千年という歴史を経てきた占いの叡智(えいち)をもっと受け取ってほしいのです。

そこで本書では、「運命の人とは、どういう人か」だけではなく、

「どうすれば、運命の人に出会えるのか」

「どうすれば、運命の人を増やせるのか」も解説することにしました。

え？ 運命の人って、増やせるの？

そう思ったあなた。

なんと、増やせるんです!

しかも、「運命の人の確率は低い」と判定が出た人を、「運命の人」に変えることもできます!

では、僕の考える「運命の人」について、さっそく話をしましょう。

その前に1つだけ、僕の「五星三心占い」が示す「三心」と「五星」についての説明を先にさせてください。

●三心とは

五星三心占いの三心とは、3つに分類した心のリズムのことです。精神的欲望を求めるのが「羅針盤座」と「時計座」、肉体的欲望を求めるのが「鳳凰座」と「イルカ座」、物質的欲望を求めるのが「インディアン座」と「カメレオン座」。星座が2つずつあるのは、表裏の関係になっていて、その2組は欲望の表現方法が真逆となるからです。また、それぞれの星座のなかで「金」と「銀」に分類され、金は攻めの強い「陽タイプ」、銀は守りの強い「陰タイプ」です。

●五星とは

五星三心占いの五星とは、５つに分類した欲望（五欲）の種類のことです。命数の下ひとケタ１と２は「自我欲」、３と４は「食欲・性欲」、５と６は「金欲・財欲」、７と８は「権力・支配欲」、９と０は「創作欲」。５つの欲に対して数字が２つずつあり、奇数が攻めの強い「陽タイプ」、偶数が守りの強い「陰タイプ」となります。命数の下ひとケタについては、後ほど説明します。

そもそも直感を信じていいのは、10人に1人!?

「運命の人」の判断基準に、「ビビッとくるかどうか」と言う人がいます。

たとえば、合コンで5人の異性と対面したとします。そのなかにビビッときた人が1人いたら、あなたはきっと「運命の人かも」と思い、積極的に交流するでしょう。

でも、これって、ほとんどが間違っているんです。

まず、僕の占いでは、生年月日から命数を出して、「三心(タイプ別)」と「五星(五欲)」を知ることが1つの目安となりますが(自分の命数は、P335～で調べられます)、たとえば直感が当たる人は、「五星」の分類では10人に1人だけ。具体的には、命数の下ひとケタ「4」の人(命数が4、14、24、34、44、54の人)だけです。

※「下ひとケタ」とは、「命数」の1の位の数字を指します。以降も「命数の下ひとケタの数字」の略としてお読みください。

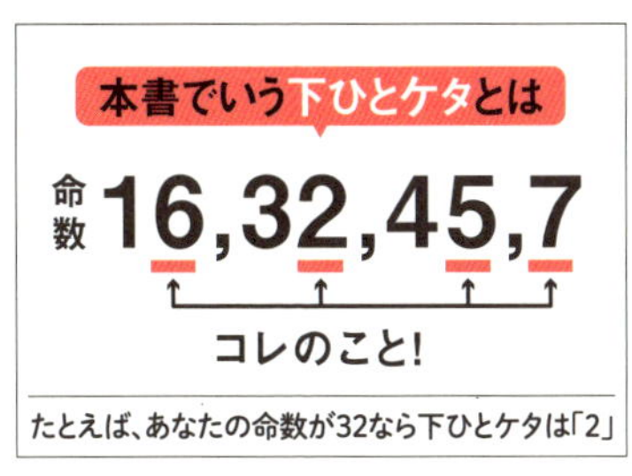

命数の下ひとケタが「4」の人は、直感力が優れている、という性質を持っています。ですから、下ひとケタ「4」の人がビビッときたときには、その感覚を信じていいのですが、それ以外の人（命数の下ひとケタの数字が「4」以外の人）は、第一印象で決めつけないほうが無難です。なぜなら、見た目や流行に引っ張られていることがほとんどだからです。

初めて会ったときに「いいな」と思っても、それは直感ではなく、たとえば、「ヒゲがおしゃれだから女性の扱いに慣れていそう」とか、「高そうな時計をしているからお金持ちかも」など、これまでに刷り込まれてきた情報に反応していたり、「いま人気のあの俳優に似ていてカッコイイ」とか、「昔付き合っていた彼と似ている」など、誰かと比べて判断していたり……といった部分で感じていることが多いからです。

参考までに、命数の下ひとケタ「4」以外の人が、初対面の異性に対して、反応しやすいパターンも紹介しましょう。

命数の下ひとケタが「5」の人は、流行に左右されやすいタイプなので、その時期にメディアで「今、この人が人気!」と騒がれている有名人に似ているとか、流行りのファッションやヘアスタイルをしているなど、「5」の人が持っている〝イケてる情報〟にマッチしている異性に出会うと、ビビッときてしまいます。

命数の下ひとケタが「8」の人は、上品な雰囲気が好きな性質なので、育ちがよさそうな顔立ちだったり、身だしなみがビシッと整っていたり、高貴な雰囲気を漂わせている異性に出会うと、ビビッときてしまいます。

命数の下ひとケタが「3」の人は、楽しい人が好きなので、明るくて笑顔の多い人にビビッときてしまいます。また「3」の人はエロさに弱いため、色気のあるファッションやしぐさを見たときにも、ビビッときてしまいます。

命数の下ひとケタは、0~9まで全部で10種類あります。この数字ごとに、異性に対して反応するポイントは異なるのです。

ここで1つ注意があります。

先ほどから「直感」という言葉を使っていますが、下ひとケタ「4」の人がビビッとくる直感と、「4」以外の人が初対面の人に抱く感覚は、性質が異なるものです。「4」以外の人のビビッとくる感覚は厳密に言うと直感ではありません。それは、単なる「好みへの反応」です。

「4」の人が言う直感に近いものとして第一印象を例としましたが、「4」以外の人は、第一印象から自分の好みにつながる情報を嗅ぎ取っているだけなんです。

ですから、それを「運命の人」のサインだと思い込んでしまうと、勘違いだと気づいたときには、「報われない恋に無駄な時間を使ってしまった」となりかねません。

ドキッとした人とは、相性が悪い？

僕の占いで導く「命数」の下ひとケタ0〜9の数字とは、その人が生まれたときから持っている欲望の種類を分類したものです（五欲＝五星）。

欲望とは、人間の本能に組み込まれた生きるための原動力にもなり得るもの。生殖本能もその1つです。そう考えると、「異性の好みには、その人の欲望が出る」と言われるのにも頷けるでしょう。

第一印象でビビッとくるポイントがこれだけ違うのも、もともと持っている欲望の種類が違うからで、それは本能からくるものだから抗えない……。そう言われると、納得がいくかもしれません。

もう少し話を進めましょう。

「恋愛感情が生まれる瞬間」も、「五星(五欲)」や「三心(タイプ別)」により、かなりの違いがあります。

たとえば、「ときめかないと好きになれない」と言う人がいますが、五星三心占いでは、ときめきから恋が始まるのは、命数の下ひとケタが「2」の人だけです。

下ひとケタ「2」の人は、刺激が快楽になるため、ハラハラドキドキすればするほど、のめり込んでしまいます。恋愛に刺激を求めるタイプなのです。

ところが、「2」以外の人は、ドキッとした相手には、単に緊張感を抱いているだけというケースが多いもの。何かのきっかけで相手を意識した瞬間、「相手も自分のことを好きかもしれない」「恋が始まるかもしれない」という期待が生まれ、「自分が選ばれるかも（そうなったらうれしい）」と、期待を含んだ緊張感でドキドキしてしまうのです。もしかしたらそれは、宝くじや競馬が当たるかも……と期待してドキドキしているときと似たような感覚ではありませんか？

一方で、「自分よりレベルが高い人」「自分とは違う世界に住んでいる人」「ミステリアスな雰囲気」という〝自分が手にしたことがないもの〟に対する違和感からドキドキしている場合もあります。これを恋の始まりと勘違いしてしまうと危険です。

有名な「吊り橋理論」は、危険な吊り橋を渡るときのドキドキする感覚を、恋愛感情と誤認することがあるという心理実験からの説ですが、人間の本能として、危険なもの、異質なものに対しては、とっさに体が警戒し、緊張状態になってアドレナリンの濃度が高まり、鼓動を活発にします。つまり、ドキドキの原因は警戒心と緊張で、じつは恋とは程遠いものなのです。

不倫、二股、結婚詐欺など、危険な相手を本能的に察知してドキッとしているかもしれないので、出会って間もないうちのドキドキの連続は警戒してください。破滅に向かうような恋愛の先に幸せは待っていませんので、くれぐれも気をつけてください。

運命の人とは、相性のいい人?

まだ1章なのに、「運命の人かも……」という直感やドキドキは勘違いだと、夢を壊すような話をしてしまいました。「運命の人」のロマンチックなイメージを壊してしまったかもしれません。

しかし、もしもあなたが「結婚したい」と思ってこの本を手にしたのであれば、結婚相手に夢やロマンを求めるのは、もうやめましょう。

僕のポリシーは、占いを現実生活で使い、役立てていくことです。ここからは、実生活でもっと役立つ「運命の人」についての話をしていきたいと思います。

もう少し、「運命の人」を掘り下げます。結婚相手を求めている人は、「運命の人＝幸せな人生をもたらしてくれる人」と思っているかもしれません。しかし、結婚相手に限らず、「運命の人」は存在します。僕にとっての「運命の人」の例を紹介しましょう。

僕が常に使っている占いノート。じつはこれ、僕の発案で作ったものではありません。僕が芸人として活動していた27歳の頃、当時のマネージャーが、「占いがそんなにできるならノートにまとめなさい。そして占った人のデータを集めなさい」と助言してくれたから生まれたものです。当時の僕は、まだ持っているデータも少なかったため、今のようなノートではなく、何枚かのメモ用紙に書いたデータで占っていました。

このマネージャーと出会ったのが「開運の年」。この時期には大切な出会いがあると、占いから自分でもわかっていました。「開運の年」はスタートの年でもあるので、ここで始めたことを長く続けることが、僕の人生で重要になると思っていました。

さらにマネージャーを占うと、同じ「銀のインディアン座」でした。ということは、彼とはこの先長い縁になる……と思いましたが、その占いは当たり、現在僕は、彼が作った事務所のアーティストと毎年仕事をしています。つまり、今も縁が続いているのです。

占いの流れを信じたから、僕の運命は大きく変わりました。占い師だからできたこと

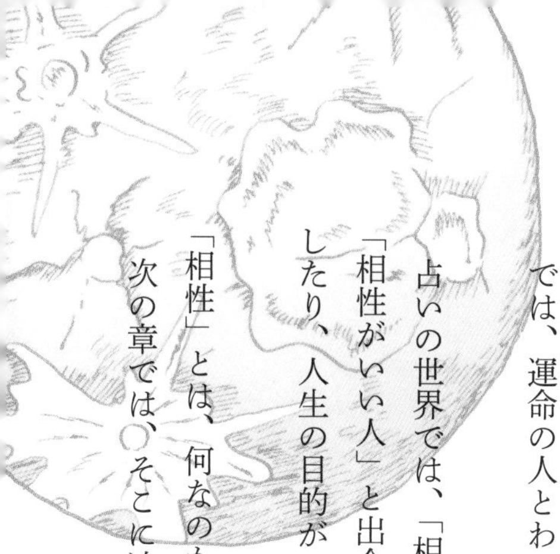

ではありますが、流れに逆らわずに素直に乗ってみたのがよかったと思っています。

このように、男性は主に仕事において、のちの人生を変えるような「運命の人」と出会うことがよくあります。そう考えると、恋愛に限らず、人生を左右するような出来事や状況をもたらす人を、「運命の人」と言うのではないでしょうか。

しかし、出会った瞬間に「運命の人」とわかるようなことは稀（まれ）です。

では、運命の人とわかる手立てはないのか？

占いの世界では、「相性」という観点で、１つの答えを出すことができます。

「相性がいい人」と出会えると、毎日が生きやすくなり、相手のおかげで人間的に成長したり、人生の目的ができることがよくあるからです。

「相性」とは、何なのか。

次の章では、そこに迫ってみることにしましょう。

2章 相性のいい人って、どんな人？

相性とは、何なのか？

1章では、僕の考える「運命の人」について書きました。では運命の人とは、相性のいい人なのか？　この章では、相性について掘り下げてみます。

先ほど、第一印象で惹かれるポイントが「五星（五欲）」によって違ったように、「相性がいい」と感じるポイントも、じつは「五星」、「三心（タイプ別）」によって異なります。

これまで僕は、6万人以上を占い、相性についても相当な数を占ってきました。そのデータが教えてくれた「相性のよさ」には、大きく3つの種類があります。

A．感覚の合う人（価値観の合う人）

B．凸凹の関係（足りないところを補い合える人）

C．相性が悪いと感じる人（感覚の合わない人、自分の苦手な部分を持っている人）

A. 感覚の合う人（価値観の合う人）

A〜Cの「相性のよさ」について、1つずつ解説していきましょう。

Aの「感覚の合う人」とは、価値観が似ている人です。金銭感覚、趣味趣向など、感覚や価値観を知る手がかりはいくつかありますが、恋愛においては、「食、笑い、セックス」の3つが合う人とは相性がいいと、僕はよく言っています。

たとえば、「食べ物の好みが合わないと、結婚生活がつらくなる」とか、「同じところで笑えないと、気持ちが共有できなくてさびしい」などは、恋愛や結婚ではよく聞く「あるある話」です。

しかし、「食、笑い、セックス」の好みや価値観も、じつは「五星（五欲）」によって、かなりの違いがあります。「五星」を示す「命数の下ひとケタ」を見れば、合うか合わないかは、ある程度予測がつきます。

一覧にして紹介しましょう。

食の好みと傾向	
下ひとケタ 1	味のこだわりや食への追求心はそれほど強くない
下ひとケタ 2	刺激的な食べ物が好き。健康的な食べ物を選ぶ
下ひとケタ 3	空腹に耐えられないが、食べ物は何でもいい
下ひとケタ 4	味に対する感性が鋭い
下ひとケタ 5	流行のグルメに弱い。味よりも話題性を重視
下ひとケタ 6	食にお金をかけたくない。手料理で判断。食材を無駄なく使う人が好き
下ひとケタ 7	サッと食べられるものが好き。麺類、焼肉好きの人が多い
下ひとケタ 8	コース料理、懐石料理など品を重視。汚い店にデートで連れて行かれたら即終了
下ひとケタ 9	食に興味がない。うんちくが好きなだけで、理屈で味わう
下ひとケタ 0	好きな食べ物を極めたがるが、知識がほしいだけ。理論で味わう

笑いの好みと傾向	
下ひとケタ 1	同じところで笑える人が好き。仲間内の笑いが好き
下ひとケタ 2	お笑いのライブやイベントに行くのが好き
下ひとケタ 3	ノリのいい人気者が好き。明るく盛り上げられる人が好き
下ひとケタ 4	しゃべりのおもしろい人が好き。毒舌をうまく返せる人など話術重視
下ひとケタ 5	スタイリッシュでオシャレな笑いが好き。ダサい笑いは嫌い
下ひとケタ 6	地味な笑いが好き。ベタで安心感のある笑いが好き
下ひとケタ 7	体を張って笑わせるなど、男っぽい勢いのある笑いが好き
下ひとケタ 8	品のある笑いが好き。下品なものは嫌い
下ひとケタ 9	斬新で新しい笑いのルールを作っている人が好き。センスのいい笑いが好き
下ひとケタ 0	師匠を継いでいるような落語など、伝統を踏まえた笑いが好き。知的な笑いが好き

「食、笑い、セックス」には、その人の本能的欲望がストレートに出やすく、理屈ではない部分で反応してしまうので、この3つが合う人と一緒にいられれば自然な形で本能的欲望が満たされ、ストレスなく快楽を得ることができます。

そう言うと、「同じ下ひとケタの人としか合わないいんですか?」と聞かれますが、ピッタリ合うことが重要なのではなく、相手の感覚や価値観を受け入れられるかどうかが重要です。

先ほど述べた通り、この3つは本能的欲望や快楽に直結している部分ですから、欲望を受け入れてあげると、相手は得も言われぬ気持ちよさを感じます。そう感じさせられれば、相手は「相性がいいかも」と思いやすいのです。

逆に言えば、相手の感覚や価値観を目の当たりにしたとき、嫌悪感を抱くようだと、いずれ問題が出てくるでしょう。

B. 凸凹の関係（足りないところを補い合える人）

Bの「凸凹の関係」とは、足りないところを補い合える相性を指します。

わかりやすいのは、お笑いのボケとツッコミのイメージです。ボケの人は、ツッコミの人がいなければおもしろさが伝わりませんし、ツッコミの人は、ボケの人がいるから、その鋭い切れ味のツッコミが輝きます。2人が組むことで、互いの魅力が増すのです。

会社や組織のなかでも、できないところをフォローし合える人がいると、自分の仕事がスムーズに進みます。

簡単に言えば、「助け合える関係」です。

たとえば、スゴ腕の職人さんが立ち上げた会社の場合、その技術力を売り込むのに、営業の人がいなくては利益につながりません。また、作ることに才能のある社長さんでも、次の世代を育てられなければ、会社は一代で終わってしまいます。つまり、営業もマネージメントも、スゴ腕職人の社長さんにとっては、なくてはならない存在です。

夫婦関係でも、似たようなところがあります。

夫婦共にお金の管理が苦手では、お金は貯まらないでしょうし、夫婦共に計画性がないタイプでは、将来の見通しが立てられないでしょう。人が2人以上集まれば、自然と役割分担が生まれるのです。

こうした、自分にはない能力を補い合える相手も、相性がいい人だと言えます。

C. 相性が悪いと感じる人（感覚の合わない人、自分の苦手な部分を持っている人）

Cの「相性が悪いと感じる人」とは、「合わないな」「苦手だな」と感じる相手です。

「相性が悪いと感じている人が、相性のいい人?」と、一瞬よくわからなくなりますが、「合わないけれど、結果的に助けられた」「この人ムリだと思っていたけど、新しい価値観を教えてくれた」という相性があるのです。

たとえば、「年の差など気にせず、誰とでもフランクに話したい」という人が、「タメ口で話すなんてもってのほか、社内でも敬語を使うように」という上司の下にいたら、職場でストレスが溜まるでしょう。自分にはやりやすいスタイルがあるんだから好きにさせてくれよという人にとって、別の価値観を強いてくる上司は「合わない」人です。

しかし、この上司と出会ったことで、尊敬語、謙譲語、丁寧語を使いこなせるようになり、おかげで取引先の社長さんとも仲よくなれて、大口の仕事をもらえたとしたら……。合わないなと思っていた上司との出会いは、その人にとって「運命の出会い」だったと言えます。

また別の例として、「仕事は効率重視、他人に構っている暇はない」と思っていた人が、ミスを犯してしまい、職場のスタッフに助けられ、その後、親切に面倒を見てもらったとしたら……。

その人は、これまで持っていなかった「他人と関わる」ことの価値を知り、おかげでかけがえのない仕事仲間がいることに気づきました。この助けてくれたスタッフは、ある意味、「運命の人」と言えるかもしれません。

人にはたいてい苦手だと感じることがあります。

この「苦手だな」「ストレスだな」という感覚がなぜ生まれるのかというと、自分にない欲望や価値観を押しつけられたときに、己を守るための防衛本能が働くからです。また同様に、自分が叶えたい欲望や価値観を脅かされそうになったときにも、この防衛本能は出てきます。

一方で私たちは、一見「犬猿の仲」と言えるほど自分とは違った感覚や価値観を持つ相手であっても、それを受け入れることができます。それは「想像力」という高い知性を持っているからです。本能的な反応で「嫌だ、苦手だ、嫌いだ、避けたい、排除したい」という感覚が湧き起こったとしても、その先にある「得」や「喜び」「快楽」を想像できるからです。

たとえば次のような場合です。

・苦手だと感じたけれど、この人には学ぶところがある。
この人を仲間にしたら、自分も成長できるかもしれない。
・好きになれない考え方だけど、自分にはない発想だ。
この発想力を取り入れたら、可能性が広がるかもしれない。

恋愛にせよ仕事にせよ、この先の人生を一緒に歩んでいくパートナー・仲間は、ネガティブな現実があっても、それをポジティブに変えられる人、そして未来の幸せを想像できる人、その未来を信じて前向きに行動できる人がいいと思いませんか?
だとしたら、まずは自分がそういう人になりましょう。
「まずは自分から」
これが運命の人と出会えるようになるコツの1つです。

違うタイプだからこそ起こる化学反応がある

僕の経験を話すと、「苦手だな、合わないな」と思っている人からは、自分にはない価値観を教えられることがよくありました。自分ならそこには辿り着かないな、と思うような現実を見せてもらえることもありました。タイプが違うからこそ、関わるとおもしろい化学反応が起こる。つまり、合わない人は、ありがたい人なんです。

そもそも、考え方が合わない人を、敵だと思う必要はありません。

関わってみて、どこが合わないのかを分析してみて、「自分にはない才能を持っている人だ」と、そ

の人をそのまま認めればいい。そのまま受けとめればいい。
金子みすゞさんの言う「みんなちがって、みんないい」。それでいいんです。

合わないと決めつけるのが早過ぎる!

占いをしていると、「ありのままの自分でいたい。それができない相手からは好かれなくてもいい」などと言う人がいます。しかし、ありのままの自分はこうだから! と開き直っていたら、誰も好きになってくれません。
犬だって、しっぽを振って近寄ってくるからかわいいわけで、何を言っても反応が悪い、自分から話しかけない、見定めようとするなど、相手を喜ばせようとするサービス精神や気遣いの1つもないようでは、誰もあなたに関わろうという気にはなりません。
ところが最近では、「合わない人と無理して付き合う必要はない」という考えも目立ちます。でも僕は、一度は全力で関わってみる価値があると思っています。やるだけやってみて、それでも気持ちが通じず、逆に自分がダメージを受けてしまうようなら、そこで初めて離れればいい。

時が流れれば人は変わります。自分だって変わります。気持ちだって自然と変わっていきますから、タイミングを見てまた何度でも関わってみればいいんです。

気が合うタイミングやきっかけは、いくらでもやってきます。詳しくは4章でお伝えしますが、占いの世界では、タイミングを読んで行動すれば、相性が悪い相手ともうまくいくようにできるのです。ですから、あなたと相手の運気の波が合うタイミングは必ずあるということを、頭の片隅に入れておいてください。

相性は、合わなくて当たり前!?

人の好みは千差万別と言うように、気の合う友人でも、異性の好みとなると全然違っていたりして、「意外！」「どこがいいの!?」などと盛り上がった経験があると思います。

占いの統計上でも、自分と同じ欲望を持っている人は、「五星（五欲）」の分類では10人に1人です。全体の割合からすると1割しかいません。そこにさらに「三心（イルカ座、カメレオン座、時計座、鳳凰座、インディアン座、羅針盤座の6タイプを、それぞれ金銀に分けたタイプ)」の分類もかけ合わせると、120分の1となります。120人に1人しか自分と同じ星を持った人はいません。意外と少ないと思いませんか?

そう考えると、相性は、合わなくて当たり前、です。

何が言いたいかというと、占いの分類とは「当たっているか/当たっていないか」ではなく、あなたが自分のことを、「どれだけわかっているか」が重要だということ。

そもそも論として、相性のいい人を探すには、まずは自分がどういう人で、何を求めているのかを知っておく必要があります。

自分は、どういう人と一緒にいると幸せを感じるのか、どういう人と一緒にいると素直になれるのか。自分の感覚と感情を観察し、とっさに出てきた振る舞いなどを振り返ってみたことはありますか?

ここでもキーワードとなるのは「欲望」です。自分の欲望を理解したうえで、相手がどんな欲望を持っているかに気づくことが大切です。
そもそも１２０種類も違うタイプがいるのですから、この理解と気づきがしっかりとできるだけで、自分には本来合っていない、間違った人にふらふらと行ってしまうことを防げます。

相性のいい人こそ、気づきにくい

皮肉なことに、相性のいい人より相性の合わない人のほうが、感覚的には気づきやすいものです。

１章でお伝えした通り、人間には防衛本能が備わっているので、その人のせいで自分の欲望が満たされないとか、自分の欲望を邪険にする人が現れると、強い反発心や拒否反応が出るようになっています。前述したCの「相性が悪いと感じる人」はこれに当たるため、なんだか合わない人だな……と気づきやすいのですが、あらかじめ「相性の悪い人には学ぶところがある」と知っていれば、相性をよくすることはできます。

一方で、相性がいい人にはそういった強烈な反応が出ないため、気づきにくいのです。Ａ「感覚の合う人」、Ｂ「凸凹の関係」はこちらに該当します。

では、ＡやＢの相性のいい人に出会うと、どんな反応が出るか。
それは、ふわっとした穏やかな反応です。
とくに何も感じなかったりすることもあります。

もちろん、なかには出会った瞬間から「波長が合う」と感じる相手もいます。それはわかりやすいからいいのですが、多くの人は「何も感じない」ことを軽視していたり、誤解していたりするので、ここでちゃんとお伝えしておこうと思います。

相性のいい相手とは、一緒にいて無理がないし、多少のストレスがあっても元気に過ごせて、同じことで笑えて、ごはんを一緒に食べるとおいしい。たまに意見の食い違いがあっても言いたいことをちゃんと言える。相手の機嫌が悪いときはそれなりに思いやることができる。弱っているときは助け合え、足りない面を補い合える。振り返ってみれば「これって相性がいいのかも」という感じで、普段はごくごく自然な関係なのです。

言い換えるなら、心が雨の日や嵐の日であっても、それを自然と乗り越えられていて、次第に穏やかな晴れの日が続くようになり、季節の変わり目ともいえる人生の節目には、ふと感謝の気持ちが浮かぶような関係が続いている……。つまり、「続いているってことは、相性がいいんだよね」という結果論で感じる人が多いもの。

しかしそうなれたのは、多少の食い違いがあっても、無理なく相手の欲望を受け入れることができているからです。

自分が求めてばかりでもないし、相手に強要されることもない。相手に寄りかかるばかりでもないし、放置でもない。自然と思いやりを積み重ねられて、穏やかな愛情が続いていて、バランスのいい関係になっているのです。

相性がいい人は、誰にでも必ずいます。

ただし、自分とまったく同じ人はいません。だから、相手の欲望をよく観察し、相性が合うようにと、チューニングしながら、相手のチャンネルに合わせに行く思いやりが必要です。

しかも、相手のチャンネルに合わせることに無理がなくて、楽しんでいる感じ。

相手に媚びたり、振り回されたり、我慢することがなく、自分に余裕があるなかで、さりげなく相手との違いを楽しむことができていれば、それで十分、相性がいいんです。もちろんこの感覚は人によって異なりますが、うまくいっている人たちは、チャンネル合わせのチューニングを上手にしています。

相性のいい人が見つからないタイプの特徴

「相性のいい人を見つけたいのに、なかなか出会えない」

そう思っている人にお聞きします。いつも「自分から見て」の視点だけで探していませんか？　「いい人が全然いないんです」と言う人に限って、求めるものが多過ぎるケースがよくあります。強欲なタイプか、目的がブレやすいタイプに多いパターンです。

恋愛をしたいのか、結婚をしたいのか。

この目的を明確にすることは、とても大切です。「結婚したい」と言っているのに、「この人には、ときめかないから無理」では、言っていることが矛盾しています。そもそも結婚したらときめきは不要です。毎日ときめいていたら生活できません。

また、「結婚したいのですが、運命の人といつ出会えますか？」と聞いてくる人もいますが、どんな相手がいいかを尋ねると、「何でも言うことを聞いてくれる人」「自分が望む生活をさせてくれる人」などと言います。よくよく聞くと、どうも「恋人や結婚相手に、親を求めているのかな？」と思う人が多い。

「ありのままの自分でいられる人がいい」という表現も、言い換えれば、「わがままを許してくれる人がいい」という意味で使っている人が多そうです。

この人たちに共通する点は、「相手から見て」という視点がすっぽり抜け落ちているところ。それじゃあ警戒されますよ。相手だって同じ人間ですから、同じように欲望があって、それをかなえたいと思っているのですから。

欲張りになってしまう人は、自分の欲の追求をいったん脇に置いて、「相手から見て」の視点になり、「相手の欲望を先に満たすと、自分はどうなるか」を実験してみてください。「北風と太陽」の話と同じように、先に相手に与えるのです。やってみたら不満が溜まった、つらくなった、ずるいと思った、という相手とは、相性のいい関係にはなれません。やってみたら感謝されてうれしかった、喜んでもらえて幸せ、という相手かどうかが1つの目安です。なぜなら、相性のいい人との間には、優しさと感謝のキャッチボールが必要だからです。

本音ベースの相手の欲望を受け入れられるかがカギ

自分や相手の「三心（タイプ別）」と「五星（五欲）」を理解し、「相手が何を基準に物事を判断しているのか」を知ることは、運命の人を見つけるための第一歩です。それをストレスなくできるかの判断が、運命の

人を見つける見極めポイントです。

ではここで「三心」別に、「かなり本音ベースでの求める相手」を紹介しましょう。

なぜここで急に「三心」を取り上げるかというと、「三心」とは、その人が生まれながらに持っている変えられない性質（キャラクター）であり、言わばその人を形づくる「土台」の部分だからです。

「三心」別・求める相手（金・銀タイプのどちらにも当てはまります）

イルカ座…自分にとって役に立つ人、自分が得できる人
カメレオン座…お金が得られる人、物質的・現実的に利益がある人
時計座…マイノリティを認めてくれる人、同じ目線でいられる人、寂しくさせない人
鳳凰座…1人にさせてくれる人、距離をあけてくれる人、頑固さを認めてくれる人
インディアン座…適度な距離感を保ってくれる人、執着しない人、深刻にならない人
羅針盤座…引っ張ってくれる人、依存できて楽な人、プライドを尊重してくれる人

どの「三心（タイプ別）」も、自分本位な欲望を持っていることがわかります。他の「三心」の欲望を見て、「まったく理解できないわー」と感じるかもしれません。

でも、それはお互いさまです。だから人は欲望をあからさまにせず、奥のほうに隠して、出さないようにしながら生きているんです。自分もそうだし、他人もそうだと認めて、他人に対して優しくなれないと、相性のいい人は現れません。

次は「五星（五欲）」別に、それぞれ人の何を見て「合う・合わない」を判断しているかを見てみましょう。

「五星」別・好きになるポイント

下ひとケタ1＆2…仲間意識が持てるかどうか
下ひとケタ3＆4…ノリや感覚が合うかどうか
下ひとケタ5＆6…近くにいてくれて得することがあるかどうか
下ひとケタ7＆8…ほめてくれるかどうか
下ひとケタ9＆0…尊敬できるかどうか

「五星」別でも、あからさまな欲望が見えてきました。「三心」も「五星」も、相手に求めることの中に自分の欲望が隠れています。ということは、逆から見れば、ここで挙げた欲望を、あなたも相手に押しつけている可能性があります。

たとえば、「下ひとケタ3＆4」の人がノリのいい人を求めるのは、そういう人と一緒にいることを心地いいと感じるからです。一方、「下ひとケタ9＆0」の人は尊敬できる人が好きなので、ノリがよくてもリスペクトできない人には惹かれません。つまり、ノリのよさを求めてくる人とは「下ひとケタ9＆0」の人は、心地よく過ごせないのです。

このように欲望と好き嫌いはとても近いところにあります。喜びのスイッチは欲望にあり、欲望を満たしてくれる人を好きになるとも言えるのです。

自分を知り、相手を知る

五星三心占いが示す、各タイプの「欲望の輪郭」が見えてきましたか？　欲望を踏まえると、どんなコミュニケーションを取れば仲よくなれるかのコツもわかってきます。

「五星」別・仲よくなれるコミュニケーションの取り方

下ひとケタ1……学生時代の友達のようなノリで対等に話すといい
下ひとケタ2……やんちゃした話や武勇伝など刺激のある話をするといい
下ひとケタ3……おいしいものの話か、おもしろい話をするといい
下ひとケタ4……おしゃべりなので、聞いてあげればいい
下ひとケタ5……その人がまだ知らないお得な情報を教えてあげるといい
下ひとケタ6……努力していることをピンポイントでほめるといい
下ひとケタ7……何でもほめて、うまく甘えるといい
下ひとケタ8……マナーを守り丁寧な所作を心がけ、お姫さま・王子さま扱いするといい
下ひとケタ9……才能を認めるといい
下ひとケタ0……王様のように扱い、尊敬するといい

ここに隠れている答えがわかるでしょうか。
何度も言うように、ここには「欲望」が隠れています。ですから、自分の「下ひとケ

タ」の内容は、人に押しつけ過ぎない。そして、相手の「下ひとケタ」の内容は、なるべくかなえてあげられるように意識する。どんな人とのコミュニケーションもそうですが、相手の欲望を見つけて、それを満たしてあげるような対応ができると、あなたの好感度は上がっていき、運命の人候補に浮上するようになっていきます。

自立しないと運命の人とは出会えない

右の「五星」別の表を見て、自分とは違う「下ひとケタ」の項目にも、当てはまる欲望があるという人もいるはずです。なぜなら、本当は誰もが命数を3つ持っているからです。詳しくは、『ゲッターズ飯田の「五星三心占い」決定版』(朝日新聞出版)に書きましたが、人は成長段階に応じて命数が変わり、強く出る欲望も変化していきます。

変化の時期は、人によって微妙に異なりますが、大きく分けると、幼少期～青年期、青年期～壮年期、壮年期～老年期の3段階。3つの命数がわかれば、「下ひとケタ」の数字も3つ出てきますので、当てはまる欲望の種類が増えます。

勘のいい「下ひとケタ4」の人なら、早い段階で3つの欲望に気づきます。また、人によっては矛盾するような欲望を持つタイプもいます。

また、「下ひとケタ」の数字が示す欲望が、どうもしっくりこないという人のなかには、あなたに強い影響を与える人が周囲にいる可能性があります。その多くは親です。

子育てをしたことがある人ならわかると思いますが、子どもが悪さをしそうになると、親は先回りして抑えようとします。悪さをする子どもの心の根っこにあるのは、わがまな欲望です。それを抑えようとする親の心の根っこには、親の欲望をまとった「我」があります。

親の「こうなってほしい」という欲望や、「こうなってもらっては困る」という防衛本能が、子どもの「本来持っている星」を抑え込んでしまい、「三心」や「五星」の性質が素直に出られなくなっている例がよくあるのです。親以外にも、強い影響力を持つ人やパワーの強い人が近くにいると、同じような現象は起こります。

だから僕は、「25歳を過ぎたら親元を離れたほうがいい」といつも言っています。

親元を離れて数年経たないと、本来その人が持つ「三心」や「五星」の性質は抑圧されたまま出てこられません。すると、自分で自分の欲望や可能性に気づけなくなり、「自分はどうしたいのか」がわからず、他人の「我」に振り回されてしまうのです。

親に限らず身近に、逆らえない人や強要してくる人がいる場合、自分の本質からくる欲望がわからなくなり、相性のいい人を判断できないばかりか、出会いも少なくなってしまうので、一度、自分の環境を見直してみてください。

3章

「五星三心占い」
タイプ別
相性のいい人の
増やし方

相性のいい人は増やせる!

1章、2章は、自分や他人を見つめ直すための内容でしたが、3章からはいよいよ、運命の人に近づくための具体的な話をしましょう。

5章で、今回、初めて1人ずつの相性点数を調べられるようにしましたが、それと同時に、「相性のいい人を増やす」ことも念頭に置いてほしいと、僕は考えています。

なぜなら、相性のいい人が増えると、出会い運がよくなるからです。もしいまあなたに恋人や尊敬できる人がいなくても、周りに相性のいい人がたくさんいれば、その人たちがあなたと相性のよさそうな人を紹介してくれるかもしれません。あなたと感覚の合う、価値観の合う相性のいい人からの紹介なら信頼もできます。

運は人が運んできます。相性のいい人が多ければ、そのチャンスも増えるのです。

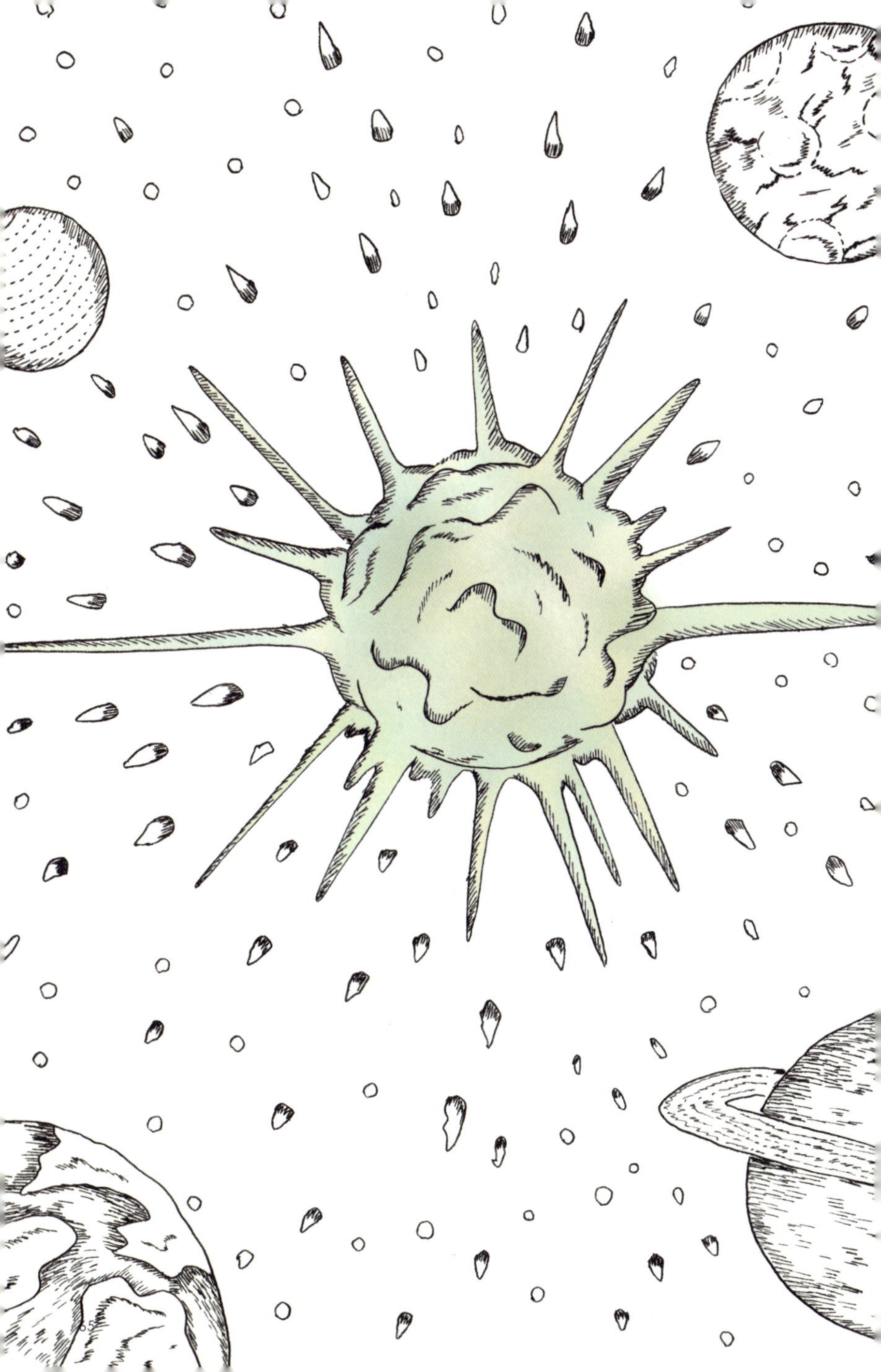

また、すでに運命の人と言える相手がいる既婚者の皆さんも、パートナーとの相性を調べ、攻略法を意識すれば、さらに絆を深めることができます。ただし、それで終わりではありません。仕事相手、友人、子ども、趣味の仲間など、いま関わりのある人たちをたくさん占って、「運命の人を増やす」というフェーズに突入してください。

そして、さらに大切なのは、この本で「相性」や「運気のタイミング」を調べ、その知識を生かして行動すること！　行動しなければ何も始まりません。

ではここで、相性のいい人を増やすための基本行動について、お話ししましょう。

運命の人を増やすコツ

相性のいい人を増やすには、大前提として、自分からコミュニケーションを取りにいく必要があります。当たり前のことですが、コミュニケーションなくして相性は生まれません。相性の種を蒔き、芽が育たなければ、その後、花は咲きません。

2章でお話ししたように、「ありのままの自分」を貫いていては、相性のいい人は増えにくくなります。相性のいい人を増やすには、相手をよく観察して、相手のことを知り、まずはOKライン（相手に好感を持たれる範囲）に入らなくてはいけません。

ただし難しいのは、「誰にでも当てはまる正解はない」という点です。「三心」や「五星」のタイプによって、心地よい交友関係は異なります。ここを間違えると、勇気を出してコミュニケーションを取りにいっても、独りよがりになりかねません。知っておきたい予備知識として、「心地よい交友関係の傾向」を紹介しましょう。

「三心」別・心地よい交友関係の傾向

●時計座、カメレオン座、イルカ座

陽タイプになるこの3つの星座は、友人や知り合いなどの人間関係、仲間意識や協力、人との縁を大切にしますが、そのぶん仲間意識が強くなり過ぎて、束縛や支配をしてしまう傾向があります。この感覚に合わない人とは相性が悪いと思ってしまうケースも。また、距離感が近くなり過ぎて縁が切れなくなることもあるでしょう。

●羅針盤座、インディアン座、鳳凰座

陰タイプになるこの3つの星座は、友人や知り合いは少なくても問題がなく、1人の時間や自分の世界を大切にすることを優先します。仲間を大切にする思いはありますが、ほどよい距離感を保てない人とは長い付き合いができなくなってしまうことも。また、束縛の激しい人や仲間意識を押しつけて来る人を苦手とする面もあるでしょう。

「五星」別・心地よい交友関係の傾向

●下ひとケタ1

仲間が大切。共通の趣味や仕事があり、対等に付き合えるのが喜びで、友達のようになれる人を好みます。偉そうな人や上下関係にうるさい人との縁は薄いでしょう。

●下ひとケタ2

団体行動よりも少数精鋭が好き。共に向上できる人と一緒にいるのを好み、刺激のある人を選ぶ傾向も。ときには危険な縁をつくってしまうこともあるでしょう。

●下ひとケタ3

ノリや勢い、その場を楽しくおもしろく過ごせる人を大切にします。真面目過ぎる人や楽しい空気を壊す人は苦手。サービス精神豊富で笑わせてくれる人を好みます。

●下ひとケタ4

出会った瞬間にパッと見てすぐに仲よくなれるかを判断します。話の楽しさや勘で相手を見極め、そのスピードは速いです。情に弱く、かわいそうな人とつながりやすい面も。

●下ひとケタ5

趣味を一緒に楽しめる人を大切にしますが、損得勘定で判断するところも。自分にとって得な人との縁を大事にします。ダサい人やケチな人とは縁が続かないでしょう。

●下ひとケタ6

どんな人にも優しい人。真面目な面を認めてくれる人や心の支えになってくれる人を大切にするタイプ。縁を切るのが苦手で、押しの強い人との縁が切れずに困ることも。

●下ひとケタ7

面倒見がいいので、甘えてくる人や自分を頼ってくる人を大切にします。若い頃は目上の人に甘えるのも得意で、年上との縁もたくさんつくれます。

●下ひとケタ8
臆病で人間関係をつくるのに時間がかかる人。常識やマナーを守る人や精神的なつながりを大切にするため、悩みや不安を聞いてくれる人と仲よくなり、下品な人とは疎遠に。

●下ひとケタ9
本来は人に興味がないのですが、不思議な人や自分の知らない世界を極めている人、理解ができない人との縁をつくろうとします。束縛と支配が嫌いで距離感をキープします。

●下ひとケタ0
相手の才能や頭脳に興味があり、尊敬すると深い縁に。浅い人とは続きません。尊敬してくれる人とも仲よくなりますが、相手には厳しく、束縛が苦手なので適度な距離が大事。

このように、「三心」や「五星」のタイプによって人に抱く思いは違います。心地よい交友関係の傾向が似ている「三心」と「五星」を持つ命数の人なら、相手に対する態度は一貫しますが、なかには矛盾するタイプもいます。たとえば、人間関係をつくるのが好きな「時計座」の人で、下ひとケタ「9・0」を持っていると（命数39・40の人）、人との縁を大切にしたいタイプなのに、同時に、人とはある程度の距離感を保ちたい面も持っているため、自然と人の好き嫌いが激しくなってしまいます。

人には人のルールがある

人はどうしても、物事を自分視点だけで見てしまいます。しかし大切なのは、自分基準で相手を見ない、判断しないことです。

たとえば、命数で「下ひとケタ1」を持っている人は、基本的に負けず嫌いで

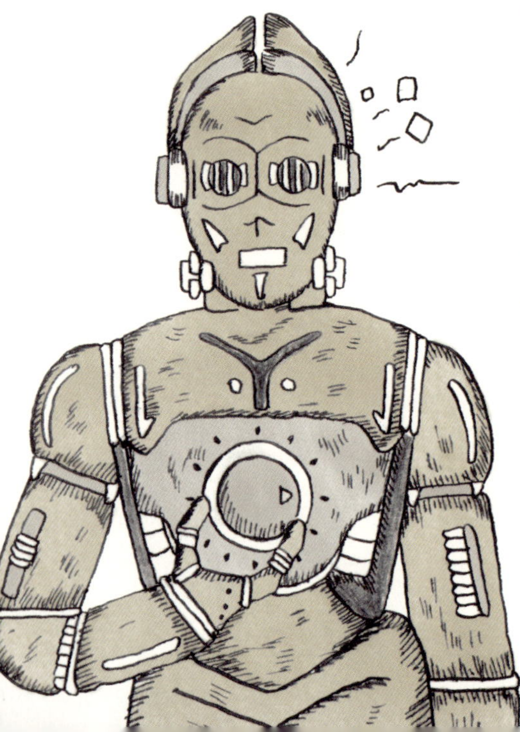

す。自分が負けず嫌いだから、世の中すべての人が負けず嫌いだと思いがちですが、僕のように「銀のインディアン・命数16」だと、人は人、自分は自分と思っているので、負けず嫌いの面がまったくありません。学生時代に体育の授業や部活で試合に負けて、先生から「悔しくないのか！」と言われても、「まったく悔しいと思いません」とつねに思っていました。もともと競争したい欲があまり強くないのです。

ですから、「相手はどのタイプで、下ひとケタ何番なのか？」と、常に相手基準で考えて、自分をチューニングするようにしてみてください。すると、相性を合わせることが容易になってきます。何でも自分基準で見ていると、いつまでも相手を理解できないまま、悩みや不安の原因に気づけず、同じ失敗をグルグルと繰り返してしまいます。

だから僕は、「三心」や「五星」のタイプ別に、欲望や性格の傾向をこの本にはたくさん書きました。これを目安にすれば、相性がつくりやすくなりますし、仲がこじれたときも、相手の傾向を読み解けば解決への糸口が見えてきます。占いは、現実の生活で使ってなんぼです。

切ったほうがいい相性もある

先の「心地よい交友関係の傾向」で、仲間意識の強い「時計座・カメレオン座・イルカ座」の人たちは、人との縁をつくるのが得意なように見えますが、じつは注意点があって、つながらないほうがいい人とも簡単につながってしまったり、切ったほうがいい縁がなかなか切れなかったりもします。

「相性のいい人を増やせと言っていたのに、切ったほうがいい縁もあるんですか？」

という声が聞こえてきそうですが、じつは……あるのです。

2人のうちの一方が欲望をかなえようと動くと、もう一方が犠牲になったり、苦痛を強いられたり、という相性になってしまう組み合わせもあります。

これを避けるには、やはり自分の幸せは何なのか、何を大切にして、どこに向かっていきたいのか。しっかりと方向性を定め、自分を守ること。その場合にも、相手の欲望やベースとなる性格を把握しておくと、互いの妥協点を見つけやすくなります。

五欲別に見た、他の五星との相性とは?

次は、欲望を示す「五星(五欲)」別に、他のどの「下ひとケタ」と相性がいいか、または悪いかの概要を紹介します。どこが合い、どこが合わないのかの傾向がわかると、相手の気持ちに寄り添えるようになってきます。

●下ひとケタ1・2(自我欲タイプ)

下ひとケタ「1・2」から見て相性がいいのは、「3・4・9・0」。

友達のようなノリで対等にいたい「1・2」にとって、楽しいことが好きな「3・4」とは軽快なノリが合います。意外なのは、上から目線の「9・0」の発言が、「1・2」にはよい刺激となって向上心に火をつけるところ。「1・2」のちょっと生意気な感じが「9・0」には不思議とフィットするのです。一方で、上下関係をしっかりとつけたい「7」や、礼儀やマナーを気にする「8」は、「1・2」にとっては煙たい印象に映ります。

●下ひとケタ3・4（食欲・性欲タイプ）

下ひとケタ「3・4」から見て相性がいいのは、「1・2・5・6」。

誰とでも対等で刺激が好きな「1・2」は、おもしろい話が好きで、場を盛り上げたい「3・4」の気持ちにのってくれます。また、自分をあまり出さない「5・6」は、性欲・食欲にストレートな「3・4」に合わせてくれ、「3・4」の欲望をかなえる情報を教えてくれたり、段取りや計算のできない「3・4」をフォローしてくれたりします。一方で、正しさを曲げない「7・8」と、理屈っぽい「9・0」は、面倒臭く感じてしまいます。

●下ひとケタ5・6（金欲・財欲タイプ）

下ひとケタ「5・6」から見て相性がいいのは、「3・4・7・8」。

利益や損得に鼻が利く「5・6」にとって、楽観的でサービス精神豊富な「3・4」は、計算高くなりやすい雰囲気を緩和してくれます。また、「7」の行動力やリーダーシップ、「8」の品格や道徳心は、戦略

1・2
9・0
3・4
7・8
5・6

に走りがちな「5・6」に足りない面をカバーし、まさに凸と凹の関係になれます。一方で、感情的になってぶつかってくる「1・2」や、こだわりや探求者っぽい考え方をする「9・0」は、少々苦手です。

●下ひとケタ7・8（権力・支配欲タイプ）

下ひとケタ「7・8」から見て相性がいいのは、「5・6・9・0」。

正義感があり、まっすぐな心を持つ「7・8」にとって、時代の流れを敏感に察知し、センスよく立ち回れる「5・6」は、よき参謀のような存在です。また、「9・0」の発想力や頭脳は、「7・8」にはないもので、単純に尊敬でき、新しいアイデアをもたらしてくれます。一方で、上下関係や立場を無視して生意気なことを言ってくる「1・2」や、快楽主義でチームワークを乱すようなことをする「3・4」は、イラッときやすい相手です。

●下ひとケタ9・0（創作欲タイプ）

下ひとケタ「9・0」から見て相性がいいのは、「1・2・7・8」。

プライドが高く、あまのじゃくな「9・0」にとって、生意気ながらも頑張り屋な「1・2」は、共に高みを目指したい思いで共感し合えます。また、いざというときに頼りになる「7・8」は、「9・0」のメンタル面で支えになってくれます。一方で、ノリのよさや場の空気ばかりを優先し、理屈が通じない「3・4」や、情報通かと思いきや浅い理解しかない「5・6」には、心の奥底を理解してもらえないため、物足りなさを感じます。

いかがでしたか？　基本的に「同じ下ひとケタ同士」は、よい相性です。ここでは、「五星（五欲）」の陽タイプ（奇数）と陰タイプ（偶数）をまとめて書きましたが、9章では、すべての組み合わせで解説しましたので、ぜひ読んでみてください。

三心別に見た、他の三心との相性とは？

続いて、それぞれの「三心」から見た、他の「三心」との相性を紹介しましょう。金タイプ（陽タイプ）と銀タイプ（陰タイプ）をまとめて書きますが、一部、金・銀のどちらかだけ出てくる「三心」があります。8章で「三心」の全タイプについて、他の「三心」をどう見ているかを解説していますので、詳細はそちらをお読みください。

●イルカ座

「イルカ座」から見て相性がいいのは「カメレオン座」。「銀のインディアン座」も悪くありません。「イルカ座」は自我が強いタイプで、それについていけるのが精神的に大人の「カメレオン座」です。一方で、相性があまりよくないのが、「銀の時計座・金の羅針盤座」です。プライドが高いのに依存的な「金の羅針盤座」と、人の努力にのっかろうとする人任せな「銀の時計座」には、うっとうしさを感じることがあります。

●カメレオン座

「カメレオン座」から見て相性がいいのは「鳳凰座・羅針盤座」。「金のイルカ座・金のカメレオン座」も悪くありません。「カメレオン座」は、落ち着いた年上タイプと相性がよく、それに応えられるのが「鳳凰座・羅針盤座」です。己の信念を貫く「鳳凰座」と、こだわりを貫く「羅針盤座」は、古風な面を持つ「カメレオン座」にとって安心できる相手です。一方で、相性があまりよくないのが、「金のインディアン座」です。計算してから動きたい「カメレオン座」は、飄々（ひょうひょう）とマイペースに動く「金のインディアン座」とは、歩調が合いにくいと感じます。

●時計座

「時計座」から見て相性がいいのは「カメレオン座・金の鳳凰座・金のインディアン座」。「銀のイルカ座・銀の時計座・金の羅針盤座」も悪くありません。「時計座」は博愛主義で、どのタイプとも縁をつくれますが、恋愛となると情に流されやすくなるため、「カメレオン座」のしっかりした判断力に支えられます。一方で、やや相性がよくないのが、「金のイルカ座」です。誰とでも分け隔てなく仲よくしたい「時計座」にとって、人を出し抜いてでも勝ちたい「金のイルカ座」は、やや苦手です。

●鳳凰座

「鳳凰座」から見て相性がいいのは「カメレオン座・時計座・銀の羅針盤座」。「金の鳳凰座・金のインディアン座・金の羅針盤座」も悪くありません。「鳳凰座」は孤高の星なので、親しみやすく自然と距離を縮めてくる「時計座」は、距離を詰められない「鳳凰座」にとってはありがたい相手。人にあまり執着しない「銀の羅針盤座」は距離感の合う相手です。そして「カメレオン座」の頭のいいところを認めています。一方で、相性があまりよくないのは、「銀のイルカ座」です。異性に華やかさとセンスを求める「銀のイルカ座」を、感覚の違う相手だなと思ってしまいます。

●インディアン座

「インディアン座」から見て相性がいいのは「銀のイルカ座・時計座・インディアン座」。ほどよい距離感を保ちたい「インディアン座」同士は一番感覚が合います。「時計座」の人当たりのよさと、「銀のイルカ座」のノリのよさやユーモアセンスは、「インディアン座」の持つ楽観性と明るい妄想力にマッチします。一方で、相性があまりよくないのが、一度決めたら変えられない「金の鳳凰座」です。言ったことをすぐに忘れる「インディアン座」とは、話がなかなか進みません。

●羅針盤座

「羅針盤座」から見て相性がいいのは「イルカ座・金のカメレオン座・銀の鳳凰座」。「銀のカメレオン座・金の鳳凰座」も悪くありません。「羅針盤座」は、真面目で優しいけれどネガティブなので、前向きな「イルカ座」、冷静な「金のカメレオン座」、ブレない「銀の鳳凰座」が引っ張ってくれると安心します。一方で、相性があまりよくないのは、超マイペースな「銀のインディアン座」です。不安感が強くて、受け身タイプの「羅針盤座」は振り回されてしまいます。

相性は、相手からも調べないといけない

最後にもう一つ、相性のおもしろさを。

じつは、「自分から見た相手との相性」と「相手から見た自分との相性」とでは、相性のよさが変わってくるのです。

一例を挙げると、「金の鳳凰座から見た、金のインディアン座」は、相性がとてもいいのですが、逆の「金のインディアン座から見た、金の鳳凰座」になるとイマイチに。ですから相性は、双方から見なくてはいけないのです。

自分にとって相手は、どんな影響をもたらす存在なのか。

そして相手にとって自分は、どんな影響を与える存在なのか。

この2つの視点を持って付き合っていくことが重要です。

4章

タイミングを味方につける！

運命の人の増やし方

相性を決定づける「タイミング」とは？

いよいよ、この本でもっとも伝えたい話に入ります。1章で、「運命の人」について、僕なりの基準があると書きました。ここでもう一度、おさらいします。

①五星三心占いで「三心（キャラクターのタイプ）」での相性がいい人
②五星三心占いで「五星（五欲＝欲望の種類）」での相性がいい人
③自分の運気がいい年に関係を深めた人・
④自分の運気がいい月に関係を深めた人

①②については、2章、3章で書いてきましたが、4章では、③④の話をします。

じつは、この本を書こうと思ったきっかけの1つに、これまで6万人以上を無償で占い、カップルや夫婦も多数占ってきたなかで、「この相性は微妙だな」というカップルでも、予想以上にうまくいった人たちがいました。「何がよかったんだろう？」と考えながらデータを分析していくうちに、あることに気づいたのです。

もともと、「出会った年や月によって相性は変化する」ということはわかっていたのですが、出会ったタイミングや、結婚したタイミングが、その後の2人の関係性に大きな影響を与えていると気づきました。性格的な相性と同じくらい、もしくはそれ以上に大事な要素に、「関係を深めるタイミング」があることがわかってきました。

結論を先に言うと、恋人や結婚相手を探していて、まだ特定の相手がいない人は、**「運気のタイミング」に合わせて行動してください。**

運命の人と出会うには、これがかなり重要です。

「運気のタイミング」に合わせて行動することは、既婚者も、恋人がいる人もいない人も、誰にとっても重要です。恋人のほか、仕事相手、友人、恩師など、相性のいい人を増やせる時期や、悪縁を切るチャンスの時期もあるので、運気に沿った行動がもっとも重要だと皆さんに伝えなくては……と、ずっと思っていました。

運気に波がある意味

運気のタイミングに合わせた行動がかなり大事だと確信した理由は、もう１つあります。僕自身が占いを使って数々の実験をしてきて、その結果が集まってきたのです。検証できつつあるのは、「運気のいい日に始めたことは、よい結果につながりやすい」ということ。たとえば僕は、実際に自分の運気のいい年に結婚をしています。妻も僕と同じ「銀のインディアン座」なので、２人ともいい運気の年に結婚しました。

妻との出会いは「リフレッシュの年」の12月でした。出会ったときは、付き合うことになるとは思いもしませんでしたから、当時の妻に「あなたは１９７５年生まれの男性で、今月か来月に出会った人と結婚しますよ」と伝えました。その答えは、なんと、１９７５年生まれの僕と結婚することだったのです。

きっかけは、２０１１年3月11日の東日本大震災のときに「大丈夫ですか？」とメールを送ったことでした。僕にとって3月は「解放の月」で、その年の12月に入籍をしました。妻も同じ銀のインディアン座だったので、僕のタイミングとうまく合ったのです。

ほかにも僕は、とにかく運気のいい年、月、日に、大きめの「決断」と「買い物」をするように努めました。あらかじめ自分の運気を調べておいて、「運気のいい年、月、日」にピークを持っていけるように照準を合わせて、それまでは積み重ねをしておくのです。

積み重ねとは、運気のいい年、月、日を本番とするなら、本番までにやっておくべき基礎体力づくりと練習です。さらには、本番の予行練習とも言える、さまざまなトライ&エラーといった、現場に出て行う小さな実験の積み重ねです。

「五星三心占い」では、12年で運気が1周すると考えます。12年を大きく3つに分けると、現場に出てチャレンジと練習を繰り返す「積み重ねの4年間」、結果が出て、努力した人は実りを収穫できる「本番の4年間」、反省と勉強をする「学びの4年間」です。同じように、12カ月（1年間）でも運気は1周します。

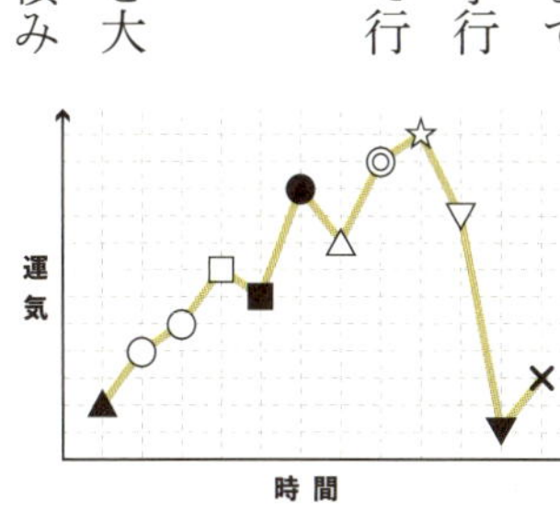

まずは、この大きな3つの周期で捉えて、どういう運気になるのかを理解しましょう。

・積み重ねの時期とは、「チャレンジ（1年目）、チャレンジ（2年目）、健康管理、リフレッシュ」に当たる年・月・日。
・本番の時期とは、「解放、準備、幸運、開運」に当たる年・月・日。
・学びの時期とは、「ブレーキ、乱気、裏運気、整理」に当たる年・月・日。

この3つの周期を植物の成長にたとえると、種を撒いて地面に根を伸ばすのが、積み重ねの時期。そして、花が咲き、実がなり、最高の輝きを発するのが本番の時期です。しかし、永遠に花が咲き、実がなり続ける植物はありません。実から種が落ち、新芽を出すために土の中で養分を吸収する学びの時期がやってくるのです。

では、それぞれの時期にどんな変化が起こるのかを、具体的に説明しましょう。

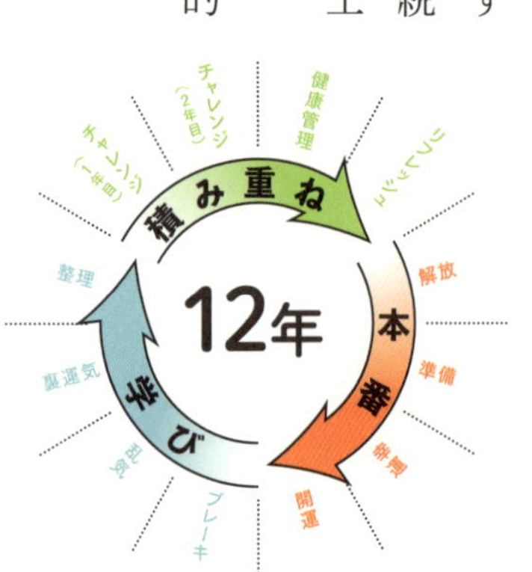

●積み重ねの時期……「チャレンジ（1年目）、チャレンジ（2年目）、健康管理、リフレッシュ」に当たる年・月・日

幹を育て、枝を伸ばし、葉をつける時期です。細い幹や短い枝では立派な花や実は育ちません。人との縁は枝葉のようなもの。枝を伸ばし、葉をつけて、その先で花を咲かせておいしい実がつくように、自分をどう成長させられるかが問われてきます。

相性や出会いにおいても、この期間にさまざまなチャレンジをして人脈を広げ、経験や体験を増やすことがカギとなります。失敗や挫折に臆病になるのではなく、「まずは経験」と思ってチャレンジを優先すると、人としての厚みも出てきます。

運気がいいときに何も経験していない人は、その後の人生のおもしろさに差が出ます。失敗しない人など1人もいません、失敗をどう挽回したのか、人の価値とはそこでつくものだと僕は思います。積み重ねの時期はいろいろな挑戦をして、苦労や困難は、自分を大きく成長させる糧だと思ってください。

●本番の時期……「解放、準備、幸運、開運」に当たる年・月・日

ついに花が咲き、実がなり、誰が見ても最高に輝く時期の到来です。ただし、積み重

ねの時期に、積み重ねてきた内容に応じた花が咲きます。正しい積み重ねをしていないと、美しい花も、おいしい実もなりません。自分が積み重ねてきた努力の結果が出ると思って、やりたいことに全力で向かい、決断・行動をし、力を出し切ってください。

●学びの時期……「ブレーキ、乱気、裏運気、整理」に当たる年・月・日

学びながら地面にしっかりと根を伸ばす時期です。根を育てることは植物にとって非常に重要です。しかし周囲からは育つ様子が見えないため、評価されづらくなります。多くの人がここで「つらい、悪い、苦しい」と言って努力をやめてしまい、方向転換したり違うことを始めてしまったりするパターンが多いのですが、それがのちに大きな問題になることも。僕が「裏運気」と言っていたら、根を伸ばす時期だと思って、土台づくりに励んでください。

この大きな3つの周期のうち、「学びの時期」の中で訪れる「裏運気」では、縁が切れることが多くなります。ここは愛情を試される期間でもあるので、自分や相手の裏側が見えて、表とは違った一面を見ることになり、自分と合わない部分を感じて嫌いになっ

たりすることもあります。しかし、ここで相手を受け入れることができて、上手に流すこともできて、無事にやり過ごせれば、愛情がある証となり、さらに絆も深まります。

ただし、あなた1人がこの時期を問題なく過ごせても、相手が愛情を持っていない場合には縁が切れてしまうことも。ですから事前に「裏運気」を調べておき、相手にも、「この時期は裏の自分が出てしまい、愛情を試されるときなので、一緒に乗り越えよう」と伝えておきましょう。そうすれば、互いに心構えができて、乗り越えられるでしょう。

「前ふり」のない人に運命の人は現れない

これまで約6万人を占ってきて、また、僕自身が運気に沿った計画を立てて生活してきたなかで、じつは、「もっとも重要なのではないか?」と気づいたことがあります。

占いで運気を調べるとき、皆さん、運気のいい時期に注目しがちです。

しかし本当は、運気がいい時期までに、どんな努力やトレーニングを積み重ねてきたか。それがもっとも重要なのです。

ですから、「積み重ねの時期」をあらかじめ知っておき、そこで目的に向けた行動とチャレンジ、さらには振り返りを、きちんと積み重ねることがもっとも大事なのではないかと。占いを続けていくなかで、次第にそう思うようになりました。

これを僕は「前ふり」と呼んでいますが、前ふりの積み重ね方が運命を分けるのです。

前ふりの内容は、その人の性質や、求める相手によって異なります。

もしもあなたが、「五星三心占い」で、人付き合いがあまり得意ではないタイプと出

ているなら、人付き合いを増やす行動をかなり意識してください。
僕はこのタイプにはよく、「それまでに何回かお見合いするといいですよ」「紹介してくれる友達をつくってくださいね」とアドバイスしています。なぜなら、いざ運気のいい時期になって、急に「誰かいい人を紹介して！」と言っても、紹介してくれる友人や知人がいなければ、行動したくてもできないからです。

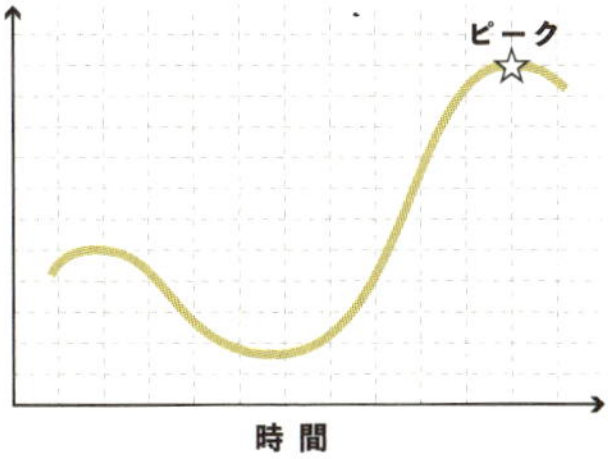

これまで占ってきた人のなかにも、運気がよくなる「解放・幸運・開運」の時期まで、ただ待っていれば自然と結婚できると思っている人がたくさんいました。
でも、考えてみてください。国を代表するスポーツ選手だって、オリンピックにピークを持っていけるように、計画的にトレーニングに励んでいます。その積み重ねがあるからこそ、本番で輝けるのです。みなさんも「本番の時期」を調べて、それまでに恋愛のトレーニングしかり、仕事のトレーニングしかり、積み重ねに励んでください。とくに出会いの少ない人は、この積み重ね力がものを言います。

また、スポーツ選手は、ライバルの強みや自分の弱点を研究し、勝つための戦略を練ることも怠りません。この本で紹介する相性占いは、この戦略に似ています。

「解放・幸運・開運」の年・月・日に運命の人に出会うには、「積み重ねの時期」がかなり重要だと、ここでしっかりと伝えておきます。

この時期にできた縁は不思議とつながりが強くなるので、交際や結婚に発展しなくても、絆が深まる時期だと思って行動してみてください。

運気のいい人が判断するといい

恋愛は1対1の話ですが、仕事など複数の人間が関わる場合は、さまざまな人の運気が絡んできます。そこで次は、仕事で出会う「運命の人」の例を見てみましょう。

あるとき僕は、仕事が終わった段階で、プロジェクトごとに関係者の運気データを分析してみました。すると、運気のいい人の判断で進んだプロジェクトと、裏運気や運気が低迷している人が決断して進めたプロジェクトでは、同じような内容のものでも、運気のいい人が関わっているほうに軍配が上がりました。
裏運気の時期は誰にでもありますから、運気が低迷中の人がいること自体は問題ありません。ただしそのなかでも運気のいい人が主体となって、判断や決断をした仕事のほうが、よりよい結果につながっていました。

一方で、運気の低迷している人が舵取りした集まりは、途中で問題が生じたり、つまずいたりと苦しみ、結果的に長い付き合いにならないことが多くありました。困難が生じるからこそ、それがよい思い出になって縁がつながる場合もありますが、運気のいい人との集まりと比べると、仕事の結果はもちろん、人脈の広がり方にも差が出たと感じています。

よい結果が出るということは、そこで人間関係が強固となり、絆ができます。相性が一層深まった、ということになります。一度強い相性で縁がつながれば、その後の困難も乗り越えやすくなります。ですから、「運気に乗る」「運気のいい人を見つける」ということは意外と大切なんです。とくに、やりたいことは、なるべく運気のいい時期にスタートできるように計画してください。

運命の人に出会える時期とは？

運気に沿った計画、そして運気に乗る行動が大事だとわかったと思います。それでは、「運命の人と出会い、縁をつくるのに適した時期」をお伝えしましょう。

よい縁をつくって育てていきたいなら、「本番の時期」のなかでも、「解放・幸運・開運」の時期を狙うといいので、この3つの時期について紹介します（ほかの運気については6・7章で詳しく解説していますので、ぜひ読んでみてください）。

●解放

「解放」の年は、運命的な出会いや結婚など、人生が大きく変わる出来事が起こりやすくなります。思い切った判断や決断をするにも最適な年。ただし、全般的には「結果が出る運気」なので、それまで努力をしてこなかった人にはうれしい出来事は起こりません。また、悪いことを積み重ねてきた人には、悪い結果が出ます。縁がなかった人とも、ここでキッパリと切れるので、執着しないほうが今後の運気をよくします。

◎幸運

「幸運」の年は、全般的には「積み重ねてきた答え」が出る時期です。恋愛においては、新しい出会いではなく、既に出会っている人とよい関係に発展しやすい年。異性に好かれる努力を積み重ねてこなかった人は、ここで急に出会いを求めても厳しい現実を突きつけられるかもしれませんが、以前から好意を寄せられていた異性とはうまくいく可能性が高いので、旧知の仲に注目してみてください。

☆開運

「開運」の年は、あなたの魅力がもっとも輝く時期なので、積極的に行動することで運がひらけます。運命的な出会いがあったり、恋人ができたりする他、結婚、妊娠、出産などにも恵まれやすくなります。大切なのは、現実を受けとめて「覚悟を決める」こと。そして決めた覚悟を簡単に手放したり、変更したりしないことが重要です。

運気は、月・日単位でも動いています。そこで、5章の後半（P142〜）では、年の運気、月の運気もわかるようにしました。これを基に、運気に沿った計画を立ててみてください。日の運気は、年刊分冊『ゲッターズ飯田の五星三心占い』に掲載していますので、そちらを参考にしてください。

ちなみに、運気の影響の大きさは、「年＞月＞日」です。「年の運気」を最優先しますが、「学びの4年間」は、運気のいい月の運気のいい日を狙って行動するといいでしょう。

「互いに意識した日」から縁は生まれる

積み重ねを経て、運気のいいときに縁をつくる。これが大事だとわかったでしょうか？この「縁をつくる」という言葉の意味は、2人で遊ぶ、食事に行く、デートをする、交際を申し込むなど、相手のことを異性として意識したうえでの行動を指します。

占いでは、「出会いはいつ？」という聞き方をするので、縁ができた日を「初対面の日」だと思っている人がいますが、一方的に相手を知っただけでは縁ができたことにはなりません。顔見知りになった日ではなく、「頻繁に挨拶をするようになり、相手を異性として意識したうえで行動を起こした日」と覚えておいてください。

ですから4月の入学式や入社式など、複数や団体で出会う場面は出会った日（縁ができた日）になりません。芸能人のコンサートで目があった、テレビやネットで一方的に知っただけの場合も、出会ったことにはなりません。

最近ではマッチングアプリで出会うケースも増えていますが、この場合はネット上で知り合った時期ではなく、実際に対面した日が出会った日（縁ができた日）です。合コンや婚活パーティーなど、恋愛モードになっているときの出会いは、「縁をつくる行動」に含まれるので、出会った日（縁ができた日）となります。ただし、相手にもちゃんとあなたの存在を認識され、記憶される必要があります。

運気がいい年までに何をすればいい？

僕は、運気のいい時期に合コンに行く、婚活パーティーに行くなど、積極的に出会いを求めて行動することを勧めていますが、その前に、見た目を磨いていない、会話ができない、趣味が何もないなど、自分磨きをしてこなかったら、せっかくの輝ける運気の時期に、あなたに輝ける魅力自体がない、ということになってしまいます。だから「積み重ねの4年間」、もっと言えば「学びの4年間」を含めた8年間に何をしておくかを、もっと重要視して戦略を立ててください。

自分のどこが魅力的なのかは、「三心（タイプ別）」や「五星（五欲）」の性質を調べて、持っている魅力を生かす方向で考えるのがコツです。持ち前の魅力を最大限に生かしつつ、並行して足りない部分を鍛え、そのうえで運気のタイミングを使いましょう。

運気のいい時期に運命の人に出会うには？

さて、運気のいい時期を調べて、それまで前ふりとなる努力を積み重ねました。

次は、「どこに行けば運命の人と出会えるか」を、具体的に「五星」別にお教えしましょう。

運命の人に出会える場所とコツ

●下ひとケタ1

出会える場所は、学校、職場、趣味の習い事、行きつけの店、スポーツに関わる場所、地域の行事、友人の披露宴や二次会、同窓会など。
異性の友人になることを目標にするとよいタイプなので、定期的に行く場所をつくっておくといいでしょう。ただし、ひと目惚れや一夜の恋は避けたほうが無難です。

●下ひとケタ2

出会える場所は、職場、イベント、ライブ、飲み会、コンパ、出会い系、ネット、パーティー、旅行先、友人の集まりなど。
一度好きになると驚くほどパワーが出ますが、自分が好きにならないと始まらないので、刺激のある出会いを自らつくる必要があります。

●下ひとケタ3

出会える場所は、飲み会、食事会、コンパ、友人の紹介、職場、趣味の集まり、お祭り、イベントなど。

笑顔でいると異性の心をつかめるタイプなので、自分が楽しめる場所や、少し目立つ場所に行くとよいでしょう。

●下ひとケタ4

出会える場所は、飲み会、コンパ、偶然の出会い、再会、友人の集まり、習い事など。

自分がひと目惚れするタイプだと自覚して、人の集まりに顔をできるだけ出すことが重要になります。気になる人のいない集まりには参加しなくていいでしょう。

●下ひとケタ5

出会える場所は、飲み会、行きつけのお店、社交パーティー、仕事つながりの集まり、趣味のつながり、コンパなど。

フットワークが軽く、趣味が多彩な人が多く、出会いは多いのですが選り好みが過ぎるので、選ぶのではなく、選ばれるように愛嬌よくしましょう。

●下ひとケタ6

出会える場所は、職場、学校、お見合い、友人の紹介、食事会など。

安心できるタイプなので結婚相手に選ばれやすいのですが、一気に盛り上がる恋が苦手。慎重になりすぎるので勇気を出して飛び込みましょう。外見もしっかり磨いて。

●下ひとケタ7

出会える場所は、上司や先輩の紹介、部下や後輩またはそこからの紹介、学校、職場、イベントなど。

押しに弱いので年上の人に上手に甘えることが大事。その人ではなくてもそこから紹介してもらえることがあります。相手が年下の場合は積極的に遊びに誘ってリードして。

●下ひとケタ8

出会える場所は、信頼できる人からの紹介、会社内、仕事関係者、お見合い、友人関係など。

恋に慎重になりすぎてチャンスを逃してしまうことが多いタイプ。真面目さや品格はすぐに相手に伝わるので、積極的になり、かつ相手に対してマメになるといいでしょう。

●下ひとケタ9

出会える場所は、飲み会、コンパ、出会い系、ネット、会社、趣味の習い事、イベント、ライブ、芸術関係の人とのつながりなど。

恋に素直になることがもっとも大事。あまのじゃくになっているといつまでも縁をつくることができないでしょう。すべての異性を尊敬尊重することを忘れないように。

●下ひとケタ0

出会える場所は、上司や先輩またはそこからの紹介、習い事の先生、友人の紹介、学校、芸術系の習い事など。

尊敬できる人を見つけることが大事。学校や習い事に行くと気になる人が見つかるはず。些細なことでも人のよい面をほめるようにするとチャンスをつかめるでしょう。

裏運気の超え方

先に述べた「相性が微妙でも続いているカップル」たちは、データを調べていくうちに、出会ったタイミングや交際をスタートさせたタイミング、結婚したタイミングの運気がいいことがわかってきました。逆に、「出会いがない」と嘆いている人の多くは、行動や決断をするタイミングが運気の流れとズレていることが多かったのです。僕は占いでその人の運気サイクルを調べ、恋愛や結婚にベストなタイミングを教えて背中を押しています。ですから、占いが当たるというより、「占いが当たるように軌道修正してもらっている」と言うほうが正しいかもしれません。

ただし、五星三心占いでは、「裏運気」という考え方があり、この時期の過ごし方を知らないと、災いを起こしやすくなります。まず、裏運気とはどういう時期かを簡単に説明しましょう（詳しく知りたい人は、『裏運気の超え方』も読んでみてください）。

裏運気は、自分の裏の性格に変わってしまう時期です。裏の性格とは、本来の性格とは反対側にある性格で、「三心（タイプ別）」でそれがわかります。
イルカ座の裏は鳳凰座、カメレオン座の裏はインディアン座、時計座の裏は羅針盤座。さらに金タイプは銀タイプに性格が変わります。もしくは、裏の性格を強いられるような出来事が起こります。

さらに、「五星（五欲）」の欲望も、陽タイプと陰タイプがひっくり返ります。たとえば、「自我欲」を持っている人なら、命数の下ひとケタ「1」の人は「2」に変わり、「2」の人は「1」に変わります。もしくは、ひっくり返った先のタイプが持つ欲望を強いられるような出来事が起こります。

要するに、普段の自分や「自分らしさ」とは違った運気になるのです。

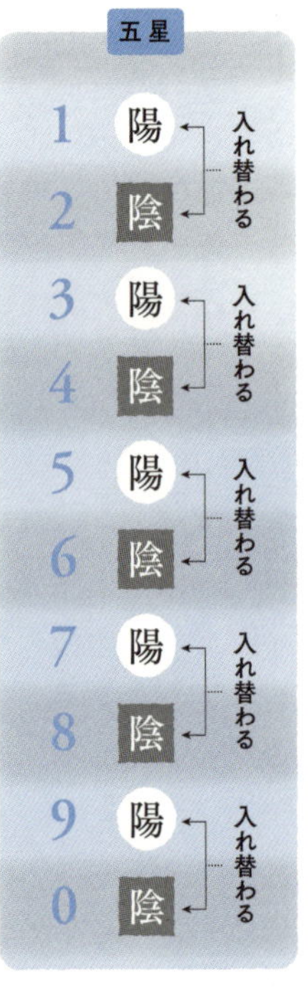

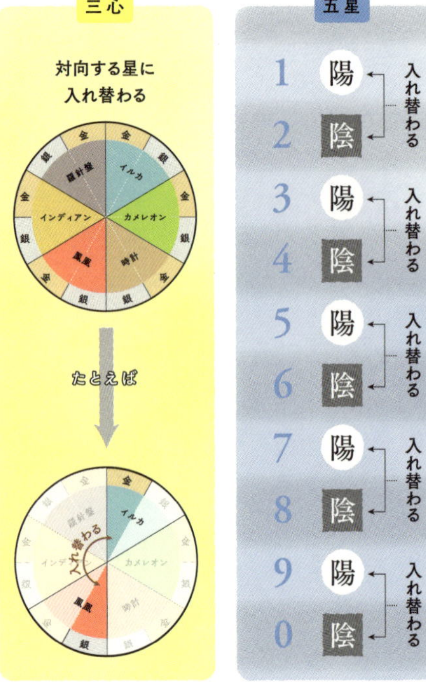

また、裏の性格や欲望の変化を強いられるのと同時に、体調を崩しやすくなる時期でもあります。体調が悪いと、縁をつくりたくても体が言うことを聞きません。

裏運気は、ある意味、困難やつらい局面を経験し自分を鍛える時期でもあるため、ここで逃げてしまうと、人としての成長を妨げることになります。つまり、困難を乗り越えたら成長できるようになっているのです。そこで僕は、裏運気になったら、「裏の欲望を鍛える時期だ」と意識を変えて臨むことをすすめています。

出会いにおいても、裏運気は「普段なら関わることの少ないタイプ」との出会いが増えます。自分の性格や欲望が裏に変わっているため、普段なら好きにならないタイプがよく見えてしまい、間違った人に走りやすいのです。これが厄介の元で、裏運気が終わり、本来の自分に戻ると突然冷めてしまい、縁を切りたくなって関係がギクシャクし始めます。そこで悩みが生じるわけです。

この現象は、相手が裏運気の場合も同じです。あんなに盛り上がったのに、相手の裏運気が明けたら突然フラれた、ということもよくあります。裏運気でつながった縁は短期間で終わるケースが多いのは、このためです。

運気の流れを知らないと、裏運気では不思議と「悪友」や「腐れ縁」と思うような人と縁ができてしまうことも多く、「つながってはいけなかった」ということに後から気づきます。「不倫」や「三角関係」にはまってしまうケースもどちらかが裏運気の場合が多く、「早く縁を切りたい」と思ってもなかなか縁が切れません。

縁が切れないのは、相手の運気がいいからです。相手にとって都合のいい関係になっているためです。どうしても運気の強さで負けてしまうため、縁を切りたくても切れずに苦しむことになります。

裏運気のよい面を言うなら、普段では付き合えないような人と縁がつくれるチャンスがあります。ただし、運気を読んで戦略的に動かないと後で痛い目に遭いやすいので、運気の勉強をしてからにしてください。

裏運気に賭けるという裏ワザ

裏運気で縁をつくることは、基本的にはおすすめしていません。

ただし、何年も恋人ができない、何年も婚活しているのにうまくいかないなど、「出会えない」という悩みの沼にはまっている人には、あえて裏運気で縁をつくり、運気を逆手に取って進むと運がひらけてくるケースもあります。裏運気だからこそつながれるタイプもいるので、恋愛の数が少ない人は、裏運気に賭けてみるのもいいでしょう。

結婚がなかなかできない人のなかには、裏運気で結婚するタイプもいます。この場合は、12年後の裏運気を超えるまで縁を保っていければ、次の裏運気を超えたときに絆はグッと強まります。ですから怖がる必要はありません。

ただし、裏でうまくいったぶん、普段通りの自分に戻るとギクシャクし始めます。そうなったら機転を利かせる必要があります。「裏運気でつながった縁だ」と思い出し、「困難がきても乗り越えるんだ」と覚悟し直して、相手を受け入れるのです。その後、裏運気を超えるごとに絆は深まっていきますし、運気のいい時期に軌道修正できますから、やがて訪れる「本番の4年間（解放・準備・幸運・開運の年）」で引っ越しをしたり、

大きな家具を買ったり、夫婦で新たな目標に向かっての行動を起こすなどして、よい運気を味方につける行動を重ねていってください。

また、先にお話しした、一方は裏運気で、もう一方が運気のいいときに縁がつながると腐れ縁になりやすいというメカニズムを逆手に取って、意中の人と「縁がなかなか切れない状態」をつくる裏ワザもあります。相手が裏運気の時期に、あえて縁を深めるのです。相手より自分のほうが強い運気のときにだけ有効な裏ワザです。

運気がいいときに別れるワケ

「運気がいい時期なのに別れた」という話も、これまでに何度も聞きました。「運気がいいのになぜだろう。占いが当たっていないのか?」とも思いましたが、詳しく聞いてみると、①そもそもの相性が悪い、②出会ったときの運気が悪かった(裏運気)、このどちらかのパターンが多く、もともとつながってはいけなかった縁が切れた、という側面もあり、じつは「別れたほうが人生のプラスになる」という場合も多いのです。

一方で、裏運気を超えると絆が強くなるという一面もあります。裏運気で困難を乗り越えると、筋肉がついて、階段を1段上がれるのです。ですから、裏運気を乗り越えたカップルは、次の段階に入ったと考えて、関係を成長させることを意識してみてください。どのカップルにも裏運気は訪れますから、そこで2人の関係が試されると思っておくといいでしょう。

運気のタイミングを味方につける

このあとの5章では、自分から見た相手、相手から見た自分、それぞれの相性点数と、出会ったタイミングでの点数を合計して、その人が運命の人かどうか、どのくらい相性がいい人かを診断できるようにしました。すでに出会っている人、付き合っている人、結婚相手、過去の恋人など、あらゆる人を調べることができます。

ポイントは、「生年月日」と「出会った年月」がわからなければ、点数が低くなってしまうところ。つまり、遠くから見ているだけの片思いでは、運命の人にはなりませんので、かなり現実的な占いになると言えます。

また、出会ってはいても、「相手の生年月日がわからない」という人は、勇気を出して聞いてみてください。厳しいことを言えば、誕生日を聞けないような関係では、縁がつくれているとは言えません。その人と縁をつくりたいのであれば、誕生日を聞き出すことを目標に、たくさんの会話ができるように、関係を深めてください。

相手の①三心、②五星、③縁をつくった年、④縁をつくった月、この4つのデータが揃えば、相性がわかるだけでなく、その後の対策もわかるようになります。8〜10章ではかなり細かいデータを掲載したので、相性をよくするヒントを見つけてください。

そして、運命の人を増やす生き方をしてみてください。それはすなわち、「運気に沿った行動をする」ことです。「積み重ねの4年間」に人脈を広げ、「本番の4年間」で夢を叶え、「学びの4年間」で次の12年周期を見据えて学を深める。この運気の流れに乗った生き方ができると、運命の人と出会いやすくなるだけでなく、生きやすくもなります。

最後に、僕から1つお願いがあります。

こうした相性診断や恋愛占いで落とし穴にはまりやすいのが、「自分のことばかり考える人」です。そうならないように、次のことを念頭に置いてください。

占いは、「相手のことを調べること」が大切です。相手がどんなタイプを好むのか、相手の反応は何を意味しているのか、相手はいま、どんな運気の時期なのかと、相手をよく知り、理解しようとすることが必要で、もっと言えば、相手の幸せを考える想像力こそが大事なのです。

自分本位では、恋愛はうまくいきません。2人のバランスがよく、調和が取れることが重要です。相性がいいからと甘えてばかりでは、相性を壊すことになります。

相性は1つの目安です。決して2人の縁を確実にするものではありません。

今の2人の相性を調べて、この先どうしていったらいいかを考えてみてください。

自分の運気がいいとき悪いとき、相手の運気がいいとき悪いときを知り、運気に沿った行動をしながら、次の運気のいい時期を目標地点として、それまでに準備と努力を積み重ねて、大好きな人との相性をもっともっと深めていってください。

5章
運命の人の見つけ方
～実践編～

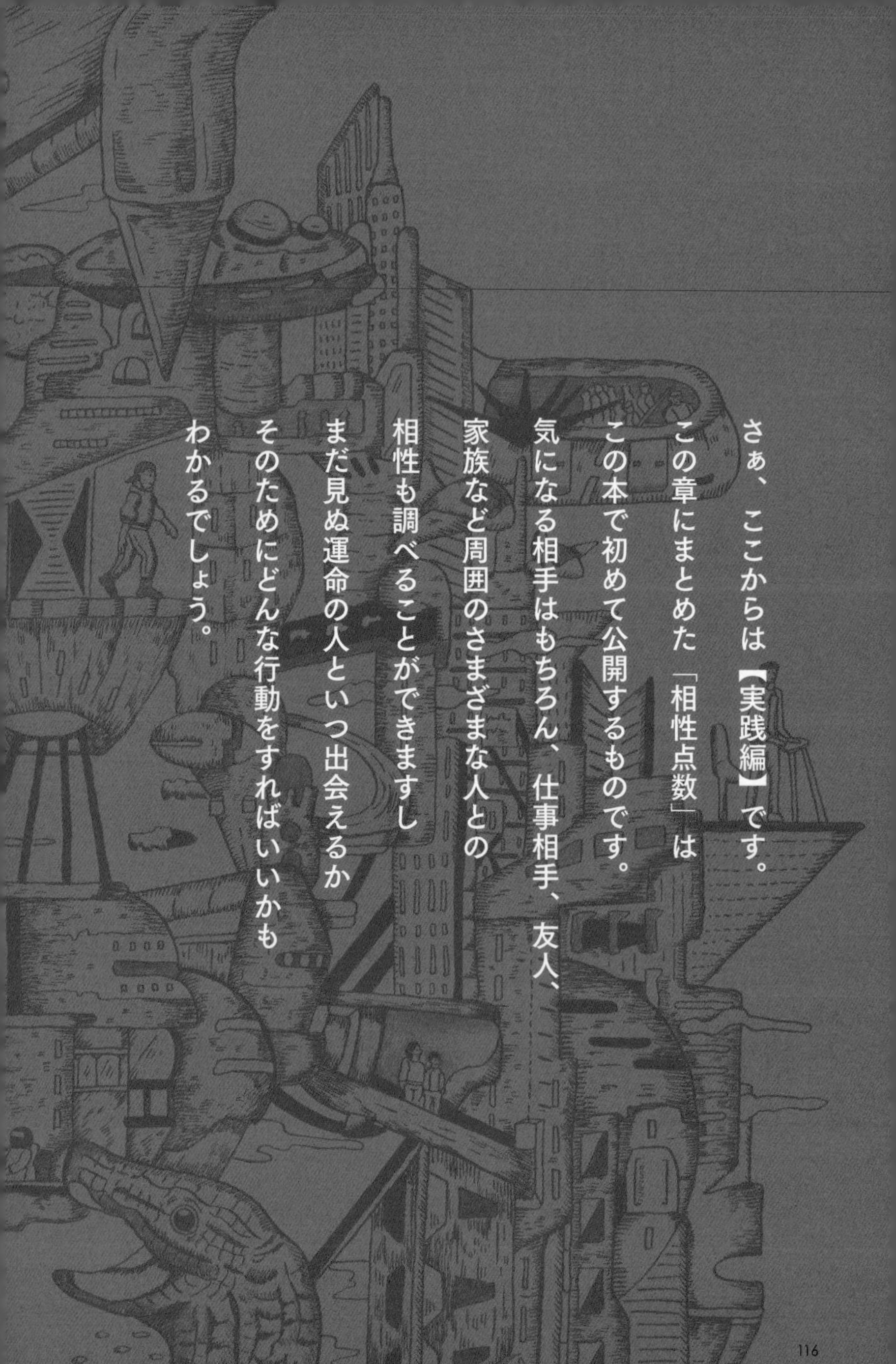

さぁ、ここからは【実践編】です。
この章にまとめた「相性点数」は
この本で初めて公開するものです。
気になる相手はもちろん、仕事相手、友人、
家族など周囲のさまざまな人との
相性も調べることができますし
まだ見ぬ運命の人といつ出会えるか
そのためにどんな行動をすればいいかも
わかるでしょう。

ただし、やみくもに動くのではなく
タイプごとの「相性」と
「タイミング」を知ることで
傾向と対策が見えてきます。
対策といっても
そんなに堅苦しく考える話ではありません。
ゲームの1場面をクリアするくらいの
楽しむ感覚とチャレンジ精神で
向かっていきましょう！

Prologue 1

相性点数

「相性点数」を出せば、運命の人かどうかがわかります。まずは、「相性点数」のなりたちを説明しましょう。

五星三心占いでの相性

＋

三心（タイプ別）の相性

↓

P.140で
調べよう！

＋

「8章 タイプ別・基本相性」
P.211〜で
さらに詳しく解説！

＋

五星（五欲）の相性

↓

P.141で
調べよう！

＋

「9章 五欲別・基本相性」
P.263〜で
さらに詳しく解説！

運命の人かわかります!!

＝

出会った年のタイミング
＋
出会った月のタイミング

運気のタイミングでの相性

自分から見た相性
相手から見た相性

2通り
占ってください!!

P.142～165で
調べよう!

＋

「6章 運気の波を味方につける!」P.167～と
「7章 運気グラフを読む」P.195～で
さらに詳しく解説!

Prologue 2

五星三心占いとは？

6つのキャラクターのタイプと5つの欲望を掛け合わせたゲッターズ飯田の「五星三心占い」。そのしくみを解説します。

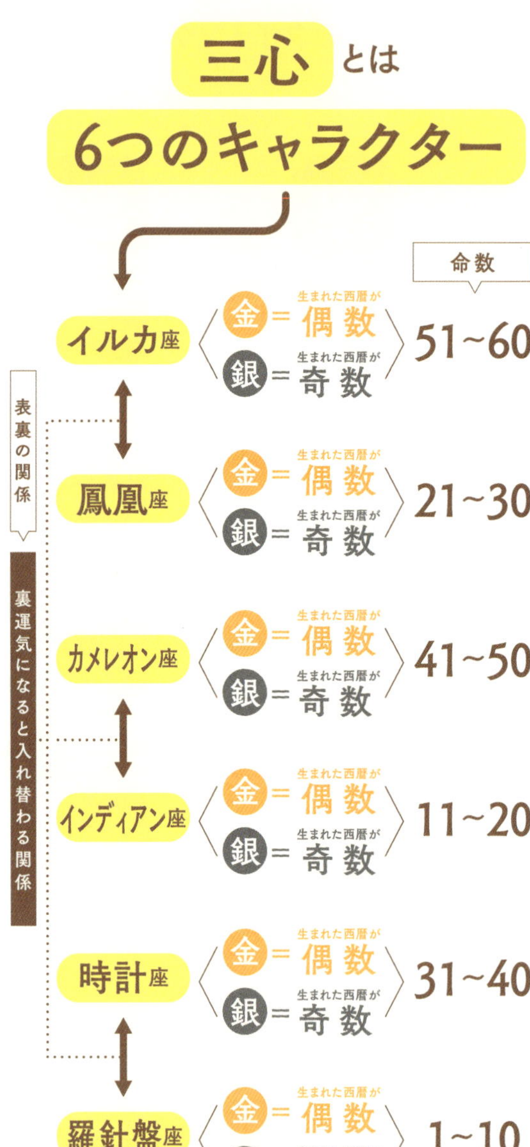

※陽は攻めが強いタイプ。陰は守りが強いタイプ

STEP 1

まずは命数を調べよう

1.命数表から「命数」を調べる

1. P.335～の「命数表」で、「自分の生まれた西暦年」を探します。
2. ヨコ軸で「自分の生まれた月」を探します。
3. タテ軸で「自分の生まれた日」を探します。
4. ❷と❸が交差したマスにある数字が、あなたの「命数」です。

日＼月	1	2	3	4	5
1	1	46	4	42	15
2	20	45	11	41	16
3	19	44	12	50	13
4	18	43	19	49	14
5	17	41	20	48	11
6	16	42	17	47	12
7	15	49	18	46	19

例 1980年4月5日生まれの人の場合

❶ 1980年の命数ページを見つける。
❷ ヨコ軸で「生まれた月」を見つける。→4
❸ タテ軸で「生まれた日」を見つける。→5
❹ ❷と❸が交差したマスにある数字を見る。→48
この人の命数は「48」です。

2.生まれた年（西暦年）は偶数ですか？ 奇数ですか？

奇数は

金と銀ではP.142以降見るページが異なりますので、注意してください！

ATTENTION!

あなたが「金タイプ」か「銀タイプ」かは、生まれた年（西暦）が偶数か奇数かで決まります。
命数が偶数か奇数かではありませんので、お間違えなく！

3. 命数から「三心」のタイプを探す

あなたの命数は下の表でどこに当てはまるでしょう。
命数の下に書かれているのが、あなたの「三心」です。

命数 1〜10
偶数年生＝金の
奇数年生＝銀の
羅針盤座
PYXIS

命数 31〜40
偶数年生＝金の
奇数年生＝銀の
時計座
HOROLOGIUM

命数 11〜20
偶数年生＝金の
奇数年生＝銀の
インディアン座
INDUS

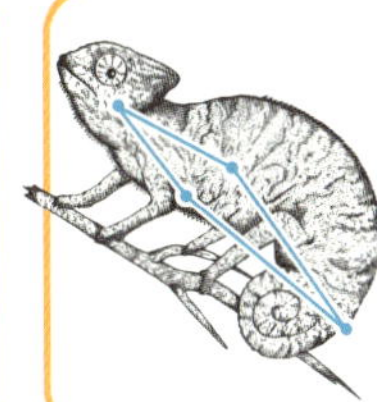

命数 41〜50
偶数年生＝金の
奇数年生＝銀の
カメレオン座
CHAMAELEON

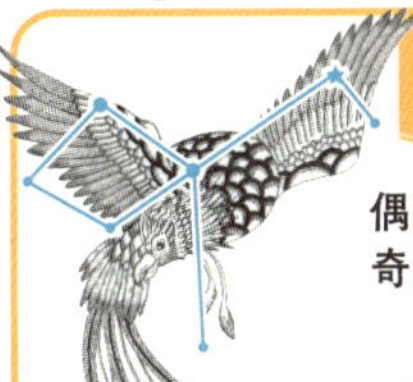

命数 21〜30
偶数年生＝金の
奇数年生＝銀の
鳳凰座
PHOENIX

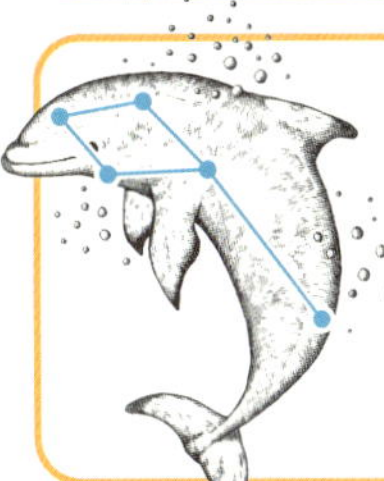

命数 51〜60
偶数年生＝金の
奇数年生＝銀の
イルカ座
DELPHINUS

4. 命数の下ひとケタから「五星」をチェック

1.で調べた命数の下ひとケタの数字が、あなたの「五星」です。
（命数が1ケタの人は、その数字がそのまま五星になります）

例 1977年10月1日生まれの場合

1. 命数表で「命数」を調べる →21
2. 生まれた年（西暦1977年）は奇数 →銀
3. 上の表から、「三心」のタイプは、銀の鳳凰座
4. 命数21の下ひとケタは「1」なので、「五星」は1（陽の自我欲）

相性点数を計算しよう

あなたと相手の命数を調べます

➡P.335～の命数表から
自分と相手の命数を見つけます。

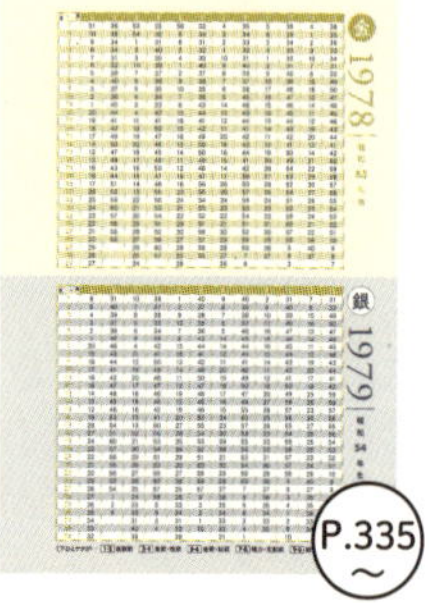

五星三心での相性

1 三心(タイプ別)の相性を調べます

➡P.140「表A」で、タテ軸から「自分の三心」を探し、ヨコ軸から「相手の三心」を探します。交差したマスの点数が「三心の相性点数」です。

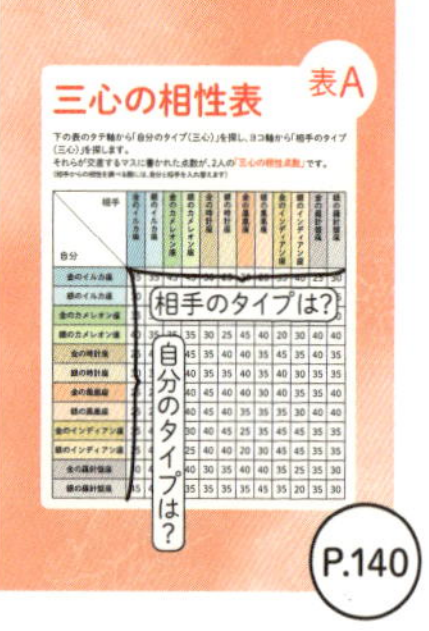

2 五星(五欲)の相性を調べます

➡P.141「表B」で、タテ軸から「自分の命数の下ひとケタの数字」を探し、ヨコ軸から「相手の命数の下ひとケタの数字」を探します。交差したマスの点数が「五星の相性点数」です。

タイミングでの相性

③ 出会った年の点数を調べます

➡P.142～165の右ページからあなたの三心（タイプ）を探し、相手と「出会った年」を探します。その右にある「年の運気」をチェック。一番右の欄が「出会った年の点数」です。

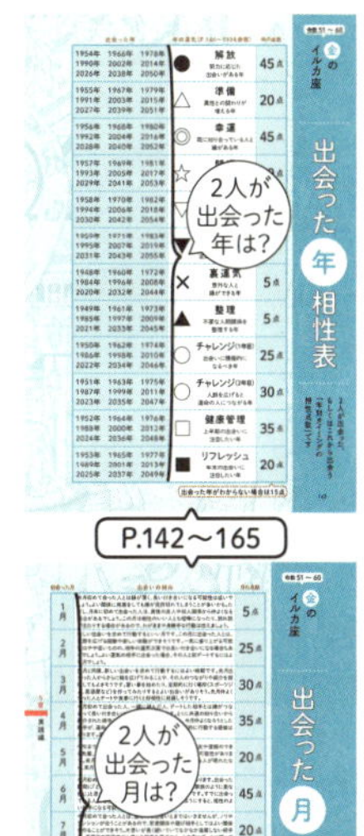

④ 出会った月の点数を調べます

➡③の左ページから、相手と「出会った月」を探します。その右にある「出会いの傾向」をチェック。一番右の欄が「出会った月の点数」です。

あなたと相手の相性を調べます

➡P.134～の「合計点数別 相性診断」で、①+②+③+④の合計点数が当てはまる欄を読むと、2人の相性度がわかります!

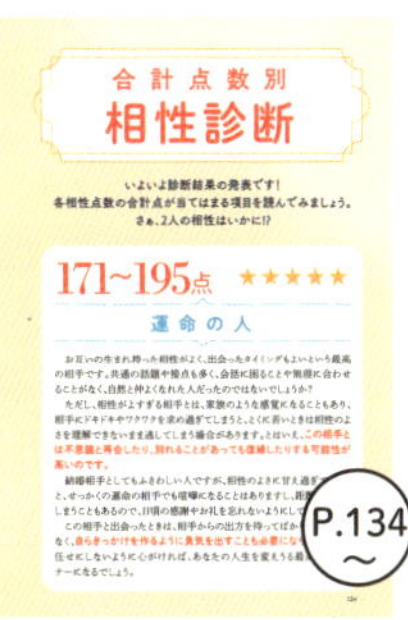

相性の公式

五星三心での相性 ＋ タイミングでの相性 ＝ 相性点数

P.134の相性診断で結果をチェック!

HOW TO ①

あの人との相性の調べ方

実例❶ わかっているデータ

- ★自分の生年月日：1987年2月2日
- ★相手の生年月日：1985年3月3日
- ★出会った年月：2015年6月

自分と相手の命数から三心（タイプ別）、五星（五欲）を調べます

➡調べ方はP.122～123をチェック！

日＼月	1	2	
1	44	19	
2	43	18	
3	42	17	46
4	41	25	43

あなた

日＼月	1	2	3
1	34		38
2	33		35
3	32		36
4	31	15	33

相手

自分の命数：18→自分の三心：銀のインディアン座　自分の五星（命数の下ひとケタ）：8

相手の命数：36→相手の三心：銀の時計座　相手の五星（命数の下ひとケタ）：6

五星三心での相性

❶ 三心（タイプ別）の点数を調べます

➡P.140「表A」でタテ軸から「自分の三心：銀のインディアン座」を選び、ヨコ軸から「相手の三心：銀の時計座」を選びます。交差するマスを調べると「40点」です。

❷ 五星（五欲）の点数を調べます

➡P.141「表B」でタテ軸から「自分の五星：下ひとケタ8」を選び、ヨコ軸から「相手の五星：下ひとケタ6」を選びます。交差するマスを調べると「50点」です。

タイミングでの相性

3 出会った年の点数を調べます

➡2人の出会った年は「2015年」なので、
P.160「銀のインディアン座／出会った年・相性表」
で、自分の運気から見た点数は、「40点」です。

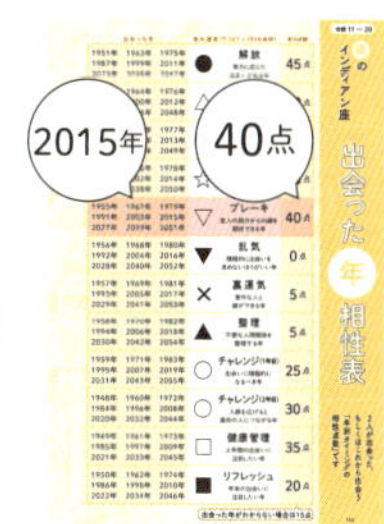

4 出会った月の点数を調べます

➡2人の出会った月は「6月」なので、
P.161「銀のインディアン座／出会った月・相性表」
で、自分の運気から見た点数は、「50点」です。

①～④の点数を合計し、診断！

➡自分から見た相手との相性点数は、
「180点」
P.134～の「合計点数別 相性診断」で、
「運命の人」と出ました!

診断＼名前		あなた	相手
五星三心での相性	三心	40	
	五星	50	
タイミングでの相性	年	40	
	月	50	
合計		あなたからの相性点数合計 180	相手からの相性点数合計

ゲッターズ飯田からのアドバイス

もし合計点数が低かった場合は、10章「相手の命数別！ この相手を運命の人にする方法」も読んでみてください。命数別にその人の攻略法を書きました。

「相手から見た自分」も調べてみよう

実例❶（P.126と同じ2人の場合）
わかっているデータ

★自分の生年月日：1987年2月2日
★相手の生年月日：1985年3月3日
★出会った年月：2015年6月

自分と相手の命数から三心（タイプ別）、五星（五欲）を調べます

日＼月	1	2	[illegible]
1	44	19	[illegible]
2	43	18	[illegible]
3	42	17	46
4	41	25	43

あなた

日＼月	1	2	3
1	34	[illegible]	38
2	33	[illegible]	35
3	32	[illegible]	36
4	31	15	33

相手

自分の命数：18→自分の三心：銀のインディアン座
自分の五星（命数の下ひとケタ）：8

相手の命数：36→相手の三心：銀の時計座　相手の五星（命数の下ひとケタ）：6

ATTENTION!

あなたから見た相手と、相手から見たあなたでは、相性点数は違うことがあります！

五星三心での相性

❶ 三心（タイプ別）の点数を調べます

➡P.140「表A」でタテ軸を「相手の三心：銀の時計座」に変更し、ヨコ軸を「自分の三心：銀のインディアン座」にします（つまり、視点を入れ替えます）。交差するマスを調べると「30点」です。

三心の相性表　表A

下の表のタテ軸から「自分のタイプ（三心）」を探し、ヨコ軸から「相手のタイプ（三心）」を探します。
それらが交差するマスに書かれた点数が、2人の「三心の相性点数」です。
（相手からの相性を調べる際には、自分と相手を入れ替えます）

自分＼相手	金のイルカ座	銀のイルカ座	金のカメレオン座	銀のカメレオン座	金の時計座	銀の時計座	金の鳳凰座	銀の鳳凰座	金のインディアン座	銀のインディアン座	金の羅針盤座	銀の羅針盤座
金のイルカ座	35	35	45	45	30	25	30	25	35	40	25	30
銀のイルカ座	30	35	45	40	25	20	30	25	35	35	20	35
金のカメレオン座	35	35	40	30	30	30	45	40	20	30	40	40
銀のカメレオン座	40	35	35	35	30	25	45	40	20	30	40	40
金の時計座	25	40	45	45	35	40	40	35	45	35	40	35
銀の時計座	30	35	45	40	35	35	40	35	40	30	35	35
金の鳳凰座	25	20	45	40	45	40	40	30	40	[illegible]	[illegible]	[illegible]
銀の鳳凰座	25	20	45	40	45	40	35	35	[illegible]	[illegible]	[illegible]	[illegible]
金のインディアン座	35	40	30	30	40	45	25	35	[illegible]	[illegible]	[illegible]	[illegible]
銀のインディアン座	35	40	30	25	40	40	20	30	[illegible]	[illegible]	[illegible]	[illegible]
金の羅針盤座	40	40	45	40	30	35	40	40	35	[illegible]	[illegible]	[illegible]
銀の羅針盤座	45	40	45	35	35	35	35	45	35	20	35	30

② 五星（五欲）の点数を調べます

➡P.141「表B」でタテ軸を「下ひとケタ6」に変更し、ヨコ軸を「下ひとケタ8」にします。交差するマスを調べると「50点」です。

表B 五星の相性表

下の表のタテ軸から「自分の命数の下ひとケタの数字」を探し、ヨコ軸から「相手の命数の下ひとケタの数字」を探します。それらが交差したマスに書かれた点数が、2人の「五星の相性点数」です。
（相手からの相性を調べる際には、自分と相手を入れ替えます）

自分＼相手	下ひとケタ1	下ひとケタ2	下ひとケタ3	下ひとケタ4	下ひとケタ5	下ひとケタ6	下ひとケタ7	下ひとケタ8	下ひとケタ9	下ひとケタ0
下ひとケタ1	40	40	50	50	25	25	20	20	40	45
下ひとケタ2	35	30	45	45	20	20	20	20	40	40
下ひとケタ3	40	45	45	40	50	45	30	25	20	20
下ひとケタ4	45	40	40	35	50	45	25	25	20	20
下ひとケタ5	20	20	45	45	45	40	45	50	25	25
下ひとケタ6	20	20	45	45	35	45	45	50	25	30
下ひとケタ7	25	20	25	25	45	45	40	[illegible]	[illegible]	[illegible]
下ひとケタ8	20	20	25	25	40	50	[illegible]	[illegible]	[illegible]	[illegible]
下ひとケタ9	45	45	25	25	30	25	[illegible]	[illegible]	[illegible]	[illegible]
下ひとケタ0	50	40	20	25	30	35	[illegible]	[illegible]	[illegible]	[illegible]

5章 実践編

タイミングでの相性

③ 出会った年の点数を調べます

1955年 1967年 1979年	○	チャレンジ（1年目）	25点
1991年 2003年 2015年		出会いに積極的になるべき年	
2027年 2039年 2051年			

➡2人の出会った年は「2015年」なので、相手側から調べるとP.152「銀の時計座／出会った年・相性表」で、相手の運気から見た点数は、「25点」です。

④ 出会った月の点数を調べます

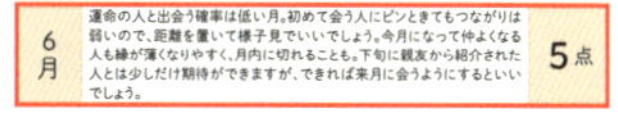

6月	運命の人と出会う確率は低い月。初めて会う人にピンときてもつながりは弱いので、距離を置いて様子見でいいでしょう。今月に入って仲よくなる人も縁が薄くなりやすく、月内に切れることも。下旬に親友から紹介された人とは少しだけ期待ができますが、できれば来月に会うようにするといいでしょう。	5点

➡2人の出会った月は「6月」なので、P.153「銀の時計座／出会った月・相性表」で、相手の運気から見た点数は、「5点」です。

①～④の点数を合計し、診断！

➡相手から見た自分との相性点数は、「110点」
P.134～の「合計点数別 相性診断」で、

「相性は普通」と出ました！

診断＼名前		あなた	相手
五星三心での相性	三心		30
	五星		50
タイミングでの相性	年		25
	月		5
合計		あなたからの相性点数合計	相手からの相性点数合計 110

ゲッターズ飯田からのアドバイス

「自分から見た相手」だけでなく、必ず「相手から見た自分」も占ってください。「相手を幸せにする」という視点を持つことが、より相性を深めるコツです。

HOW TO ②

運命の人の増やし方

実例②
わかっているデータ

★自分の生年月日：1987年3月1日

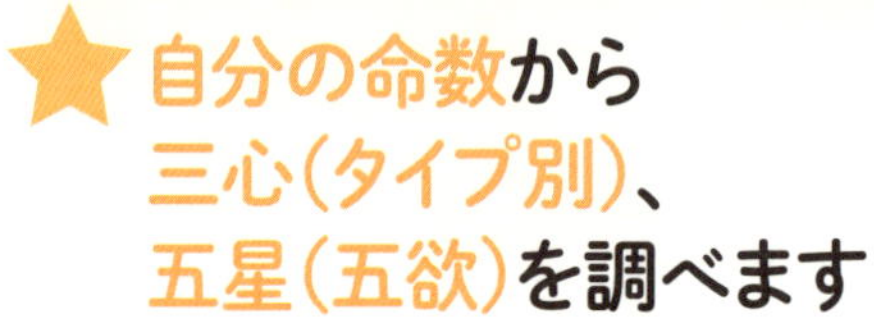

自分の命数から三心（タイプ別）、五星（五欲）を調べます

日＼月	1	あなた	3
1	44	19	48
2	43	18	45
3	42	17	46
4	41	25	43

➡調べ方はP.122〜123をチェック！

自分の命数：48→自分の三心：銀のカメレオン座　自分の五星（命数の下ひとケタ）：8

①「出会った年・相性表」で、点数の高い年を調べます

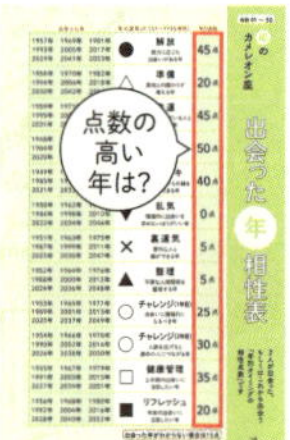

➡P.148「銀のカメレオン座／出会った年・相性表」で、運気のよさそうな（点数の高い）年は、「2019、2020、2021、2029年」です。

②「出会った月・相性表」で、点数の高い月を調べます

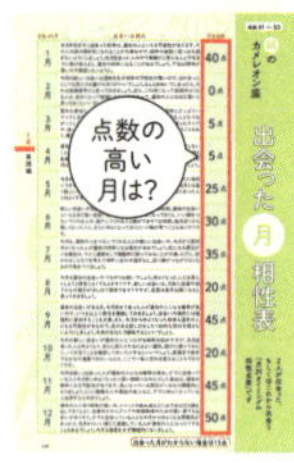

➡P.149「銀のカメレオン座／出会った月・相性表」で、運気のよさそうな（点数の高い）月は、「1月、9月、11月、12月」です。

①と②で調べた「点数の高い年月」が運命の人に出会える確率が高い時期！

そこに照準を合わせて準備をし、行動しましょう！

ゲッターズ飯田からのアドバイス

点数の低い年月（裏運気や乱気など）は、自分磨きをしながら準備をする。そして、運気のいい年月に**覚悟**をし、**決断**し、**努力**をしながら、**目的**に向かって**行動**しましょう！

ゲッターズ飯田からのメッセージ

もっともっと運命の人を増やしてください

「運命の人はいつ現れますか」「この人は運命の人ですか？」

本書を書いたのは、この質問が多かったのも理由の1つですが、本当は右のHOW TO ②の「運命の人の増やし方」を伝えたかったからです。

すでに知り合っている人との相性を調べるのは、過去を振り返ること。

知り合っている人との相性を調べて、戦略を立てて運命の人にすることもできますが、調べるだけ調べて、動かない人が多い！

いまある縁を大事にしながら、新しい縁も増やしていけば、あなたの人間としての器もどんどん大きく成長していきます。

たとえ大切な人との相性点数が悪くても、それはもはや過去のこと。

過去にばかり目を向けるのではなく、未来に目を向けて、動いてください。

未来はまだまだ変えられるのですから。

そうした想いから、この本のタイトルも「相性の調べ方」ではなく、「運命の人の増やし方」にしました。

人と出会い、人と関わることで、運命は変わっていきます。

大事なのは、行動すること。

もっともっと「運命の人」を増やしてください。僕からの願いです。

※もしも相性点数が低くても、10章「相手の命数別！この相手を運命の人にする方法」で、攻略法や対策をちゃんとお伝えしますので、ご安心ください。

ATTENTION 1 こんなときどうする!?

相手の生年月日がわからない！

実例❸ わかっているデータ

★自分の生年月日：1977年3月10日
★相手の生年月日：不明
★出会った年月：2016年8月

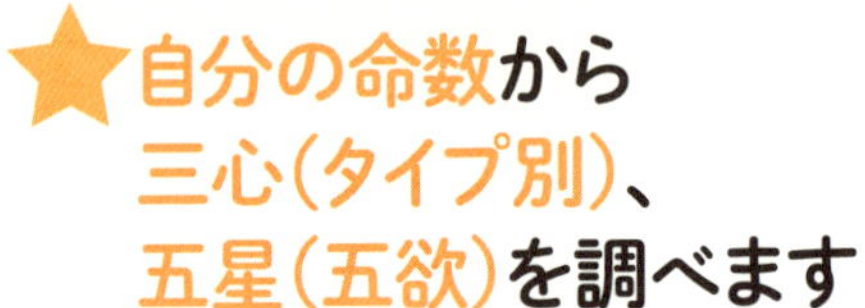

自分の命数から三心（タイプ別）、五星（五欲）を調べます

日＼月	1	2	3
1	56	21	60
8	9	2	1
9	8		2
10	7	31	9
11	6	32	10

➡自分の命数：9→自分の三心：銀の羅針盤座　自分の五星（命数の下ひとケタ）：9

1 出会った年「2016年」を調べます

➡P.164「銀の羅針盤座／出会った年・相性表」で、
自分の運気から見た点数は、「50点」です。

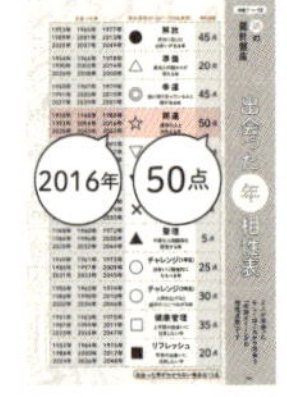

2 出会った月「8月」を調べます

➡P.165「銀の羅針盤座／出会った月・相性表」で、
自分の運気から見た点数は、「50点」です。

①と②の点数を合計し、診断！

➡相性点数は、残念ながらデータ不足のため
出会ったタイミングがよくても「100点」です。
P.134〜の「合計点数別 相性診断」で、
「相性は微妙」と出ました！

診断＼名前		あなた	相手
五星三心での相性	三心	—	
	五星	—	
タイミングでの相性	年	50	
	月	50	
合計		あなたからの相性点数合計 100	相手からの相性点数合計

ゲッターズ飯田からのアドバイス

データが少ないと合計点数も減ってしまいます。**まずは相手に生年月日を聞けるくらい仲よくなりましょう。**相手の生年月日がわかれば相性点数もアップしますし、10章**「相手の命数別！ この相手を運命の人にする方法」**を読んで、具体的な攻略法がわかります！

ATTENTION 2 こんなときどうする!?

出会った年月を忘れた!

実例❹
わかっているデータ

★自分の生年月日:1990年1月24日
★相手の生年月日:1989年2月27日
★出会った年月:不明

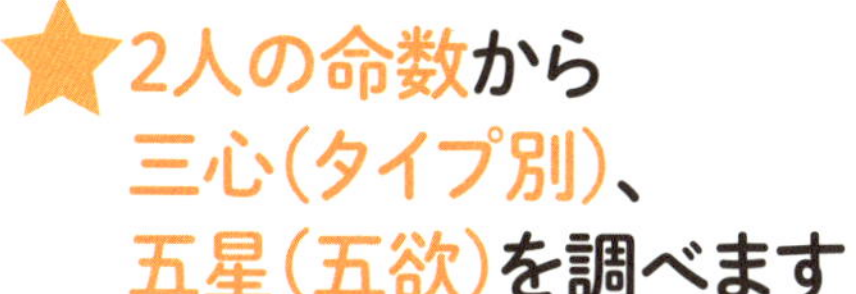

2人の命数から三心(タイプ別)、五星(五欲)を調べます

➡自分の命数:21→自分の三心:金の鳳凰座　自分の五星(命数の下ひとケタ):1
相手の命数:57→相手の三心:銀のイルカ座　相手の五星(命数の下ひとケタ):7

❶ 三心(タイプ別)の点数を調べます

➡P.140「表A」でタテ軸から「自分の三心:金の鳳凰座」を選び、ヨコ軸から「相手の三心:銀のイルカ座」を選びます。交差するマスを調べると「20点」です。

❷ 五星(五欲)の点数を調べます

➡P.141「表B」でタテ軸から「自分の五星:下ひとケタ1」を選び、ヨコ軸から「相手の五星:下ひとケタ7」を選びます。交差するマスを調べると「20点」です。

❸ 出会った年月を忘れた場合、年=15点、月=15点にします

➡どちらか1つでも覚えている場合は、P.142〜165の自分のページを見て出会った年(または月)の正しい点数にしてください。

①〜③の点数を合計し、診断!

➡相性点数は「70点」です。
P.134〜の「合計点数別 相性診断」で、
「相性は悪い」と出ました!

診断 \ 名前		あなた	相手
五星三心での相性	三心	20	
	五星	20	
タイミングでの相性	年	15	
	月	15	
合計		あなたからの相性点数合計 70	相手からの相性点数合計

合計点数別
相性診断

いよいよ診断結果の発表です！
各相性点数の合計点が当てはまる項目を読んでみましょう。
さぁ、2人の相性はいかに!?

171〜195点 ★★★★★

運命の人

お互いの生まれ持った相性がよく、出会ったタイミングもよいという最高の相手です。共通の話題や接点も多く、会話に困ることや無理に合わせることがなく、自然と仲よくなれた人だったのではないでしょうか？

ただし、相性がよすぎる相手とは、家族のような感覚になることもあり、相手にドキドキやワクワクを求め過ぎてしまうと、とくに若いときは相性のよさを理解できないまま逃してしまう場合があります。とはいえ、**この相手とは不思議と再会したり、別れることがあっても復縁したりする可能性が高いのです。**

結婚相手としてもふさわしい人ですが、相性のよさに甘え過ぎてしまうと、せっかくの運命の相手でも喧嘩になることはありますし、距離ができてしまうこともあるので、日頃の感謝やお礼を忘れないようにしてください。

この相手と出会ったときは、相手からの出方を待ってばかりいるのではなく、**自らきっかけをつくるように勇気を出すことも必要になります。**相手任せにしないように心がければ、あなたの人生を変えうる最高のパートナーになるでしょう。

141〜170点

相性はよい

運命の人の一歩手前の相手です。相性は非常によいので、**交際に発展する可能性は十分あり**、長い付き合いや楽しい付き合いになるでしょう。

ただし、どこか1つ欠けているところや、**タイミングや欠点を補えないところがある**ので、互いにそれをフォローするように心がけることが大事になります。できるだけ運気のよいタイミングに会うように努めると、自然と交際に発展することがあるので、**自分と相手の運気を調べ、タイミングを合わせて行動してみるといいでしょう。**

交際相手や結婚相手としてもふさわしい人ですが、甘え過ぎてしまったり、感謝の気持ちを忘れたりといった態度が続くと、関係が崩れてしまうことがあるので、**相手を思いやる気持ちをつねに持つようにしてください。**よい時間を積み重ねることで、関係をさらに深められるでしょう。

101〜140点

相性は普通

よくも悪くもない中間の相性です。ですが、日々**お互いの運気のタイミングをそろえることで、よい相性に変える**ことができるでしょう。

この相性の2人は、交際が始まっても極端な盛り上がりは少ないですが、**いい距離感で長く続くケースがあります。**知り合ってから長い間は友達のままで、お互いに恋人のいないときに接近する機会があると、そこから交際が始まることがあるでしょう。

ただし、あなたが「乱気の年や月」「裏運気の年や月」には、相手の雑な部分や嫌なところに目がいきやすくなります。そういうときは、自分も相手から同じように見られているのだと思って、**「お互いさま」だと、許し合う気持ちを持つ**ことが大事です。それができれば絆が強くなり、相性も深まるでしょう。

合計点数別 相性診断

71〜100点

相性は微妙

相性は普通よりも、やや微妙な相手です。外見が好みで最初はよい関係になれたとしても、次第に関係が崩れてしまうことがあり、**問題がいろいろと発生しやすい相手**だと言えます。

とはいえ、日々の努力次第では普通の相性に引き上げることもできます。運気のタイミングがいい時期を狙って会うようにしてみてください。

ただ、**互いの努力が必要**になります。一方だけの努力では関係を継続するのは厳しくなりそうです。考え方や生き方に理解できないところがあったり、価値観の違いが嫌になったりすることが起こりやすいので、互いの価値観を楽しめるように、**相手を認めることが重要**です。そうして、ほどよい距離感を保てると長期の関係に発展させることができるでしょう。

0〜70点

相性は悪い

生まれ持った相性も、出会ったタイミングも、最悪な相手です。あなたの運命を狂わせる可能性が高く、**満足できることが少ない相手**でしょう。

双方の努力で交際に発展する場合もありますが、短い付き合いで終わるか、苦い思い出になってしまうことがありそうです。

恋愛ではなく、仕事関係や考え方や生き方の違いを学べる相手だと思っておくとよく、**自分を成長させてくれる相手**だと心得て、ほどよい距離感で付き合うといいでしょう。

運命の人を増やすノート

気になる人と出会ったら、ここにデータを書いておきましょう。
たくさん占いたいときは、コピーして使ってください。

診断＼名前		例	あなた	相手	あなた	相手
五星三心での相性	三心	30（P.140でチェック）				
	五星	45（P.141でチェック）				
タイミングでの相性	年	20（P.142〜165でチェック）				
	月	5				
合計		100（上の4コを足します）	あなたからの相性点数合計	相手からの相性点数合計	あなたからの相性点数合計	相手からの相性点数合計

診断＼名前		あなた	相手	あなた	相手	あなた	相手
五星三心での相性	三心						
	五星						
タイミングでの相性	年						
	月						
合計		あなたからの相性点数合計	相手からの相性点数合計	あなたからの相性点数合計	相手からの相性点数合計	あなたからの相性点数合計	相手からの相性点数合計

ここからは、「相性点数」を出すために必要な
さまざまな「相性表」のページとなります。
①三心（タイプ別）の相性表……表A（P140）
②五星（五欲）の相性表……表B（P141）
③出会った年・相性表（P142〜）
④出会った月・相性表（P143〜）

さぁ、この4つの点数を調べてみてください。
前のページにある「運命の人を増やすノート」に書きながら
どう行動していくか、作戦を立てましょう。

運命の人を増やすために必要な「4つの相性表」

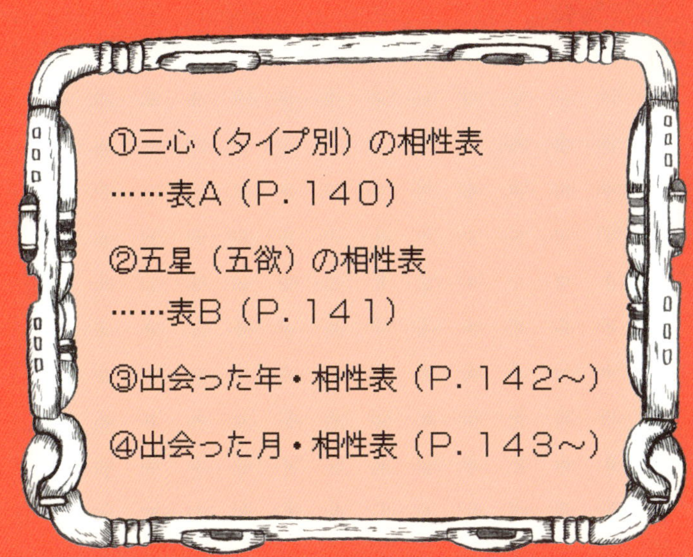

①三心（タイプ別）の相性表
……表A（P.140）

②五星（五欲）の相性表
……表B（P.141）

③出会った年・相性表（P.142～）

④出会った月・相性表（P.143～）

表A

三心の相性表

下の表のタテ軸から「自分のタイプ（三心）」を探し、ヨコ軸から「相手のタイプ（三心）」を探します。
それらが交差するマスに書かれた点数が、2人の**「三心の相性点数」**です。
（相手からの相性を調べる際には、自分と相手を入れ替えます）

自分＼相手	金のイルカ座	銀のイルカ座	金のカメレオン座	銀のカメレオン座	金の時計座	銀の時計座	金の鳳凰座	銀の鳳凰座	金のインディアン座	銀のインディアン座	金の羅針盤座	銀の羅針盤座
金のイルカ座	35	35	45	45	30	25	30	25	35	40	25	30
銀のイルカ座	30	35	45	40	25	20	30	25	35	35	20	35
金のカメレオン座	35	35	40	30	30	30	45	40	20	30	40	40
銀のカメレオン座	40	35	35	35	30	25	45	40	20	30	40	40
金の時計座	25	40	45	45	35	40	40	35	45	35	40	35
銀の時計座	30	35	45	40	35	35	40	35	40	30	35	35
金の鳳凰座	25	20	45	40	45	40	40	30	40	35	35	40
銀の鳳凰座	25	20	45	40	45	40	35	35	35	30	40	40
金のインディアン座	35	40	30	30	40	45	25	35	45	45	35	35
銀のインディアン座	35	40	30	25	40	40	20	30	45	45	35	35
金の羅針盤座	40	40	45	40	30	35	40	40	35	25	35	30
銀の羅針盤座	45	40	45	35	35	35	35	45	35	20	35	30

表B 五星の相性表

下の表のタテ軸から「自分の命数の下ひとケタの数字」を探し、ヨコ軸から「相手の命数の下ひとケタの数字」を探します。それらが交差したマスに書かれた点数が、2人の**「五星の相性点数」**です。

（相手からの相性を調べる際には、自分と相手を入れ替えます）

自分＼相手	下ひとケタ1	下ひとケタ2	下ひとケタ3	下ひとケタ4	下ひとケタ5	下ひとケタ6	下ひとケタ7	下ひとケタ8	下ひとケタ9	下ひとケタ0
下ひとケタ1	40	40	50	50	25	25	20	20	40	45
下ひとケタ2	35	30	45	45	20	20	20	20	40	40
下ひとケタ3	40	45	45	40	50	45	30	25	20	20
下ひとケタ4	45	40	40	35	50	45	25	25	20	20
下ひとケタ5	20	20	45	45	45	40	45	50	25	25
下ひとケタ6	20	20	45	45	35	45	45	50	25	30
下ひとケタ7	25	20	25	25	45	45	40	40	45	50
下ひとケタ8	20	20	25	25	40	50	40	45	45	50
下ひとケタ9	45	45	25	25	30	25	45	40	45	35
下ひとケタ0	50	40	20	25	30	35	45	45	35	45

※命数が1ケタの羅針盤座は、命数の数字がそのまま下ひとケタの数字となります。

命数 51 ～ 60

金のイルカ座

出会った年 相性表

2人が出会った、もしくはこれから出会う「年別タイミングの相性点数」です

出会った年			年の運気（P.167～193も参照）	年の点数
1954年 1990年 2026年	1966年 2002年 2038年	1978年 2014年 2050年	● 解放 努力に応じた出会いがある年	45点
1955年 1991年 2027年	1967年 2003年 2039年	1979年 2015年 2051年	△ 準備 異性との関わりが増える年	20点
1956年 1992年 2028年	1968年 2004年 2040年	1980年 2016年 2052年	◎ 幸運 既に知り合っている人と縁がある年	45点
1957年 1993年 2029年	1969年 2005年 2041年	1981年 2017年 2053年	☆ 開運 運命の人と出会える年	50点
1958年 1994年 2030年	1970年 2006年 2042年	1982年 2018年 2054年	▽ ブレーキ 友人の紹介からの縁を期待できる年	40点
1959年 1995年 2031年	1971年 2007年 2043年	1983年 2019年 2055年	▼ 乱気 積極的に出会いを求めないほうがいい年	0点
1948年 1984年 2020年	1960年 1996年 2032年	1972年 2008年 2044年	× 裏運気 意外な人と縁ができる年	5点
1949年 1985年 2021年	1961年 1997年 2033年	1973年 2009年 2045年	▲ 整理 不要な人間関係を整理する年	5点
1950年 1986年 2022年	1962年 1998年 2034年	1974年 2010年 2046年	○ チャレンジ(1年目) 出会いに積極的になるべき年	25点
1951年 1987年 2023年	1963年 1999年 2035年	1975年 2011年 2047年	○ チャレンジ(2年目) 人脈を広げると運命の人につながる年	30点
1952年 1988年 2024年	1964年 2000年 2036年	1976年 2012年 2048年	□ 健康管理 上半期の出会いに注目したい年	35点
1953年 1989年 2025年	1965年 2001年 2037年	1977年 2013年 2049年	■ リフレッシュ 年末の出会いに注目したい年	20点

出会った年がわからない場合は15点

命数51～60

金のイルカ座

出会った月相性表

2人が出会った、もしくはこれから出会う「月別タイミングの相性点数」です

出会った月	出会いの傾向	月の点数
1月	今月初めて会った人とは縁が薄く、長い付き合いになる可能性は低いでしょう。よい関係に発展をしても縁が突然切れてしまうことが多いかも。ただし、月末に初めて出会った人は、異性の友人や知人関係から仲よくなる場合があるでしょう。この月は相性のいい人とも喧嘩になったり、別れ話が出たりする場合があるので、わがままや身勝手な行動は控えましょう。	5点
2月	新しい出会いを求めて行動するといい月です。この月に出会った人とは、視野を広げる経験や新しい体験ができそうです。一気に盛り上がる可能性はやや低いものの、相手の運気次第では長い付き合いになる場合もあるでしょう。よい運気の相手に出会った場合、その人と初デートするにはよい月でしょう。	25点
3月	先月と同様、新しい出会いを求めて行動するにはよい時期です。先月出会った人からさらに輪を広げてみることや、その人のつながりや紹介を期待してもよさそうです。習い事を始めたり、定期的に行く場所（スポーツジム、居酒屋など）をつくってみたりするとよい出会いがありそう。先月仲よくなった人とデートや食事に行くと好相性に発展しそうです。	30点
4月	今月初めて出会った人、一緒に遊んだ人、デートした相手とは縁がつながって長い付き合いになる可能性があります。とくに共通の知り合いから紹介された相手とは、縁が長くなりそうです。また、今月仲よくなろうとした相手が、運命の人に変化する場合もあるので、積極的に行動する価値はあります。遠慮しないようにしましょう。	35点
5月	中旬までは新しい出会いの縁は薄いでしょう。下旬に親友や信頼のできる先輩、上司から紹介を受けた場合は、相性のいい人の可能性があります。来月や3カ月後に進展する場合があるので、気になる人が現れたなら、来月マメに連絡を取るようにするといいでしょう。	20点
6月	今月初めて出会った人は、運命の相手である可能性があります。出会った瞬間に「どこかで会ったことがあるかも」「一緒にいると家族のように楽な感じ」と思えた人ほど、運命の相手である確率が高いです。すでに出会っている人の場合でも、この月にデートや食事に行くようにすると、相性のよい相手になる可能性があるでしょう。	45点
7月	今月初めて会った人とは、運命的な出会いとまではいきませんが、ノリやテンションが合うことがあるので、恋愛関係や遊び相手としてはよい関係をつくることができそう。片思いが長く続いていてなかなか進展しない相手や、真面目で頑固者だと感じる相手を崩すなら、この月にデートに誘ってみると、そこからよい関係に発展しそうです。	20点
8月	今月は新しい出会いから運命の人が現れる可能性は低いでしょう。すでに知り合いで、「一緒に遊ぶようになった時期やデートをした月がこの月から」という場合は、相性のいい相手である可能性が出てきます。「異性の友人」と思っていた人ほどよい関係をつくれる時期なので、知り合ってから時間が経っている相手をデートに誘うならこの月がいいでしょう。	45点
9月	運命の人と出会う確率がもっとも高い月です。この時期に友人の紹介や、顔は知っている程度だったけれど、今月の飲み会やイベントでしっかり話をした人、今月にデートをした人とは相性がいい可能性がとても高いでしょう。気になっている人がいる場合は、今月中にデートできるように計画を立てておくと、うまくいく確率が上がるでしょう。	50点
10月	今月中旬までに出会った初対面の人とは相性がいい可能性が高いのですが、下旬になると微妙な相手が現れてしまいそう。先月に初めて出会った人とデートをしたり仲よくしたりするとしたら、中旬までが肝になるでしょう。気になる人がいたら、今月は積極的に誘ってみると、運命の相手にできそうです。	40点
11月	今月新たに出会った人とは縁が薄く、運命の相手や相性のいい人にはほど遠いでしょう。新しい出会いを求めて行動しないほうがよく、出会っても深入りしないことが大事。改めて会ってみて気になった人でも、深入りすると面倒なことになるかも。運気のいい時期に出会った人と今月初めてのデートをすると、縁が切れてしまうことがあるので気をつけましょう。	0点
12月	運命的な出会いと思えるような出来事がありそうですが、今月の出会いは最高か最悪かの極端な結果になるので注意しましょう。本来なら興味のない相手に惚れてしまうことや、その逆もあるかも。出会ったタイミングのいい人とも、今月初デートをすると距離ができてしまったり、その後の進展に時間がかかってしまったりするので気をつけてください。	5点

出会った月がわからない場合は15点

命数51〜60

銀のイルカ座

出会った年相性表

2人が出会った、もしくはこれから出会う「年別タイミングの相性点数」です

出会った年			年の運気（P.167〜193も参照）		年の点数
1955年 1991年 2027年	1967年 2003年 2039年	1979年 2015年 2051年	●	解放 努力に応じた出会いがある年	45点
1956年 1992年 2028年	1968年 2004年 2040年	1980年 2016年 2052年	△	準備 異性との関わりが増える年	20点
1957年 1993年 2029年	1969年 2005年 2041年	1981年 2017年 2053年	◎	幸運 既に知り合っている人と縁がある年	45点
1958年 1994年 2030年	1970年 2006年 2042年	1982年 2018年 2054年	☆	開運 運命の人と出会える年	50点
1959年 1995年 2031年	1971年 2007年 2043年	1983年 2019年 2055年	▽	ブレーキ 友人の紹介からの縁を期待できる年	40点
1948年 1984年 2020年	1960年 1996年 2032年	1972年 2008年 2044年	▼	乱気 積極的に出会いを求めないほうがいい年	0点
1949年 1985年 2021年	1961年 1997年 2033年	1973年 2009年 2045年	×	裏運気 意外な人と縁ができる年	5点
1950年 1986年 2022年	1962年 1998年 2034年	1974年 2010年 2046年	▲	整理 不要な人間関係を整理する年	5点
1951年 1987年 2023年	1963年 1999年 2035年	1975年 2011年 2047年	○	チャレンジ(1年目) 出会いに積極的になるべき年	25点
1952年 1988年 2024年	1964年 2000年 2036年	1976年 2012年 2048年	○	チャレンジ(2年目) 人脈を広げると運命の人につながる年	30点
1953年 1989年 2025年	1965年 2001年 2037年	1977年 2013年 2049年	□	健康管理 上半期の出会いに注目したい年	35点
1954年 1990年 2026年	1966年 2002年 2038年	1978年 2014年 2050年	■	リフレッシュ 年末の出会いに注目したい年	20点

出会った年がわからない場合は15点

命数51〜60

銀のイルカ座

出会った月相性表

2人が出会った、もしくはこれから出会う「月別タイミングの相性点数」です

出会った月	出会いの傾向	月の点数
1月	最高か最悪かの出会いになる月。相手との相性を見てから仲よくなったほうがいい時期ですが、相手の運気がいい場合は、ダメ元で一気に近づいてみてもいいでしょう。ただし、後で振り回されて面倒なことになるかもしれない、という覚悟は必要です。最高の出会いにするためには、相手に惚れてもらう努力も大事になります。	5点
2月	新しい出会いには期待ができない月。今月新しく会う人は、そもそもの相性がよくても、なぜか縁がつながりにくいことが多いでしょう。ただし、月末に友人からの紹介で会った場合などで、来月以降に仲よくなった人とは縁が少しありそうです。すでに出会っている人と今月仲よくなってしまうと、突然縁が切れることもあるでしょう。	5点
3月	新しい出会いに期待ができる月。運命の人というほど強いつながりがなくても、そこにつながる友人や知り合いができる可能性があるので、遊び友達を増やしてみたり、興味のあることに挑戦してみたりするといいでしょう。イメチェンや変化を楽しむといい出会いに近づけます。	25点
4月	新しい出会いに期待ができる月。今月初めて会った人とはできるだけ連絡先を交換しておくことが大事。第一印象や好みだけで判断せず、人脈を広げるだけ広げてみることで、運命の人との縁がつながる確率が高まるでしょう。遊びの習い事やサークル、ファンのオフ会、行きつけの店をつくってみるのもおすすめです。	30点
5月	今月新しく出会う人も大事ですが、この時期に仲よくなる人が運命の相手になる可能性があるので、気になる人を遊びに誘ってみたり、デートをしてみたりすることが大事。相手の運気がハマりやすいタイミングなら、その人を運命の相手に変化させることもできるでしょう。ここで深い関係になると縁が強固になるはずです。	35点
6月	今月の新しい出会いは期待が薄いので、気楽にしておくといいでしょう。ただし、友人の中でも比較的真面目な人から連絡があった場合は、下旬に会っておくと、素敵な人や後に仲よくなれる相手を紹介してもらえるケースがあります。期待しないで会っておくことが運命を左右するでしょう。	20点
7月	今月の新しい出会いと、今月から仲よくなる人が、運命の相手になる可能性が高い月。出会いを求めて行動するときは、明るい感じや幸せそうな服にし、衛生面をしっかり整えて、挨拶やお礼も忘れないように。すでに出会っている人と今月仲よくなれた場合は、最高の相手になる可能性があるので、自ら誘ってみたり、マメに連絡したりするといいでしょう。	45点
8月	あなたの魅力が輝く月ですが、この時期はあなたのほうがハマってしまう可能性が高く、相手とのテンションとの差が出てしまいそう。新しい出会いで調子に乗り過ぎたり、すでに仲よくなった人と楽しい時間を過ごしても独りよがりになったりする場合があるので、大事だと思える人とは来月以降に会うようにしたほうがいいでしょう。	20点
9月	今月は新しい出会いよりも、すでに出会っている人で仲よくなった人が運命の相手になる可能性が高いでしょう。外出先で偶然出会った人や、知り合いのつながりで久しぶりに会うことになった人、急に連絡することになり今月から仲よくなった人が、運命の相手になる場合があるでしょう。	45点
10月	今月初めて出会った人が運命の人となる可能性がもっとも高く、また、今月から急に仲よくなった人も運命の相手になる場合があるので、積極的に行動し、遊びに誘うといいでしょう。計画的に遊ぶことが縁をつくるコツ。一度会ったら次に会う約束をしておくことが大事ですが、相手の趣味を一緒に楽しむことも忘れないようにしましょう。	50点
11月	今月は中旬までの新しい出会いは大切ですが、運命の人というほどではない模様。ただし、相性のいい人や仲よくなれる人と出会う可能性はあるでしょう。中旬以降になると、相性の悪い人や運命を狂わす相手に会う場合も出てきそうです。すでに仲よくなっている人は問題ありませんが、先月辺りから仲よくなった人とは、中旬までに仲を深めておきましょう。	40点
12月	今月の新しい出会いは運命を狂わされる相手の可能性が高いので、新しく出会った人には期待しないほうがいいでしょう。この時期に急に仲よくなる人とも後に縁が切れやすく、振り回されることも多いので気をつけてください。危険だと思って近づくと本当に痛い目に遭うので要注意。仲よくなった相手にわがままを言わないことも大事です。	0点

出会った月がわからない場合は15点

金のカメレオン座

出会った年相性表

2人が出会った、もしくはこれから出会う「年別タイミングの相性点数」です

出会った年			年の運気（P.167～193も参照）		年の点数
1956年 1992年 2028年	1968年 2004年 2040年	1980年 2016年 2052年	●	解放 努力に応じた出会いがある年	45点
1957年 1993年 2029年	1969年 2005年 2041年	1981年 2017年 2053年	△	準備 異性との関わりが増える年	20点
1958年 1994年 2030年	1970年 2006年 2042年	1982年 2018年 2054年	◎	幸運 既に知り合っている人と縁がある年	45点
1959年 1995年 2031年	1971年 2007年 2043年	1983年 2019年 2055年	☆	開運 運命の人と出会える年	50点
1948年 1984年 2020年	1960年 1996年 2032年	1972年 2008年 2044年	▽	ブレーキ 友人の紹介からの縁を期待できる年	40点
1949年 1985年 2021年	1961年 1997年 2033年	1973年 2009年 2045年	▼	乱気 積極的に出会いを求めないほうがいい年	0点
1950年 1986年 2022年	1962年 1998年 2034年	1974年 2010年 2046年	×	裏運気 意外な人と縁ができる年	5点
1951年 1987年 2023年	1963年 1999年 2035年	1975年 2011年 2047年	▲	整理 不要な人間関係を整理する年	5点
1952年 1988年 2024年	1964年 2000年 2036年	1976年 2012年 2048年	○	チャレンジ(1年目) 出会いに積極的になるべき年	25点
1953年 1989年 2025年	1965年 2001年 2037年	1977年 2013年 2049年	○	チャレンジ(2年目) 人脈を広げると運命の人につながる年	30点
1954年 1990年 2026年	1966年 2002年 2038年	1978年 2014年 2050年	□	健康管理 上半期の出会いに注目したい年	35点
1955年 1991年 2027年	1967年 2003年 2039年	1979年 2015年 2051年	■	リフレッシュ 年末の出会いに注目したい年	20点

出会った年がわからない場合は15点

命数41～50

金のカメレオン座

出会った月相性表

2人が出会った、もしくはこれから出会う「月別タイミングの相性点数」です

出会った月	出会いの傾向	月の点数
1月	今月新しく出会った人は縁がない相手だと思っていいでしょう。あなたにしては珍しいタイプにハマってしまったり、運命を狂わす相手に出会ってしまったり、という可能性が高まります。深入りしない程度のよい距離感を保つことが大切です。すでに知り合っている人の中に初めて仲よくなろうと思った人がいたとしても、今月は行動しないほうがよいでしょう。	0点
2月	今月の新しい出会いは、これまでにないタイプと一気に仲よくなることがあるでしょう。また、年下とのつながりが強くなる月でもあります。相性がいい人とダメ元で仲よくなれるように接してみると、不思議とつながりが強くなることがあるでしょう。ただし、最高な相手だと思った人が、最悪な人に変わることもある時期です。	5点
3月	今月の新しい出会いは、運命の人といえる確率が非常に低いでしょう。また、すでに出会っている人とも縁が切れやすく、つながりが弱くなることが増えそうです。ただし、月末に上司や先輩からの紹介で、いい人と出会う場合があるでしょう。	5点
4月	新しい出会いに期待ができる月。人の集まりに参加したり、習い事を始めてみたりすると、素敵な人や運命の相手との縁を後につないでくれる人に会うことがあります。今月はできるだけいろんな人と話してみることが大事。すでに出会っている人と関係を進めたい場合は、これまでとは違うデートプランを立てるといいでしょう。	25点
5月	新しい出会いに恵まれやすい月。先月初めて仲よくなった人と遊びに行くとよい関係が築けて、おもしろい発見もたくさんあるでしょう。運命の出会いといえるほど強い運気ではありませんが、今月は仲よくなれる人を増やすように努めて人脈を広げておくと、後に運命の人につながることがあるでしょう。	30点
6月	運命的な出会いがある月。今月初めて出会う人にも注目ですが、今月から急に仲よくなる人や、深い関係になった相手が運命の人になる場合もあるでしょう。そもそもの相性がいい人には、とくに注目しておくのがおすすめ。気になった相手をデートに誘ってみたり、気持ちを伝えてみたりするといいでしょう。	35点
7月	今月は運命の人と出会う確率は低め。過度に期待して行動するよりも、自分磨きをして来月以降に期待するほうがいいでしょう。異性や周囲の人を観察して魅力的な部分を探す訓練をしておくことも大事。月末に信頼できる親友や身近な人の紹介から縁がつながることもありそうですが、ここでの出会いは進展に時間がかかりそうです。	20点
8月	運命の人との出会いが期待できる月。親友や年上の人からの紹介はとくに期待大。飲み会やイベントなどにはできるだけ顔を出して、連絡先を交換しておくといいでしょう。また、今月になってから急に仲よくなった人やデートすることになった人が運命の相手になる場合もあるので、気になる人を誘ってみましょう。	45点
9月	運命の出会いが訪れる確率は低い月。あなたにしては珍しい感じの異性にハマってしまうことがあるので注意が必要です。しかし、もともと相性のいい相手を遊びに誘って楽しませようとしてみると、縁が強くなる場合があるでしょう。とはいえ、この時期のつながりは弱いので、不意なことで突然切れてしまう場合があると思っておきましょう。	20点
10月	今月は新しい出会いを求めるより、すでに出会っている人と仲よくなると、その人が運命の人になる可能性が高い時期。気になる人と偶然会うことがあったり、不思議と今月から仲よくなったりした人は、運命の人の確率がグンと上がります。異性の友人や、職場や学校の仲間だと思っていた人と縁が結ばれることもあるでしょう。	45点
11月	運命の出会いがある月。今月初めて出会う人には注目しておくことが大事。とくに意気投合した人や、ひと目惚れした人とは縁がある可能性が高いでしょう。不思議な共通点のある人や、一緒にいると家族のような感じのする人が相性のいい人でしょう。また今月一気に仲よくなる人も運命の相手の可能性があるので、気になる人に連絡してみる価値はあります。	50点
12月	今月中旬までの新しい出会いには、運命の人が潜んでいるかも。また、先月知り合った人や、今月中旬までに急に仲よくなったり深い関係になったりした人とは、運命の相手になる場合があるでしょう。下旬になると縁が薄くなるので、気になる人を誘うならできるだけ早いほうがいいと思って行動してください。	40点

出会った月がわからない場合は15点

命数41～50

銀のカメレオン座

出会った年相性表

2人が出会った、もしくはこれから出会う「年別タイミングの相性点数」です

出会った年			年の運気（P.167～193も参照）		年の点数
1957年 1993年 2029年	1969年 2005年 2041年	1981年 2017年 2053年	●	**解放** 努力に応じた出会いがある年	45点
1958年 1994年 2030年	1970年 2006年 2042年	1982年 2018年 2054年	△	**準備** 異性との関わりが増える年	20点
1959年 1995年 2031年	1971年 2007年 2043年	1983年 2019年 2055年	◎	**幸運** 既に知り合っている人と縁がある年	45点
1948年 1984年 2020年	1960年 1996年 2032年	1972年 2008年 2044年	☆	**開運** 運命の人と出会える年	50点
1949年 1985年 2021年	1961年 1997年 2033年	1973年 2009年 2045年	▽	**ブレーキ** 友人の紹介からの縁を期待できる年	40点
1950年 1986年 2022年	1962年 1998年 2034年	1974年 2010年 2046年	▼	**乱気** 積極的に出会いを求めないほうがいい年	0点
1951年 1987年 2023年	1963年 1999年 2035年	1975年 2011年 2047年	×	**裏運気** 意外な人と縁ができる年	5点
1952年 1988年 2024年	1964年 2000年 2036年	1976年 2012年 2048年	▲	**整理** 不要な人間関係を整理する年	5点
1953年 1989年 2025年	1965年 2001年 2037年	1977年 2013年 2049年	○	**チャレンジ(1年目)** 出会いに積極的になるべき年	25点
1954年 1990年 2026年	1966年 2002年 2038年	1978年 2014年 2050年	○	**チャレンジ(2年目)** 人脈を広げると運命の人につながる年	30点
1955年 1991年 2027年	1967年 2003年 2039年	1979年 2015年 2051年	□	**健康管理** 上半期の出会いに注目したい年	35点
1956年 1992年 2028年	1968年 2004年 2040年	1980年 2016年 2052年	■	**リフレッシュ** 年末の出会いに注目したい年	20点

出会った年がわからない場合は15点

命数 41 ～ 50

銀のカメレオン座

出会った月相性表

2人が出会った、もしくはこれから出会う「月別タイミングの相性点数」です

出会った月	出会いの傾向	月の点数
1月	今月中旬までに出会った相手は、運命の人といえる可能性があります。その人の話の聞き役になれることが大事なので、相手の会話に突っ込み過ぎないようにしましょう。先月出会った人の中で素敵だと思える人と中旬までに再び会えると、運命の相手になることがあるでしょう。下旬は期待が薄いので無理しないように。	40点
2月	今月の新しい出会いは運命を乱す相手の可能性が高いので、知り合ったとしても深入りは避けたほうがいいでしょう。もしときめいてしまったら、それは危険信号だと思っておきましょう。また、この月になって突然仲よくなる人は、自分にとって勉強になる相手であって、運命の人とはほど遠いと思っておくといいでしょう。	0点
3月	意外な異性にハマりやすい時期。運命の人ではない相手にどっぷりハマってしまうこともありそうです。また、今月は相性が微妙な人ともつながってしまう運気なので注意が必要。ただし、これまでとは違ったタイプや、違った作戦で異性に近づいてみると、がっちりハマってしまうこともあり、振り回される結果になるので覚悟が必要です。	5点
4月	運命の出会いとはほど遠い時期。よい感じの人に出会っても深入りしないことが大事で、距離を置いて様子を見るようにしましょう。春なので自然と出会いが多くなりますが、表面的に親しくするだけにとどめておき、来月以降に仲よくなるように努めてみると、いい縁につながっていくでしょう。	5点
5月	今月の新しい出会いは期待できそう。習い事を始めてみる、誘われた場所にできるだけ顔を出してみる、という行動が縁を呼ぶでしょう。先月とは違う感じにイメチェンをするといい縁を引き寄せられそう。先月知り合った人と仲よくすると、後にいい縁になる可能性もあるでしょう。	25点
6月	新しい出会いが自然と多くなり、仲よくなる人が増える時期。運命の出会いといえるほど強い出会い運はないですが、仲よくなっておくと、いい縁をつないでくれる人や、紹介してくれる人と縁ができそうな時期。先月辺りから親しくなった人と、さらに仲よくなっておくといい縁が育つこともありそうです。	30点
7月	今月は、運命の人をつないでくれる人との新しい出会いや、今月から突然仲よくなった人が運命の相手になる場合があるでしょう。気になる異性がいる場合は、マメに連絡をして積極的に誘ってみることが大事。ただし、好かれることだけを考えて相手に合わせ過ぎると、逆に縁がつながらなくなるので気をつけましょう。	35点
8月	今月は運命の出会いやつながりは弱いでしょう。仲よくなった人とは深入りしようと頑張らなくてもよさそうです。新しい出会いは、月末に後輩や部下からの紹介が少しだけ期待できそうですが、進展は来月以降になると思っておきましょう。	20点
9月	運命の出会いがある月。今月初めて会った人が運命の人になる確率が高いので、いつも以上に異性を意識しておきましょう。出会いの場所には積極的に参加することも大事。また、今月から仲よくなった相手も運命の人になる可能性があるので、品のある話し方をしたり知的な部分を隠さないようにしましょう。本来のあなたで勝負するといいでしょう。	45点
10月	今月の新しい出会いが運命の人につながる確率は低めですが、先月出会った人と仲よくなり、さらに深入りするにはよい運気。遊びに誘ってみたり、ノリが合うことを確認しておいたりするといいでしょう。真面目で奥手でなかなか進展できない人とは、ここで一気に流れを変えることもできそうです。	20点
11月	今月は新しく出会った人が運命の人になる確率は低め。すでに出会っている人と今月中に仲よくなったり深い関係になれたりした場合は、運命の相手になる可能性があります。気になっている異性がいるなら積極的になりましょう。とくに職場の人や異性の友人など、すでに仲よくなっている人を押すなら今月でしょう。	45点
12月	運命の人に会う確率が高い月。イベントや飲み会などにはできるだけ顔を出しておくとよく、仕事のスキルアップや資格取得のための習い事でも出会いがありそう。すでに出会っている人とも今月から仲よくなる雰囲気があったり、先月からいい感じに進展している人が運命の人になったりすることもあるでしょう。今月は遠慮をせず積極的になりましょう。	50点

出会った月がわからない場合は15点

命数31～40

金の時計座

出会った年 相性表

2人が出会った、もしくはこれから出会う「年別タイミングの相性点数」です

出会った年			年の運気（P.167～193も参照）		年の点数
1958年 1994年 2030年	1970年 2006年 2042年	1982年 2018年 2054年	●	解放 努力に応じた出会いがある年	45点
1959年 1995年 2031年	1971年 2007年 2043年	1983年 2019年 2055年	△	準備 異性との関わりが増える年	20点
1948年 1984年 2020年	1960年 1996年 2032年	1972年 2008年 2044年	◎	幸運 既に知り合っている人と縁がある年	45点
1949年 1985年 2021年	1961年 1997年 2033年	1973年 2009年 2045年	☆	開運 運命の人と出会える年	50点
1950年 1986年 2022年	1962年 1998年 2034年	1974年 2010年 2046年	▽	ブレーキ 友人の紹介からの縁を期待できる年	40点
1951年 1987年 2023年	1963年 1999年 2035年	1975年 2011年 2047年	▼	乱気 積極的に出会いを求めないほうがいい年	0点
1952年 1988年 2024年	1964年 2000年 2036年	1976年 2012年 2048年	×	裏運気 意外な人と縁ができる年	5点
1953年 1989年 2025年	1965年 2001年 2037年	1977年 2013年 2049年	▲	整理 不要な人間関係を整理する年	5点
1954年 1990年 2026年	1966年 2002年 2038年	1978年 2014年 2050年	○	チャレンジ（1年目） 出会いに積極的になるべき年	25点
1955年 1991年 2027年	1967年 2003年 2039年	1979年 2015年 2051年	○	チャレンジ（2年目） 人脈を広げると運命の人につながる年	30点
1956年 1992年 2028年	1968年 2004年 2040年	1980年 2016年 2052年	□	健康管理 上半期の出会いに注目したい年	35点
1957年 1993年 2029年	1969年 2005年 2041年	1981年 2017年 2053年	■	リフレッシュ 年末の出会いに注目したい年	20点

出会った年がわからない場合は15点

命数31～40

金の時計座

出会った月相性表

2人が出会った、もしくはこれから出会う「月別タイミングの相性点数」です

出会った月	出会いの傾向	月の点数
1月	この月に出会った人は後に運命の人になる可能性が高いでしょう。そしてそれは、ひと目惚れする人よりも、友人との集まりで意気投合する人や、今月から急激に仲よくなる仲間のうちの1人だと思っておいてください。進展に時間がかかるケースもありますが「そういえば1月に会いましたね」と言える人と結ばれる可能性があるので、集まりには顔を出しましょう。	50点
2月	今月の中旬までに出会った人は運命の相手の可能性がありますが、今月は仲よくなる程度で、深い関係に進むことは少ないでしょう。先月出会った人の中でよい関係に進む人も運命の相手である可能性があるので、気になる人には連絡をしておくといいでしょう。下旬になると、相性のいい人は現れても、運命の人というほどの相手ではなさそうです。	40点
3月	今月の新しい出会いは、運命の人とは程遠い相手だと思っておきましょう。夢を追いかける人や頑張っている人にひと目惚れしてしまうと、後の人生を台無しにする可能性があるので気をつけて。面倒を見ているうちに情が移ってしまった相手にも注意してください。今月から仲よくなる人とは距離感を保つことをおすすめします。	0点
4月	運命的と思ってしまう出会いがありそうですが、今月は予想外の人にハマってしまうことがある月。とくに最初の印象がいい人やひと目惚れ、面倒を見たくなってしまう相手は運命の人ではなく、運命を狂わせる可能性があるので気をつけましょう。気になったとしても、深入りせず、しばらく様子を見たほうがいいでしょう。	5点
5月	運命の人と出会う確率は低い月。今月新しく出会う人や仲よくなる人とは、一時はよい関係が築けても、次第に縁が薄くなるでしょう。気になる相手がいる場合は、この時期には深入りしないようにすることも大事。気になる人とは来月以降に仲よくするように努めてみるほうがいいでしょう。	5点
6月	新しい出会いが多くなる月ですが、運命の人に直接出会うというより、今月出会って仲よくなった人や知り合った人が、後に運命の人を紹介してくれることがあるので、人脈を広げておくことが大事。習い事や定期的に集まる会、行きつけの飲み屋やご飯屋さんをつくっておくのもいいでしょう。年始に出会った人と今月辺りから仲よくなったら、その人が運命の人かも。	25点
7月	新しい出会いが増える月。運命の人に出会う可能性は少しありますが、ここは新たな仲間をつくるように行動して、友人や知り合いの輪を広げてみると、運命の人との縁がつながることがありそうです。今月になってから距離が縮まる人は、少し意識しておくといいでしょう。	30点
8月	縁が強くなる月。新しく出会う人が運命の相手になることがある時期。気になる人にはできるだけ積極的に会って、少し面倒を見てみると流れが変わり、運命の人に変わることがあるでしょう。些細なことを気にするところや、繊細過ぎる部分を見せないようにする振る舞いが大事になります。	35点
9月	今月の出会いが運命の人になる確率は低め。すでに出会っている人と仲よくなれるのはいいのですが、大きな盛り上がりには欠けてしまうのと、タイミングが合わない感じになりそうです。ただし、月末に親友の友人を紹介されたことがきっかけで、そこから運命の相手につながる可能性がありそうです。	20点
10月	運命の相手に出会う可能性が高い月。ひと目惚れよりもすでに出会っている人や顔見知りの中で、今月から意識するようになったり、好きになったりした相手が運命の人である可能性が高いでしょう。今月初めて出会った人の場合は、数カ月後に突然仲よくなることがあるので、今月はいろいろな場所に顔を出して、出会いを増やしておくといいでしょう。	45点
11月	今月の新しい出会いから運命の人になる確率は低めです。今月はすでに出会っている人の中で相性のいい人と仲よくなったり遊んでみたりするといい時期。思った以上にノリが合って楽しい時間を過ごせた人が、運命の相手になる場合があるでしょう。	20点
12月	今月新しく出会う人よりも、すでに知り合いになっている人が運命の相手になる可能性がありそうです。いつも一緒に遊ぶ仲間や異性の友人の中で気になっている人がいる場合は、2人きりで会うよりも仲間を誘って遊んでみるといい距離感になって進展しやすいでしょう。みんなで楽しい時間を過ごせるように努めてみましょう。	45点

出会った月がわからない場合は15点

銀の時計座

出会った年相性表

2人が出会った、もしくはこれから出会う「年別タイミングの相性点数」です

出会った年			年の運気（P.167～193も参照）		年の点数
1959年 1995年 2031年	1971年 2007年 2043年	1983年 2019年 2055年	●	解放 努力に応じた出会いがある年	45点
1948年 1984年 2020年	1960年 1996年 2032年	1972年 2008年 2044年	△	準備 異性との関わりが増える年	20点
1949年 1985年 2021年	1961年 1997年 2033年	1973年 2009年 2045年	◎	幸運 既に知り合っている人と縁がある年	45点
1950年 1986年 2022年	1962年 1998年 2034年	1974年 2010年 2046年	☆	開運 運命の人と出会える年	50点
1951年 1987年 2023年	1963年 1999年 2035年	1975年 2011年 2047年	▽	ブレーキ 友人の紹介からの縁を期待できる年	40点
1952年 1988年 2024年	1964年 2000年 2036年	1976年 2012年 2048年	▼	乱気 積極的に出会いを求めないほうがいい年	0点
1953年 1989年 2025年	1965年 2001年 2037年	1977年 2013年 2049年	×	裏運気 意外な人と縁ができる年	5点
1954年 1990年 2026年	1966年 2002年 2038年	1978年 2014年 2050年	▲	整理 不要な人間関係を整理する年	5点
1955年 1991年 2027年	1967年 2003年 2039年	1979年 2015年 2051年	○	チャレンジ(1年目) 出会いに積極的になるべき年	25点
1956年 1992年 2028年	1968年 2004年 2040年	1980年 2016年 2052年	○	チャレンジ(2年目) 人脈を広げると運命の人につながる年	30点
1957年 1993年 2029年	1969年 2005年 2041年	1981年 2017年 2053年	□	健康管理 上半期の出会いに注目したい年	35点
1958年 1994年 2030年	1970年 2006年 2042年	1982年 2018年 2054年	■	リフレッシュ 年末の出会いに注目したい年	20点

出会った年がわからない場合は15点

命数 31 ～ 40

銀の時計座

出会った月相性表

2人が出会った、もしくはこれから出会う「月別タイミングの相性点数」です

出会った月	出会いの傾向	月の点数
1月	今月は、じっくり観察して、周囲からも評判のいい異性と仲よくなれたら、その相手が運命の人になるでしょう。ただし、最初の出会いでは運命を感じるような人ではなく、「一緒にいると楽だな」というふわっとした感じを受けていた人です。一方で、今月新たに出会った人は、運命の人となる確率は低いでしょう。	45点
2月	運命の人と出会う可能性がもっとも高い月ですが、ひと目惚れからの恋は失敗しやすい傾向。出会った瞬間に「どこかで会ったことがある」「一緒にいると楽」「家族みたい」と思える相手が、運命の人である確率が高いでしょう。すでに知り合っていて、今月から急激に仲よくなる人も、運命の相手になる場合があるでしょう。	50点
3月	中旬までの新しい出会いは運命の人の可能性があるため、友人からの意見や情報をしっかり聞くことが大切。1人で勝手に盛り上がったり舞い上がったりしていると、運命の相手を見逃してしまう場合があります。先月出会った人で今月から仲よくなる人も、運命の相手の可能性があるでしょう。	40点
4月	今月は運命の出会いはないでしょう。逆に、ひと目惚れした人、才能を感じてしまった人は、あなたの運命を狂わせる相手で、付き合っても無駄な時間を過ごすことになるので要注意。もしも、出会ってしまったかも……と思ったら、距離を置いて冷静になってから再度会うか、異性の友人止まりにしておきましょう。	0点
5月	今月出会った人で、急に仲よくなる人とは腐れ縁になる可能性がある時期。運命の人とはいえない人にハマってしまう場合があるので、周囲の評判や友人からのアドバイスをしっかり聞き入れることが大事。出会った瞬間にビビッときた相手は危険信号の可能性が高いので気をつけましょう。	5点
6月	運命の人と出会う確率は低い月。初めて会う人にピンときてもつながりは弱いので、距離を置いて様子見でいいでしょう。今月になって仲よくなる人も縁が薄くなりやすく、月内に切れることも。下旬に親友から紹介された人とは少しだけ期待ができますが、できれば来月に会うようにするといいでしょう。	5点
7月	新しい出会いが増える月。今月出会った人や仲よくなった人が後に運命の人を紹介してくれたり、そのきっかけをつくってくれたりする可能性があるので、人との集まりにはできるだけ参加しておくといいでしょう。ただし、好き嫌いですぐに判断しないこと。	25点
8月	人脈が広がる時期。新しい出会いが多くなりますが、運命的な人と出会うより、運命的な人につながる人と会う可能性や、運命的な人と仲よくなれるきっかけができそう。先月出会った人と仲よくなれるよう努めてみると、いい縁が芽生えることがあるでしょう。	30点
9月	初めて会う人が運命の人の可能性がある時期。一気に進展することはないので、連絡先を交換する程度の人か、いい感じに仲よくなった人でしょう。あなたのことをほめてくれる人や、認めてくれる人には、とくに注目しておくといいでしょう。すでに出会っている人で今月から急に仲よくなる人が運命の相手になる場合もあるでしょう。	35点
10月	今月は運命の人と出会う確率は低め。期待して出会いを求めて行動する必要はないので、今月は自分磨きをしておくことが大事。先月辺りに仲よくなった人とは今月は深入りせずに、来月以降に遊ぶ予定を立てておくといいでしょう。親友や尊敬できる人と月末に偶然会うことがあると、そこでいい人を紹介してくれる話が出そうです。	20点
11月	運命の人と出会ったり、運命の人と仲よくなれたりする時期。今月初めに出会った人の中に、そのままの自分を受け入れてくれる相手や、素直になれる人がいる可能性があるため、いろいろな人に会ってみるといいでしょう。また、今月から不思議と仲よくなった人が運命の人になることも多いので、気になる人には連絡をしてみましょう。	45点
12月	今月の新しい出会いの中で運命の人が現れる可能性は低いでしょう。先月出会った人と遊びに行ったり仲よくなったりするのはいいですが、一歩踏み込むのは来月以降のほうがいいでしょう。今月軽はずみで飛び込んでしまった相手とは縁が薄くなりやすいので、周囲の意見もしっかり聞き入れておきましょう。	20点

出会った月がわからない場合は15点

命数21〜30

金の鳳凰座

出会った年相性表

2人が出会った、もしくはこれから出会う「年別タイミングの相性点数」です

出会った年			年の運気（P.167〜193も参照）		年の点数
1948年 1984年 2020年	1960年 1996年 2032年	1972年 2008年 2044年	●	解放 努力に応じた出会いがある年	45点
1949年 1985年 2021年	1961年 1997年 2033年	1973年 2009年 2045年	△	準備 異性との関わりが増える年	20点
1950年 1986年 2022年	1962年 1998年 2034年	1974年 2010年 2046年	◎	幸運 既に知り合っている人と縁がある年	45点
1951年 1987年 2023年	1963年 1999年 2035年	1975年 2011年 2047年	☆	開運 運命の人と出会える年	50点
1952年 1988年 2024年	1964年 2000年 2036年	1976年 2012年 2048年	▽	ブレーキ 友人の紹介からの縁を期待できる年	40点
1953年 1989年 2025年	1965年 2001年 2037年	1977年 2013年 2049年	▼	乱気 積極的に出会いを求めないほうがいい年	0点
1954年 1990年 2026年	1966年 2002年 2038年	1978年 2014年 2050年	×	裏運気 意外な人と縁ができる年	5点
1955年 1991年 2027年	1967年 2003年 2039年	1979年 2015年 2051年	▲	整理 不要な人間関係を整理する年	5点
1956年 1992年 2028年	1968年 2004年 2040年	1980年 2016年 2052年	○	チャレンジ(1年目) 出会いに積極的になるべき年	25点
1957年 1993年 2029年	1969年 2005年 2041年	1981年 2017年 2053年	○	チャレンジ(2年目) 人脈を広げると運命の人につながる年	30点
1958年 1994年 2030年	1970年 2006年 2042年	1982年 2018年 2054年	□	健康管理 上半期の出会いに注目したい年	35点
1959年 1995年 2031年	1971年 2007年 2043年	1983年 2019年 2055年	■	リフレッシュ 年末の出会いに注目したい年	20点

出会った年がわからない場合は15点

命数21～30

金の鳳凰座

出会った月相性表

2人が出会った、もしくはこれから出会う「月別タイミングの相性点数」です

出会った月	出会いの傾向	月の点数
1月	今月新しく出会った人は、運命の人の可能性は低いでしょう。しかし、先月出会った人と仲よくするにはいい時期。最初の印象が微妙だった人でも、友人を誘って遊んでみると思った以上に盛り上がり打ちとけられるケースがあるでしょう。深入りするにはやや早い時期なので、来月以降に進められるように準備しておくといいでしょう。	20点
2月	新しい出会いは期待ができませんが、すでに知り合っている異性が運命の人になる可能性がある月。知り合って数年経っている人と、今月から急に仲よくなることがあった場合は、運命の相手となる可能性が高いでしょう。とくに、元々ノリの合う相手なら進展する可能性が高いので、気になる人には連絡してみるといいでしょう。	45点
3月	今月初めて会う人が運命の相手である可能性は高いでしょう。決めつけをやめて、いろいろな異性と会い、連絡先を交換しておくことが大事。また、すでに知り合っている人と今月から仲よくなろうとすると、運命の人になる可能性もあるので、気になる人がいるなら積極的に行動してみるといいでしょう。	50点
4月	運命の人との出会いがある月ですが、中旬までの新しい出会いが大切になるので人の集まりに参加しておくことが重要。今月出会う人の前では丁寧な言葉を選び、相手の話をしっかり聞くようにすると、いい縁が結ばれやすくなるでしょう。先月知り合った人で、今月一気に仲よくなった人は運命の相手の可能性もあるでしょう。	40点
5月	運命の相手と出会う確率がもっとも低い月。逆に縁のない人やソリの合わない人と仲よくなってしまう場合があるので気をつけましょう。とくに第一印象がよい相手やひと目惚れするような人は、あなたの運命を乱す人の可能性があるので、距離をあけることと、今月は仲よくしないようにすることも大事。ほどよい距離感を保っておくといいでしょう。	0点
6月	好みではない異性にハマってしまいそうな月。今月はこれまでとは違う方法を試してみることで意外な異性と仲よくなることがありそう。元々相性がよい相手なら今月から急に仲よくなることもあるので、いつもとは違うアプローチをしてみるとよいでしょう。ここでダメな場合はキッパリ諦めたほうが運命の人に会える可能性が上がるでしょう。	5点
7月	新しい出会いには期待できない月。新しい出会いがあっても関係を深めようとせずに、連絡先の交換程度にしておくとよいでしょう。後に偶然会ったり不思議と再会することになったりした場合は相性のいい相手であることもありますが、相手の運気次第だと思っておきましょう。	5点
8月	新しい出会いが多くなる月。運命の人に出会う確率は高くはないのですが、いい縁をつないでおけば、後に運命の相手を紹介してくれる場合があります。最初の印象が好みではなくても連絡先は交換しておくといいでしょう。運気のいいタイミングに出会っている人と今月から仲よくなることができれば、その人が運命の相手になるケースもあります。	25点
9月	新しい趣味を始めることで運命的な出会いやつながりが一気に広がる月。自分が思っている以上に異性からは距離をとってしまうタイプなので、習い事を始めるなどして定期的に通う場所を作ってみると、今月はよい人脈を広げることができるでしょう。今月から飲み友達になった人や意気投合した異性が、運命の相手になる場合もあるでしょう。	30点
10月	今月仲よくなった人や深い関係になれた相手を、運命の人にすることができる時期。元々相性のいい人で出会ったタイミングがいいと思われる相手なら、デートに誘うなど仲よくなれるように努めてみるとよいでしょう。最初の印象よりも、周囲の評判のいい人を選んでみることも大事になるでしょう。また、今月初対面の人が運命の人である可能性もあるでしょう。	35点
11月	今月の新しい出会いが運命の人につながる確率は低く、気になる人が現れた場合でも、関係を深めるようにしないほうがいいでしょう。すでに知り合っている人でも、ここは無理にアプローチせず来月につなげるようにすることが大事。月末に親友や信頼できる人から紹介された人は、大切にしておくといい縁がつながるかも。	20点
12月	運命の人と出会う可能性が高い月。または、運命の人と仲よくなることがある月でしょう。初めて会ったのに以前どこかで出会ったような感じのする相手は、運命の人のケースがあります。不思議と共通点が多かったり、会話もスムーズにできたりするでしょう。また、今月になって一気に仲よくなった相手も運命の人かもしれません。	45点

出会った月がわからない場合は15点

命数21～30

銀の鳳凰座

出会った年 相性表

2人が出会った、もしくはこれから出会う「年別タイミングの相性点数」です

出会った年			年の運気（P.167～193も参照）		年の点数
1949年 1985年 2021年	1961年 1997年 2033年	1973年 2009年 2045年	●	**解放** 努力に応じた出会いがある年	45点
1950年 1986年 2022年	1962年 1998年 2034年	1974年 2010年 2046年	△	**準備** 異性との関わりが増える年	20点
1951年 1987年 2023年	1963年 1999年 2035年	1975年 2011年 2047年	◎	**幸運** 既に知り合っている人と縁がある年	45点
1952年 1988年 2024年	1964年 2000年 2036年	1976年 2012年 2048年	☆	**開運** 運命の人と出会える年	50点
1953年 1989年 2025年	1965年 2001年 2037年	1977年 2013年 2049年	▽	**ブレーキ** 友人の紹介からの縁を期待できる年	40点
1954年 1990年 2026年	1966年 2002年 2038年	1978年 2014年 2050年	▼	**乱気** 積極的に出会いを求めないほうがいい年	0点
1955年 1991年 2027年	1967年 2003年 2039年	1979年 2015年 2051年	×	**裏運気** 意外な人と縁ができる年	5点
1956年 1992年 2028年	1968年 2004年 2040年	1980年 2016年 2052年	▲	**整理** 不要な人間関係を整理する年	5点
1957年 1993年 2029年	1969年 2005年 2041年	1981年 2017年 2053年	○	**チャレンジ(1年目)** 出会いに積極的になるべき年	25点
1958年 1994年 2030年	1970年 2006年 2042年	1982年 2018年 2054年	○	**チャレンジ(2年目)** 人脈を広げると運命の人につながる年	30点
1959年 1995年 2031年	1971年 2007年 2043年	1983年 2019年 2055年	□	**健康管理** 上半期の出会いに注目したい年	35点
1948年 1984年 2020年	1960年 1996年 2032年	1972年 2008年 2044年	■	**リフレッシュ** 年末の出会いに注目したい年	20点

出会った年がわからない場合は15点

命数 21 〜 30

銀の鳳凰座

出会った月相性表

2人が出会った、もしくはこれから出会う「月別タイミングの相性点数」です

出会った月	出会いの傾向	月の点数
1月	今月初めて出会った人は運命の相手になる可能性が高いのですが、思い込みが激し過ぎて最初の印象だけで決めつけると逃してしまうかも。また、間違った人を追い求めてしまうことがあるので周囲の意見を聞くことが大事です。また、今月から打ち解けて仲よくなった人も運命の人になることがあるので、気になる人と親しくしてみるといいでしょう。	45点
2月	今月初めて出会った人は運命の人になる確率は低めです。出会ったとしても挨拶程度にしておくか、連絡先を交換するくらいがよいでしょう。すでに出会っている人と仲よくなるきっかけをつくるくらいはいいですが、この月は深入りするよりも、互いの趣味を楽しんだり、仲間や友人と一緒に遊んで楽しい思い出をつくったりしておくのがいいでしょう。	20点
3月	今月の新しい出会いは、運命の人である確率は低め。ただ、信頼できる人や友人から評判のいい人と仲よくなってみると、そこで運命の相手だと気がつくことがありそう。仲よくできるように連絡はマメにしておくと、いい縁が結ばれるでしょう。異性の友人だと思い込んでいた人が、運命の相手になる場合もあるので、周囲を見直してみることも大切です。	45点
4月	今月初めて会う異性が運命の人になる可能性は高いでしょう。「この人かも!」と思ったときは友人に相談をしてみると、正しい判断をしてくれるはずなので、自分だけの判断で突っ走って大切な出会いを逃さないようにしましょう。すでに出会っている人でも、今月から急激に仲よくなった場合は、運命の人になることもあるでしょう。	50点
5月	今月の中旬までに会う異性は、運命の人の可能性があるので、出会いの場所や人を紹介してもらえるよう周囲にお願いしておくといいでしょう。楽しい感じを出して、相手に好意を伝えるといった行動が大事になるので、相手の出方だけを待つのはやめましょう。また、先月出会った人と今月仲よくなり、深い関係になると、運命の人になることがあるでしょう。	40点
6月	今月初めて会う異性はあなたの運命を乱す危険な人である可能性が高いので、安易に近づかずに、よく観察するようにしましょう。とくにひと目惚れや、周囲の制止を振り切る必要があるような相手は避けてください。また、今月になって急に仲よくなる異性も危険な場合があるので、ほどよく距離を置くようにしましょう。	0点
7月	運命の出会いと勘違いするような出会いがありそうな月。この月にハマってしまうと、人生を棒に振ってしまう危険性があるので、気になる異性が現れたとしても、元々の相性を調べてから行動したほうがいいでしょう。また、今月から不思議と仲よくなる相手も現れますが、周囲の評判を一度しっかり聞いてから判断したほうがいいでしょう。	5点
8月	今月の新しい出会いは、運命の相手である可能性は低いでしょう。出会いのチャンスを無理に避ける必要はありませんが、ほどよい距離感を保っておくといいでしょう。気になる人が現れてしまった場合は、来月以降に仲よくなる努力をするのがおすすめです。すでに出会っている人で今月から仲よくなる人とは、突然縁が切れることがありそうです。	5点
9月	今月は出会いが増える月。決めつけが激しく自ら出会いのチャンスを逃すことが多いタイプなので、新しいことに目を向け、不慣れや苦手だと思い込んでいる場所にも思い切って飛び込んでみるとよい出会いがあるでしょう。運命の相手とまでは言えませんが、長い付き合いになる人や、後に素敵な人を紹介してくれる可能性のある人につながりそうです。	25点
10月	新しいことにチャレンジすると大切な出会いがある月。自分勝手な思い込みで「出会いがない!」などと思わずに、初めて会う人との会話を楽しんでみると自然と縁がつながる時期。運命の人に直接出会うというよりも、運命の相手を紹介してくれる人や、つないでくれる人に出会える可能性がありそう。すでに知り合っている人と仲よくなるにもよい時期です。	30点
11月	新しい出会いから運命の相手になる人が出現しそうな月。周囲からの評判や評価も重要になるので、気になった異性は、一気に関係を深める前に友人に紹介するようにして、慎重に行動しましょう。知り合ってから月日が経っている人でも、今月から仲よくなる人も運命の人になる場合があるので、相手からのお誘いや偶然の再会を楽しんでみるといいでしょう。	35点
12月	今月の新しい出会いが運命の相手である確率は低いでしょう。下旬に親友や付き合いの長い人からの紹介がある場合は、縁のある人とつながる可能性も。来月に仲よくなる出来事があり、2人で盛り上がる感じがある場合は、運命の人になることもあるでしょう。すでに出会っている人でも月末から急に仲よくなる人には注目しておいてください。	20点

出会った月がわからない場合は15点

命数 11 ～ 20

金のインディアン座

出会った年相性表

2人が出会った、もしくはこれから出会う「年別タイミング」の相性点数です

出会った年			年の運気（P.167～193も参照）		年の点数
1950年 1986年 2022年	1962年 1998年 2034年	1974年 2010年 2046年	●	**解放** 努力に応じた出会いがある年	45点
1951年 1987年 2023年	1963年 1999年 2035年	1975年 2011年 2047年	△	**準備** 異性との関わりが増える年	20点
1952年 1988年 2024年	1964年 2000年 2036年	1976年 2012年 2048年	◎	**幸運** 既に知り合っている人と縁がある年	45点
1953年 1989年 2025年	1965年 2001年 2037年	1977年 2013年 2049年	☆	**開運** 運命の人と出会える年	50点
1954年 1990年 2026年	1966年 2002年 2038年	1978年 2014年 2050年	▽	**ブレーキ** 友人の紹介からの縁を期待できる年	40点
1955年 1991年 2027年	1967年 2003年 2039年	1979年 2015年 2051年	▼	**乱気** 積極的に出会いを求めないほうがいい年	0点
1956年 1992年 2028年	1968年 2004年 2040年	1980年 2016年 2052年	×	**裏運気** 意外な人と縁ができる年	5点
1957年 1993年 2029年	1969年 2005年 2041年	1981年 2017年 2053年	▲	**整理** 不要な人間関係を整理する年	5点
1958年 1994年 2030年	1970年 2006年 2042年	1982年 2018年 2054年	○	**チャレンジ（1年目）** 出会いに積極的になるべき年	25点
1959年 1995年 2031年	1971年 2007年 2043年	1983年 2019年 2055年	○	**チャレンジ（2年目）** 人脈を広げると運命の人につながる年	30点
1948年 1984年 2020年	1960年 1996年 2032年	1972年 2008年 2044年	□	**健康管理** 上半期の出会いに注目したい年	35点
1949年 1985年 2021年	1961年 1997年 2033年	1973年 2009年 2045年	■	**リフレッシュ** 年末の出会いに注目したい年	20点

出会った年がわからない場合は15点

命数11〜20

金のインディアン座

出会った月相性表

2人が出会った、もしくはこれから出会う「月別タイミングの相性点数」です

出会った月	出会いの傾向	月の点数
1月	この月の新しい出会いは、運命的な出会いと言える可能性は低いでしょう。すでに知り合っている人でも、この時期に仲よくなろうとすると、タイミングの合わない相手や疲れる相手になってしまうことが多そう。下旬に知り合いの知り合いを紹介されることがありますが、何となくつながるくらいにしておくと、後にいい縁へと育つ場合があるでしょう。	20点
2月	運命の相手に会える月ですが、結果を焦ると逃してしまうことがあるので、今月初めて会った人とは時間をかけて仲よくすることが大事です。「数カ月後に運命の相手だとわかる人だ」と思って相手のことをじっくり観察しておきましょう。せっかちは運命の相手を逃すだけ。今月になって仲よくなる知り合いの知り合いの異性にも注目。	45点
3月	今月は、運命的な出会いについては期待が薄いでしょう。先月知り合った人や仲よくなった人と遊びに行くといい関係に進みやすくなりますが、余計なひと言や気分が顔に出やすくなり、そのせいで、せっかくの縁が切れてしまいやすいので気をつけましょう。	20点
4月	今月初めて出会った人と来月以降に仲よくなれると、その人が運命の人になる場合があります。また、この月はすでに知り合っている人や、異性の友人の中で、積極的に仲よくなりたいと思えた人が、運命の相手である可能性もあるでしょう。一緒にいると楽だと感じる相手に注目してみるといいでしょう。	45点
5月	運命の出会いがある月。今月初めて会う知り合いの知り合いや、知り合いから紹介される人には注目しておくといいでしょう。一気に仲よくなれる感じの人、意気投合する人が運命の人である可能性が高いでしょう。また、今月になってからデートをすることになったり、マメに連絡を取るようになったりした相手が運命の人の可能性もあるでしょう。	50点
6月	今月は中旬までに初めて出会った人が、運命の人になる可能性があるでしょう。知り合いの集まりや飲み会などに参加してみると、そこで出会える可能性がありますが、余計なことをしゃべり過ぎるとチャンスを逃すので、言葉を選ぶようにしましょう。すでに知り合っている人と今月急速に仲よくなれた場合は、その人が運命の相手になる可能性があります。	40点
7月	今月の新しい出会いは運命の相手ではなく、あなたの運命を乱す相手の可能性が高いでしょう。とくにこれまでとは違ったタイプの異性に興味を持ったときには気をつけて。進展が早い異性にも注意が必要になるので、距離を上手に取ることを心がけ、深入りしないように気をつけておきましょう。	0点
8月	運命の人に出会う時期ではないのに、運命の人だと勘違いして突っ走ってしまうことがある月。本来なら好みではない異性にハマってしまうことがあるので、相手との元々の相性を調べてから近づくようにするといいでしょう。また、周囲からの評判や相手の情報を調べておくことも大事です。相手の話をしっかり聞いて判断しましょう。	5点
9月	運命の人と出会う確率は低い月。今月出会った人とは深入りせずに、ほどよい距離感を保つ必要があります。気になってしまった相手とは、来月以降に仲よくなる努力をするといいでしょう。ただし、縁が薄いので突然縁が切れてしまうこともありそうです。運命の相手ではない人とは、今月中に疎遠になるケースもあるでしょう。	5点
10月	今月は新しい出会いが多くなりますが、運命の人と会う可能性よりも、後に運命の人を紹介してくれる知り合いができそうな時期。できるだけ知り合いを増やせるように努めてみると後の幸せにつながるので、連絡先を交換しておくといいでしょう。すでに知り合っている人で、今月から仲よくなる人とは相性がいい場合が多いでしょう。	25点
11月	新しいことにチャレンジしたくなる時期なので、自然と知り合いや人脈が広がってくるでしょう。ここでの出会いは不思議と長くなることがありますが、あなたからは運命の人と思える人は少ないかも。ただし、相手から運命の人だと思われるタイミングの場合が。すでに知り合っている人で今月から仲よくなる人とは、いい相性の場合が多いでしょう。	30点
12月	今月初めて会う人が運命の人になる可能性は高いでしょう。とくに知り合いの紹介や知り合いの知り合い、友人の紹介などの縁は大事にするといいでしょう。何となく仲よくなる程度にしておくと、後に運命の人だと理解できることがあるので、結論を焦らないように。また、すでに知り合っている人で、今月から急に仲よくなる人が運命の相手である場合も。	35点

出会った月がわからない場合は15点

命数11～20

銀のインディアン座

出会った年相性表

2人が出会った、もしくはこれから出会う「年別タイミングの相性点数」です

出会った年			年の運気（P.167～193も参照）		年の点数
1951年 1987年 2023年	1963年 1999年 2035年	1975年 2011年 2047年	●	**解放** 努力に応じた出会いがある年	45点
1952年 1988年 2024年	1964年 2000年 2036年	1976年 2012年 2048年	△	**準備** 異性との関わりが増える年	20点
1953年 1989年 2025年	1965年 2001年 2037年	1977年 2013年 2049年	◎	**幸運** 既に知り合っている人と縁がある年	45点
1954年 1990年 2026年	1966年 2002年 2038年	1978年 2014年 2050年	☆	**開運** 運命の人と出会える年	50点
1955年 1991年 2027年	1967年 2003年 2039年	1979年 2015年 2051年	▽	**ブレーキ** 友人の紹介からの縁を期待できる年	40点
1956年 1992年 2028年	1968年 2004年 2040年	1980年 2016年 2052年	▼	**乱気** 積極的に出会いを求めないほうがいい年	0点
1957年 1993年 2029年	1969年 2005年 2041年	1981年 2017年 2053年	×	**裏運気** 意外な人と縁ができる年	5点
1958年 1994年 2030年	1970年 2006年 2042年	1982年 2018年 2054年	▲	**整理** 不要な人間関係を整理する年	5点
1959年 1995年 2031年	1971年 2007年 2043年	1983年 2019年 2055年	○	**チャレンジ(1年目)** 出会いに積極的になるべき年	25点
1948年 1984年 2020年	1960年 1996年 2032年	1972年 2008年 2044年	○	**チャレンジ(2年目)** 人脈を広げると運命の人につながる年	30点
1949年 1985年 2021年	1961年 1997年 2033年	1973年 2009年 2045年	□	**健康管理** 上半期の出会いに注目したい年	35点
1950年 1986年 2022年	1962年 1998年 2034年	1974年 2010年 2046年	■	**リフレッシュ** 年末の出会いに注目したい年	20点

出会った年がわからない場合は15点

命数11～20

銀のインディアン座

出会った月相性表

2人が出会った、もしくはこれから出会う「月別タイミングの相性点数」です

出会った月	出会いの傾向	月の点数
1月	この月に初めて会う人が運命の相手になる可能性が高いので、いろいろな人に会っておくといいでしょう。素直な生き方や無邪気なところがあなたの魅力ですが、大人っぽくしてみたり挨拶やマナーをしっかりすると、大事な縁をつかむことができそうです。すでに知り合っている人と今月から急に仲よくなった場合は、運命の相手になることもあるでしょう。	35点
2月	運命の人と出会う確率は低い月。無理に新しい出会いを求めて動かなくてもいいでしょう。気になる人に出会ってしまったときは、来月以降に仲よくなるように動くといいので、いまは距離を取っておくこと。すでに知り合っている人の中で、月末から仲よくなる人とは、いい関係になる可能性が高いでしょう。	20点
3月	今月は知り合いの紹介や、知り合いの知り合いが運命の相手になる可能性が高い月。初めて会ったときに頼れるなと思えた人や、受け入れてくれる感じがする人には注目しておきましょう。連絡先を交換してマメに会えるようにしておくといいでしょう。すでに出会っている人でも、今月から遊ぶようになった人は、運命の相手である場合があるでしょう。	45点
4月	今月初めて会う人は運命の人の可能性は低いでしょう。気になる人が現れても仲よくなるのは来月からがおすすめ。相手を観察して情報を集めておくといいでしょう。すでに出会っている人とも今月からは仲よくなりやすいので、気になる人を遊びに誘ってみると、よい関係に進みそうです。	20点
5月	今月初めて会う人が運命の相手の可能性は低いですが、知り合いの中で仲よくなった人や、マメに会うようになった人が運命の相手になる可能性があります。少しでも気になっている人とは、デートをしてみると運命の相手になることもあるでしょう。今月から定期的に会うようになった人も、運命の相手になる可能性があります。	45点
6月	運命の出会いがある月。今月初めて会う人に注目することが大事。とくに知り合いの知り合いとは縁があるので、友人・知人の集まりに参加してみましょう。挨拶や礼儀をちゃんと守って、しっかりしたところを見せておくことも重要です。すでに知り合っている人で、今月から仲よくなった人や、デートをすることになった人が、運命の人である可能性も高いでしょう。	50点
7月	今月は中旬までに初めて会う人が運命の相手になる可能性があるので、人の集まりにできるだけ顔を出して、知り合いのつながりの中での出会いを楽しんでみるといいでしょう。下旬になると縁は薄くなりそうです。すでに出会っている人で、今月から仲よくなったり、定期的に会うことになったりした人は、運命の人になることがあるでしょう。	40点
8月	今月初めて会う人は運命の相手ではなく、あなたの運命を乱す相手か、ハマってはいけない危険な相手の可能性が。「いまが楽しければいい！」と飛び込んでしまうと、後悔することになるので気をつけましょう。すでに知り合っている人で、今月から仲よくなる相手がいたとしても、その人は運命の相手ではないでしょう。	0点
9月	今月初めて会う人は運命の相手ではないでしょう。一方で、これまで興味のなかったタイプにハマってしまうことがあります。ただし、後悔することになるので、相手をしっかり観察しておきましょう。すでに知り合っている人で今月から不思議と仲よくなれる人がいますが、結局は縁がない人の可能性が高いので、元々の相性を調べてみましょう。	5点
10月	今月初めて会う人は運命の相手ではないでしょう。この月は縁が切れやすくつながりが弱いので、気になる人が現れても仲よくなるのは来月以降にすることが大事。すでに知り合っている人でも今月は深入りすると縁が続かなくなってしまうことがあるので注意して。距離をあけてほどよく仲よくするくらいを心がけておきましょう。	5点
11月	今月は新しい出会いが多くなる運気ですが、運命の相手に会う可能性よりも、運命の相手を後に紹介してくれる知り合いができる時期だと思って、人脈を広げてみるといいでしょう。臆病になっているといい縁を逃すので積極的に行動しましょう。すでに知り合っている人で、今月から仲よくなった人とは、よい相性の可能性が高いでしょう。	25点
12月	今月初めて会った人とは運命の人といえるほどの相性ではないのですが、長い付き合いになる可能性があるので、人の集まりにはできるだけ顔を出しておくといいでしょう。すでに知り合っている人でも、今月から会う機会が増えた人やデートをすることになった人が後に運命の人になることがあるので、気になる人を遊びに誘ってみましょう。	30点

出会った月がわからない場合は15点

命数1～10

金の羅針盤座

出会った年相性表

2人が出会った、もしくはこれから出会う「年別タイミングの相性点数」です

出会った年			年の運気（P.167～193も参照）		年の点数
1952年 1988年 2024年	1964年 2000年 2036年	1976年 2012年 2048年	●	解放 努力に応じた出会いがある年	45点
1953年 1989年 2025年	1965年 2001年 2037年	1977年 2013年 2049年	△	準備 異性との関わりが増える年	20点
1954年 1990年 2026年	1966年 2002年 2038年	1978年 2014年 2050年	◎	幸運 既に知り合っている人と縁がある年	45点
1955年 1991年 2027年	1967年 2003年 2039年	1979年 2015年 2051年	☆	開運 運命の人と出会える年	50点
1956年 1992年 2028年	1968年 2004年 2040年	1980年 2016年 2052年	▽	ブレーキ 友人の紹介からの縁を期待できる年	40点
1957年 1993年 2029年	1969年 2005年 2041年	1981年 2017年 2053年	▼	乱気 積極的に出会いを求めないほうがいい年	0点
1958年 1994年 2030年	1970年 2006年 2042年	1982年 2018年 2054年	×	裏運気 意外な人と縁ができる年	5点
1959年 1995年 2031年	1971年 2007年 2043年	1983年 2019年 2055年	▲	整理 不要な人間関係を整理する年	5点
1948年 1984年 2020年	1960年 1996年 2032年	1972年 2008年 2044年	○	チャレンジ（1年目） 出会いに積極的になるべき年	25点
1949年 1985年 2021年	1961年 1997年 2033年	1973年 2009年 2045年	○	チャレンジ（2年目） 人脈を広げると運命の人につながる年	30点
1950年 1986年 2022年	1962年 1998年 2034年	1974年 2010年 2046年	□	健康管理 上半期の出会いに注目したい年	35点
1951年 1987年 2023年	1963年 1999年 2035年	1975年 2011年 2047年	■	リフレッシュ 年末の出会いに注目したい年	20点

出会った年がわからない場合は15点

命数1〜10

金の羅針盤座

出会った月相性表

2人が出会った、もしくはこれから出会う「月別タイミングの相性点数」です

出会った月	出会いの傾向	月の点数
1月	今月はあなたに必要な人に出会える可能性がありますが、まだ、運命の相手といえるほどの人と出会える運気ではありません。友人や知り合いから紹介された人を大切にしておくと、後にいい縁をつないでくれる人になる可能性はあるでしょう。すでに知り合っている人と今月から仲よくなった場合は、長い縁になることがありそうです。	30点
2月	今月の新しい出会いは、運命の人となる可能性があります。そもそも人間関係が苦手なので、素敵な人に出会ってもなかなか進展しづらいことが多いですが、周囲にいる人に協力してもらったり、最初は複数人で会ったりするとよい関係に発展しそうです。すでに知り合っている人とも今月から仲よくなれた場合、運命の人になる可能性が出てくるでしょう。	35点
3月	今月は運命の人と出会う確率は低いでしょう。素敵な人に出会ってしまった場合は、来月以降に仲よくなるようにすることが大事。今月は様子をうかがいつつ、共通の話題や共通の趣味を見つけておくといいので、話の聞き役になっておきましょう。月末に親友や信頼できる人から紹介された人とは、長い付き合いになる場合がありそうです。	20点
4月	今月は、運命の相手に出会える可能性が高い月。習い事を始めてみたり、スポーツのサークルに入ってみたりすると、運命の人に出会える確率が高くなります。上司や親友からの紹介も期待できるので、集まりには参加しておきましょう。すでに知り合っている人と今月から急に仲よくなった場合は、運命の相手の可能性があるので意識しておきましょう。	45点
5月	今月は運命の人と出会う確率は低め。気になる異性が現れても入れ込まないようにすることが大事です。強引な人に巻き込まれやすいので、押し切られないようにしましょう。すでに知り合っている人の中で、気になっている人や相性のいい人を遊びに誘ってみるといい関係に発展しそうです。共通の趣味がある人を選んでみるとよいでしょう。	20点
6月	今月は、運命の相手に出会える可能性は低いでしょう。気になる人に出会ってしまった場合は、来月仲よくなるようにするといいので、今月は相手の話を聞いて共通点を探しておきましょう。今月は、すでに出会っている人と仲よくなると、運命の相手が誰なのか、わかってきそう。その人は、偶然出会う人やあなたの正論をしっかり受け止めてくれる人でしょう。	45点
7月	今月初めて会う人は、運命の人の可能性が高いでしょう。ただし、相手に対して細かなチェックをし過ぎると、せっかくのチャンスを逃してしまうことがあるので、些細なことは気にしないように。趣味を広げると運命の人と出会える確率が上がるため、スポーツや趣味の習い事を始めるといいでしょう。すでに出会っている人で今月仲よくなった人は運命の人かも。	50点
8月	今月の中旬までに初めて出会った人が運命の人の可能性があります。ただし、慎重になり過ぎるとせっかくの縁がつながらないことがあるのでほどほどにすることが大事。すでに知り合っている人で今月から仲よくなった人も、運命の人になる可能性があるので、共通の趣味を持っている人に注目しておくといいでしょう。	40点
9月	今月は運命の人と出会う確率がもっとも低い時期。これまでなら興味を持たないような人にハマったり、情に流されたりすることもあるので注意が必要です。気になる人が現れたら、いつもの厳しいチェックをしっかりすることが大事。すでに知り合っている人でも、今月から急に距離を縮めて来る人は、縁がない人だと思っておいたほうがいいでしょう。	0点
10月	運命的な出会いと勘違いするような出会いがある月。今月はこれまでとはまったく違ったタイプにハマってしまうことがあり、ここで深入りするとなかなか縁が切れなくなってしまいそう。相手の評判をよく聞き、冷静に判断することを忘れないようにしましょう。すでに出会っている人の中で意外な人とも仲よくなれますが、縁は薄いでしょう。	5点
11月	今月初めて会う人が運命の人となる確率は低いでしょう。気になる人に出会ってしまったら、来月以降に仲よくするといいので、今月はどんな人なのかチェックするにとどめ、周囲の評判を聞いてみるといいでしょう。また、仲がよいと思っていた人でも距離があいたり縁が切れたりすることがあるので、運命の人ではない人を見極めることができそうです。	5点
12月	今月は新しい出会いが増える運気ですが、慎重になり過ぎると出会いのチャンスを逃してしまいそう。運命の相手といえるほどの出会い運はありませんが、相性のいい人とは会える運気なので、集まりには参加しておくのがおすすめ。すでに出会っている人と仲よくなるにはよい時期ですが、自分の考えだけが正しいと思うと出会いを逃しやすいのでほどほどに。	25点

出会った月がわからない場合は15点

命数1～10

銀の羅針盤座

出会った年相性表

2人が出会った、もしくはこれから出会う「年別タイミングの相性点数」です

出会った年			年の運気（P.167～193も参照）		年の点数
1953年 1989年 2025年	1965年 2001年 2037年	1977年 2013年 2049年	●	**解放** 努力に応じた出会いがある年	45点
1954年 1990年 2026年	1966年 2002年 2038年	1978年 2014年 2050年	△	**準備** 異性との関わりが増える年	20点
1955年 1991年 2027年	1967年 2003年 2039年	1979年 2015年 2051年	◎	**幸運** 既に知り合っている人と縁がある年	45点
1956年 1992年 2028年	1968年 2004年 2040年	1980年 2016年 2052年	☆	**開運** 運命の人と出会える年	50点
1957年 1993年 2029年	1969年 2005年 2041年	1981年 2017年 2053年	▽	**ブレーキ** 友人の紹介からの縁を期待できる年	40点
1958年 1994年 2030年	1970年 2006年 2042年	1982年 2018年 2054年	▼	**乱気** 積極的に出会いを求めないほうがいい年	0点
1959年 1995年 2031年	1971年 2007年 2043年	1983年 2019年 2055年	×	**裏運気** 意外な人と縁ができる年	5点
1948年 1984年 2020年	1960年 1996年 2032年	1972年 2008年 2044年	▲	**整理** 不要な人間関係を整理する年	5点
1949年 1985年 2021年	1961年 1997年 2033年	1973年 2009年 2045年	○	**チャレンジ**(1年目) 出会いに積極的になるべき年	25点
1950年 1986年 2022年	1962年 1998年 2034年	1974年 2010年 2046年	○	**チャレンジ**(2年目) 人脈を広げると運命の人につながる年	30点
1951年 1987年 2023年	1963年 1999年 2035年	1975年 2011年 2047年	□	**健康管理** 上半期の出会いに注目したい年	35点
1952年 1988年 2024年	1964年 2000年 2036年	1976年 2012年 2048年	■	**リフレッシュ** 年末の出会いに注目したい年	20点

出会った年がわからない場合は15点

命数1～10

銀の羅針盤座

出会った月相性表

2人が出会った、もしくはこれから出会う「月別タイミングの相性点数」です

出会った月	出会いの傾向	月の点数
1月	新しい出会いが増える月。運命の相手といえるほどの出会いは少ないですが、素敵な人に会うことがあるでしょう。ただし、恋に臆病になっていると素敵な縁もつながらないので、ネガティブな発言を避けてポジティブな言葉を発するようにしましょう。すでに出会っている人と今月から仲よくなると、後に大切な人を紹介してくれることがあるでしょう。	25点
2月	今月は興味のあることが増え、自然と出会いのチャンスも増えますが、昔の恋愛を気にしすぎていると素敵な出会いを逃します。新たな出会いにも目を向けられなくなってしまうので「過去は過去」と割り切ることが大事。すでに知り合っている人で、今月から仲よくなった人とはいい縁がつながりそう。素敵な友人を紹介してくれる相手になるかも。	30点
3月	今月は運命の人と出会える可能性があるので、人の集まりにはできるだけ参加するようにしましょう。臆病になり過ぎてしまったり、相手への細かなチェックが多くなったりすると、出会いのチャンスを逃すので気をつけて。すでに知り合っている人でも、今月から仲よくなる人は運命の相手になる可能性があるので、共通の趣味の人に注目しましょう。	35点
4月	今月の新しい出会いから運命の人が出現する確率は低め。気になる人と出会ったとしても、仲よくなるのは来月以降にしたほうがいいので、デートやみんなで遊ぶ機会も来月にするといい縁につながりそう。すでに出会っている人でも、今月から仲よくなる人は縁が薄くなりやすいので、無理してアプローチしないほうがいいでしょう。	20点
5月	運命の出会いがある月。普段なら着ないような明るめの服や、異性を意識した服を選ぶようにしましょう。人の集まりや紹介は積極的に参加し、気になる人には自ら遊びに誘ってみること。そこで相手にいろいろと質問して、興味を示しておくとよいでしょう。すでに出会っている人も、今月デートをする人は運命の相手になる可能性があるでしょう。	45点
6月	今月の新しい出会いには期待が薄いので、細かいチェックはせずに、気楽に仲よくする程度にしておきましょう。気になる人が現れてしまった場合は、来月デートするか、みんなで遊ぶ計画を立てるといいでしょう。すでに知り合っている人で、堅い感じがしてなかなか打ち解けない人は、複数で遊んでみたり共通の趣味を楽しんでみたりするといいでしょう。	20点
7月	今月は新しい出会いから運命の人が見つかる確率は低め。気になる人と出会ってしまった場合は、来月仲よくするといいので、遊ぶ約束を積極的にしておきましょう。相手の出方を待ってチャンスを逃さないように。すでに出会っている人の中で相性のいい人と一気に仲よくなる場合もあり、運命の人の可能性があるので、気になる人を誘ってみましょう。	45点
8月	運命の相手に出会う可能性がもっとも高い月。相手を楽しませようといろいろ工夫したり、自分の得意なことで喜ばせてみたりするといい縁がつながるでしょう。ただし、素直になれないとチャンスを逃すので気をつけて。すでに出会っている人でも、今月から急に仲よくなった人が運命の人の可能性があるので、気になる人を食事に誘ってみるといいでしょう。	50点
9月	今月は中旬までに会う人の中に運命の人が現れる可能性があるでしょう。昔の恋人や過去の恋と比べているとチャンスを逃すので、流れに身を任せてみることも大事。すでに知り合っている人で今月仲よくなることができた場合は、その人が運命の相手になる可能性があるので、共通の趣味を持っている人を誘ってみるといいでしょう。	40点
10月	今月の新しい出会いは、運命を乱す危険な相手か、相性の悪い人になってしまいそう。ひと目惚れや情に流されて始まった恋ほど危険なので、周囲の評判やアドバイスはしっかり聞くように。チェックが甘くなりやすいので要注意。すでに知り合っている人でも、今月から仲よくなる人は警戒しておいたほうがいいでしょう。	0点
11月	予想外の人に恋をすることがある月。運命の出会いだと勘違いして盛り上がる前に、相手がどんな人なのか、しっかり調べることが大事。本来は好みじゃない人に目が向いてしまったり、情に流されたりすることもあるので気をつけて。今月から突然仲よくなる人にも振り回されることがありますが、相性のいい人なら思い切って気持ちを伝えてみるといいでしょう。	5点
12月	今月の新しい出会いは運命の人の可能性は低いでしょう。この時期は縁が切れやすい運気なので「運命の人だ」と思っていた人と距離があいてしまうことがあります。逆にそれがよい判断基準になると思っておくといいでしょう。すでに知り合っている人でも、今月から仲よくなる人は、あなたのわがままに振り回されて縁が切れてしまうことが多いでしょう。	5点

出会った月がわからない場合は15点

6章

運気の波を味方につける!

～12年周期の運気・記号の説明～

運命の人を増やすには
「持って生まれた相性」の善し悪しを見るだけでなく
「運気の波に乗る」必要があります。
運気の波に逆らってがむしゃらに進んでも
気力、体力を消耗するだけ。
相手の運気の波に逆らって突進しても
弾かれてしまうだけ。

この章では、「五星三心占い」の
運気の流れで使っている運気マークと
その年の特徴について説明します。
それぞれの運気で
どんな行動をすればいいのか、
どんな準備をすればいいのか、
自分の運気、相手の運気、
両方の面から考えられるよう
役立ててください。

●解放の年

どんな年？　何をすればいい？

これまでの苦労や積み重ね、**努力してきたことに結果が出る年。**嫌なことやプレッシャーからも解放されて本来の能力や魅力が開花する時期でもあり、気持ちが一気に楽になり、チャンスに恵まれるでしょう。長年希望していた方向に進む流れに乗ることができて、「辛抱してきてよかった」と思えることがありそう。運命的な出会い、人生が大きく変わる出来事が起きやすく、**思い切った判断や決断をするのにも最適な年**です。

「解放の年」に入る1、2年前は上り坂で厳しく、求められることが増え過ぎて苦しい思いや限界を感じることもあり、体調を崩しそうになってしまうほどの時期です。そこを乗り越えた後なので、急に平坦な道になって一気に身が軽くなる感じがして、苦労を乗り越えてよかったと思える出来事や人脈に恵まれるでしょう。これまでとは違う経験もできるようになります。ですから、この時期に訪れるチャンスに対して**臆病にならないことが大事**です。

注意点は、結果が出るよい年である半面、正当な努力や正しい積み重ねをしてこなかった人には厳しい結果が出ること。自分が招いた結果だと現実をしっかり受け止め、2年後の「幸運の年」のために気持ちを引き締め、いまの自分にできることに全力で取り組むよう心がけてください。また、成長の妨げになる人や相性の悪い

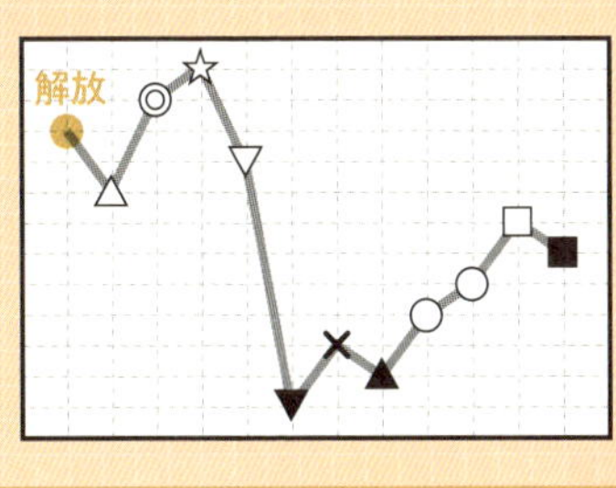

人とは縁がキッパリ切れるので、**ここで離れる人とは縁がなかったと思ったほうがいい**でしょう。執着するとせっかくの運気の波に乗り遅れてしまいます。

解放の年がもっとも運気がいいと感じる人もいるほど、運気の流れが大きく変わり、人脈やチャンスに恵まれます。とくに恋愛面では恋人ができたり、結婚が決まったりすることも多い年です。才能や魅力を発揮する機会もやってくるので、まずはできるだけ前向きに行動を。勇気を持って挑戦することが重要です。

相手が「解放の年」のときには

相手の魅力が出てくる年になるため、他の人からも注目が集まるようになり、好意を伝えたり遊びに積極的に誘ったりしても思い通りに進まないことがあるでしょう。自分は相手に注目する複数のうちの1人だと思っておくことが肝心です。相手が解放の年には、相手の月の運気が「チャレンジの月」「解放の月」「幸運の月」「開運の月」に押してみるといいでしょう。また、遊びに誘う場合は、相手が「準備の月」や「整理の月」の下旬に連絡してデートの約束をしておくと、関係が好転する可能性があるでしょう。

△準備の年

どんな年？ 何をすればいい？

準備不足が露呈しやすく、普段しっかりしている人でも寝坊や遅刻、うっかりミスなどが増える年。何事も事前にしっかり準備することを忘れないでほしい、という思いを込めて「準備の年」と名づけました。些細なミスなら問題ありませんが、怪我や事故、不要な出費をしやすい年でもあるので、**気を引き締めて確認作業をしっかりする**ように心がければ、問題のない楽しい年になるでしょう。

「準備の年」になると、前年の「解放の年」の影響も受けて、楽しい時間や遊ぶ機会が増えるでしょう。**いい意味で調子に乗ることができ、**異性との関わりも増えるので、恋から遠のいている人もここで恋人ができるケースや、出会いが突然増えることがあるでしょう。新しい趣味を見つけたり、行動範囲が広がったりすることもあるので、**「しっかり仕事をして、しっかり遊ぶ」**を目標にすると、思った以上によい年になるでしょう。

注意点は、この年に入ると仕事に対するモチベーションが下がってしまうこと。普段ならしないようなミスを繰り返しやすくなるので要注意です。また、普段なら引っかからないような遊び人と一夜を共にしたり、勢いで関係を持ってしまったりするなど、相手選びを失敗して後悔する場合があるので、恋愛相手については事前の情報をしっかり集めるようにしましょう。

事前準備をしっかりすれば、問題ないどころか遊ぶ機会が多く訪れ、楽しい1年を過ごせます。ですから、**ケチケチせずに遊んで視野を広げるくらいの気持ちも大切。**転職や引っ越しは、準備をするのは問題ありませんが行動に移すには早いので、翌年の「幸運の年」と翌々年の「開運の年」に決断するといいでしょう。メリハリのある1年を過ごして、「幸運の年」「開運の年」の準備をしっかりしておけば、運気の大きな波に乗れるでしょう。

相手が「準備の年」のときには

気になる人が「準備の年」の場合は、遊びに誘うか趣味を一緒に楽しむと、一気に仲よくなれるでしょう。相手のノリに合わせてみるのがおすすめですが、押しが大事。「準備の年」の相手は、普段なら選ばないような相手に隙を見せることがあるので、お酒の席を楽しんでみる、自分の部屋で食事をご馳走するなど、思い切って自分から誘ってみるのもいいでしょう。普段ならOKしないようなタイプに対しても流れに乗ってくることがあります。ゲーム感覚で押してみましょう。

◎幸運の年

どんな年？　何をすればいい？

五星三心占いの中で**2番目に運気のよい年。**解放の年が1段階目なら、この年は2段階目、さらなる幸運に恵まれますが、幸運の基準は「積み重ねてきたことの答え」になるので、正当な努力や正しい積み重ねをしていないと、思い通りの結果は出てきません。**「幸運の年」だからと浮かれるのではなく、現実を受け止めて、そこに向き合う必要のある年**になります。

この年になると、これまでの経験や学んできたこと、人脈などが役立つようになり、周囲から注目され、求められる機会が増えるでしょう。自分のいま持っている力を出し切ってみることが大事なので、出し惜しみや、遠慮は厳禁。年末になるとさらに大きなチャンスが巡ってくるので、ここでの新しい出会いにも敏感になっておきましょう。恋愛面では、**既に出会っている人とよい関係に発展しやすい**運気です。

幸運の年ですが、新しい環境や不慣れなことに飛び込むにはまだ早い運気。無理に転職したり環境を変えてしまったりすると、これまでの積み重ねが無駄になってしまいます。とくに上半期は焦らずに、**「過去の努力を回収するとき」**だと思ってしっかり受け止め、現状に納得がいかない場合は、年末に環境を変えるようにしましょう。恋愛面でも新しい出会いには疑問が多く出そうです。

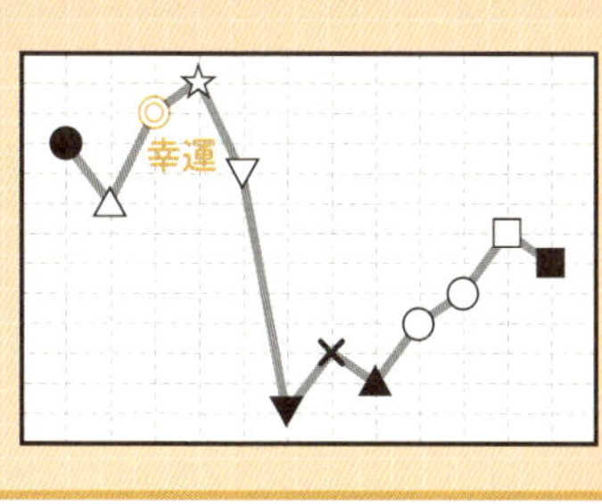

「幸運の年」は、本来の能力や才能、積み重ねてきた結果がハッキリ出る年でもあり、現実を受け止めて今後どうするかを決める大事な年でもあります。積み重ねや人徳がある人ほどうれしい出来事が多く、足りない人はそれなりの結果になってしまいます。恋愛面でも異性に好かれる努力を怠ってしまった人は厳しい結果になりますが、それでも長くあなたのことを見ていた人や異性の友人、既に知り合っている人とは縁が結ばれやすいので、既知の異性に注目しておきましょう。

相手が「幸運の年」のときには

既に知り合っている異性の友人や昔の恋人、付き合いは長いけれど恋愛感情は持っていなかった人など、これまでに縁がつながっている相手ならチャンスのある年でしょう。仕事が忙しく、求められることが増え、新しい出会いよりも慣れている人のほうが安心できると思う時期でもあるので、相手に「理解してくれているな」「一緒にいると楽だ」と思わせることができれば一気に進展する可能性があるでしょう。新しく出会った場合は、年末まで様子を見たほうがいいでしょう。

☆開運の年

どんな年？ 何をすればいい？

五星三心占いで**もっとも運気のいい年。**魅力や才能を最大限に評価され、さらに運を味方につけられる運気なので、予想以上に人脈をつくることができ、不思議と縁もできる時期。あなた中心に周囲が動いてくれるほど、よい流れになります。なかなか結果が出なかった人や、評価されてこなかった人にも大きなチャンスがやってきて、本来の能力を開花させることができるでしょう。恋人ができる、結婚、妊娠、出産などの縁もあるでしょう。

この年は何事も積極的に行動することが大事になります。何となく行動するのではなく、**「覚悟を決める」**ことが重要です。次の目標や目的を具体的に、かつ現実的に決めることによって、その後の運命も大きく変わってくる**「スタートの年」**でもあります。運命的な出会いがもっともある年であり、そのためにも環境の変化や転職、引っ越し、イメチェン、習い事などを始めるにも最適な年です。

この年に、ネガティブなことを考え過ぎてしまったり、不満を抱いたりすると、後に最悪な事態を引き起こす原因になりかねないので、「ここが頂点だ」と現実を受け止めて、満足できないなら何が足りなかったのかと探ったり学んだりと、前向きに考える工夫が必要でしょう。その中でも運命が大きく変わるアドバイスをしてくれる人の言葉にしっかり耳を傾け、素直に行動してみることも大切です。

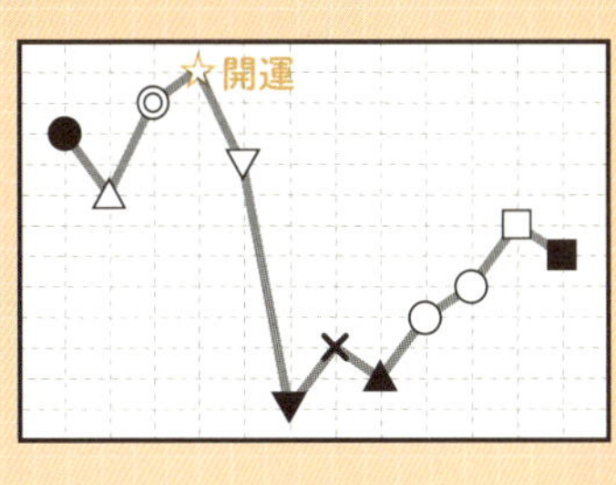

運気がよい時期を楽しむのはいいですが、そのぶん努力を怠ってしまうことや、学ぶことを忘れてしまうケースもあるので、**新たな目標を立てて、**運気がいい時期だからこそ**いろいろな人に会って話をしてください。**困っている人がいれば手助けをしたり協力したりしておくと、後に助けられることもあるでしょう。

この年にスタートしたことは簡単には手放さず、多少の困難も辛抱して続けていくと、大きな結果につながると信じてください。

相手が「開運の年」のときには

魅力も才能ももっとも輝く時期になるので、相手が非常に魅力的に見えてしまうことが多く、ライバルが増えるときでもあります。相手からの印象も悪くなりにくいので、踏み込むにはよい時期ですが、他に運気のいい人がいると、そちらに目移りはしやすいでしょう。仕事に忙しくなる時期でもあるので、一緒にいることが相手の得になるように上手にサポートし、応援や協力をするように心がけると、よい関係に進められそうです。強引にならずによい印象を与えて、相手の動きを待ちましょう。

▽ブレーキの年

どんな年？　何をすればいい？

前年の運気の流れを引き継ぎ、満足のいく結果や大きなチャンスに恵まれる最高の年ですが、その流れは上半期まで。**下半期から流れが変わり、**次の年の「乱気の年」の影響を受け始めるでしょう。ブレーキがかかって急停車するのではなく、スピードを緩めて、いまの自分のポジションや今後をどうするか、**至らない点や必要なことを見極める年**になると思っておくといいでしょう。

上半期は、攻めることも必要。前の年に逃してしまったことにチャレンジする、思い切った行動をする、夢や希望に向けて突き進んでみるのもよいでしょう。

前の年では回収できなかった幸運を得られる場合もあり、人脈も広がりやすいので、積極的に人に会いに行くこと。ここでの出会いは自然と長い縁になるケースが多く、運命的な出会いもあるので、期待しておくことも大事でしょう。

ただし、下半期になると流れが変わり始めます。環境に飽きてきて、これまでの努力や結果が評価され過ぎてポジションが変わることになったり、次に学ばなければならないことが出てきたりしそう。不満や不安を抱くこともありますが、ここでの評価はよい流れになるので、次へのステップアップだと思っておくといいでしょう。

出会い運は、親友の紹介などでいい縁をつないでもらえることはあるでしょう。

▽ブレーキ

運気の流れに乗りながらも、上半期のうちに次の流れをしっかり考えることが大事。前の年に覚悟や目標をちゃんと決められなかった人は、ここで決めて突き進めるようにすること。

婚約や結婚をするにも最適な時期で、素敵な人に出会える可能性もあるので臆病にならないこと。前の年からの縁を大事にすれば、運命の相手に出会えることもあるので期待はしていいのですが、できるだけ下半期にズレ込まないようにしましょう。

相手が「ブレーキの年」のときには

上半期に出会っている場合は、いい縁としてつながっている可能性があるので、押しが肝心。前年の段階で、相手は既に素敵な人と結ばれてしまっている場合もあり、うまくいかないこともありますが、仕事に全力を注いでいた可能性もあります。その場合、今年は隙ができているはずなので、疲れを癒やすキャラになって話をじっくり聞いてあげ、優しさをアピールするといい関係に進みやすくなるでしょう。

▼乱気の年

どんな年？　何をすればいい？

五星三心占いの中で**もっとも注意が必要な年。**これまで積み重ねたことを自ら崩してしまったり、自分に足りない点や至らない点を突っ込まれてしまったり、といったことが起こってくる年です。また、他人の雑な部分や嫌なところに目が行ってしまうため、人間関係が大きく乱れてくることも。その原因は、自分の運気（欲望）が裏になり、本来隠れている部分が表に出てくるせいだと考えています。**この時期が裏の自分だと受け止められると、**大きく成長できることがあります。

この年は、攻めではなく守りの年になるので、**何事も受け入れながら、流れに逆らうのではなく上手に流される**ことが大事。自分の思い通りにならないからといって逆らうのではなく、流れ着いた先で結果を出せるようにすることも必要。身勝手に環境を変えたり、逃げたりしては自分の成長につながりません。また、「開運の年」に覚悟をしたことをこの年に手放す行為は、大きな幸運を自ら手放すことと同じになります。

失恋や裏切り、挫折や大失敗、病気などいろいろなトラブルが勃発したり、不慣れな仕事や意外な仕事がくることでプレッシャーを感じることもありますが、**「すべては学ぶ時期」**と思って、自分の課題が出ているときと考えてください。不運や不幸だと決めつける前に、自分の至らない部分をしっかり認めて、不慣れなことや

苦手なことに挑戦する年だと考えましょう。壁は必ず乗り越えられます。

「乱気の年」での、身勝手な行動や雑な決断、あるいは、この時期での新しい出会いは、後の運命を大きく乱し、不要な苦労や不運をつくり出す原因にもなり得ます。「乱気の年」は**「自分のことよりも他の人のためを第一に考える」**ことが重要になる年でもあります。

もっとも注意すべきは健康面で、些細なことでも異変を感じた場合は早めに病院に行くようにし、生活習慣の見直しをしていくといいでしょう。

相手が「乱気の年」のときには

相手が「乱気の年」に出会ってしまった場合は、どんなに好きでも縁がないと思ってください。無理に関係を深めようとすると、相手にとっての不幸の原因があなたになってしまう場合があります。ほどよく距離を置くことが大事ですが、この時期の相手は困ることや苦しいことが多いので、ポジティブに考える方法を伝えて、笑顔で見守っているのがいいでしょう。ただし、こちらの親切心も相手からはお節介に映ってしまい、関係が悪くなる場合もあるので気をつけましょう。

×裏運気の年

どんな年？　何をすればいい？

自分の欲望が裏になる年。本来なら興味のない物事が気になってしまい、これまでなら判断しない方向に進んでしまいやすい時期です。普段なら関わることのない世界で人脈ができることもありますが、予想外の展開が多く、苦労や困難が増えるでしょう。ただし、ここは裏の自分を鍛えられる時期なので、乱気の年同様に**何事も勉強だと思って受け止めること。**苦労や失敗を前提に挑戦をして、そこから学んで成長するといいでしょう。

五星三心占いの中でもっとも特徴的な「裏運気の年」。**自分の隠れていた才能を開花させて、大きなチャンスをつかむことができる**人もいます。これまでにない人脈のおかげで、人生を大きく変えることもあります。ただし、欲張ったり自分本位な考えでは苦労するだけになってしまいます。学ぶ気持ちと、他人のためになることを考えて選択すると、非常によい経験ができるでしょう。

この時期は、**突然の浮いた話や甘い誘惑に負けてしまうことがある**ので要注意。とくに付き合いの浅い人からの誘いや儲け話には簡単に乗らないようにしてください。自分だけ得をすればいいと思って判断をすると、これまでの苦労や努力が無になってしまうことも。好みではない異性にハマって振り回されたり、後悔するような相手と恋をしたりすることもあるでしょう。体調面でも無理は禁物です。

裏運気だからできる経験や出会える人もいるので、それを楽しんでください。面倒や苦労を感じる場合は、自分の未熟なところが出ているだけなので、そこを鍛えて成長できれば裏も表も強くなり、バランスよく生きられるようになります。不慣れから逃げず、どう考えたら成長につながるのかを思案しながら行動しましょう。また、あえて逆の行動や判断をすることで、**本来なら付き合うことのない高嶺の花と思える人と交際できる場合もある**ので、ダメ元の告白をしてみるのもいいでしょう。

相手が「裏運気の年」のときには

相手にとってあなたが意外な人物である場合、縁がつながる可能性があります。また、同じ裏運気の場合は急接近することもあるでしょう。ただし、この時期は縁のつながりが非常に弱いです。それでも、短く終わる覚悟で飛び込んでみると、予想外によい流れに進むことがあるでしょう。相手のこれまでの流れにもよりますが、普段とは違う人に恋をしてしまう時期なので、思い切って告白をする価値はありそうです。相手の心の支えになれるとよい関係をつくれるでしょう。

▲整理の年

どんな年？　何をすればいい？

裏運気の流れから**本来の運気に戻る年。**よくも悪くも今後に必要なこと、不要なことを整理する必要が出てきます。物事だけではなく**人間関係の整理も必要**になり、不要な縁はここで断ち切れる場合も多いでしょう。

下半期は、次の目標や進むべき道が変わることがあり、自分のやるべきことや興味のあることを見つけて、行動するきっかけが起こり始めるでしょう。過去に執着しなければ大きく成長できる年です。

区切りという意味で**失恋をする人も多い**のですが、多くは裏運気で出会い、交際が始まってしまった短い恋か、裏運気の自分や相手を知り、愛情が足りなくなって縁が切れてしまうことが多いのです。一方、逆に「整理の年」で「独身に整理がつく」こともあり、**婚約や結婚に進むカップルも多く、**とくに裏運気を乗り越えられたカップルは相性が深まるので、愛情がある証だと思っていいでしょう。

注意してほしいのは、整理する必要のないものまで手放さないようにすること。現状が苦しい原因は、自分の至らなさや成長の足りなさ、経験不足なだけなので、そこから逃げてしまうと、後にさらなる苦労が続いてしまいます。その一方で、ここだからこそ切れる悪縁を断ち切らずに執着すると、後の運命を狂わす原因になり、運命の出会いを逃すことにもなりかねません。何年も片思いの恋、不倫や三角関係、

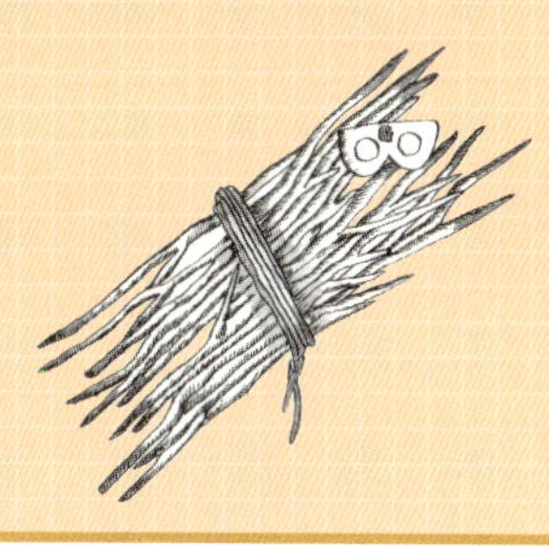

セフレから進まない相手、悪友などとはキッパリと縁を切りましょう。

翌年は、「チャレンジの年」になり、新たな目標に向かって歩み始める大事な年。「整理の年」はその前に不要な荷物を背負っていないかチェックする年です。**すべてを下ろすのではなく、自分の成長に必要なことや課題は必ず持って行く**ことが大切なので、少しくらい重荷でも鍛えるのにちょうどいい荷物もあることを忘れないようにしましょう。

相手が「整理の年」のときには

「整理の年」からの縁は、上半期はつながりが非常に弱く期待は薄いので、無理に仲よくしたり深入りしたりするのは避けたほうがいいでしょう。できれば年末くらいから仲よくなるといい縁になる可能性があります。下半期からはつながりが強くなり始めるため、年末に初めて会って仲よくなった人とは長い縁になる場合がありますが、片思いが長くなったり、進展に時間がかかったりすることも多いでしょう。クリスマスやカウントダウンライブが攻めどきだと思っておきましょう。

○チャレンジ（1年目）の年

どんな年？ 何をすればいい？

新しい物事へのチャレンジが大切な年であり、**新しいことに対面する流れになる年**です。環境が変わったり、人間関係も変わったりすることがあり、変化に疲れてしまう人も多いかもしれません。それを苦労や不運に感じる人もいますが、ここは人生の上り坂で、坂道で体を鍛えている時期だと思って、自らいろいろなことに挑戦して経験を積んでおくと、後の人生に大きく影響を与えることになります。ここでできた人脈は長く続くことが多いでしょう。

この年には積極的に行動し、行動範囲を広げることが大事。イメチェンするなど、昨年までの自分とは大きく変えて、「裏運気の年」に出た課題に向けて不慣れなことにも挑戦し、しっかり学んでおくことが大切です。**失敗を恐れて臆病になって体験や経験を避けてしまうと、後の「幸運の年」や「開運の年」に結果が出なくなってしまう**ので、勇気を出して少しでも気になった物事には挑戦し、失敗してもそこから学んでいきましょう。

この年に入ると、**「現状維持」がもっとも不運を呼ぶ**原因に。行動をすればそれなりの苦労や困難もありますが、そこで頑張れば問題を解決するための工夫や知恵が身につくので、「新しいこと」から逃げないでください。人間関係では**「人見知りだから」と、新たな人を避けてしまうと運命の相手まで遠ざけてしまいます。**こ

チャレンジ
（1年目）

の年と次の年に出会う人からの縁で、運命の人に出会えると思っておきましょう。
五星三心占いにおける「チャレンジの年」は重要な時期で、**苦労や困難、未体験を不運と思うのではなく「筋トレ」**だと考えます。ここで体を鍛えて筋力をつけておくと後に生かせることがあると思って、経験することから逃げないようにしましょう。とくにこれまでとは違ったタイプの人との恋愛で、恋愛の幅を広げてみると、素敵な出会いや運命の人に近づけるようになるでしょう。

相手が「チャレンジの年（1年目）」のときには

「チャレンジの年」は新たな出会いがあり、人脈が広がる時期なので、この時期の相手にとってあなたは、複数の出会いの中の1人になるでしょう。相性次第では運命の人になり得ますが、不思議と長い縁になったり、後に運命の人を紹介してくれるような、いい縁につながったりすることもあります。その相手には、新たな世界を教えてあげ、新しい経験をさせてあげると縁が強くなることがあるので、相手の趣味や世界を広げる人を演じてみるといいでしょう。

○チャレンジ（2年目）の年

どんな年？　何をすればいい？

前年に引き続き、視野を広げて経験を増やす年。**前の1年ではできなかったことに挑戦することで運がひらけます。**気になっていたけれどタイミングが悪くて飛び込めなかった世界に、今年は思い切って足を踏み込んでみましょう。前年と同様、失敗を恐れず、**新しい経験をすることを優先させるといい年**です。また、前年からの人脈をさらに広げることで、運命の人に出会える確率を上げられる大事な年。出会いの場所に行ったり、異性を意識したイメチェンをしたりするといいでしょう。

「チャレンジの年（2年目）」になると、**将来どうするか、次の目標のために自分に足りないことは何なのかが見えてくる**でしょう。それに気づいて習い事を始めたり経験値を増やしたりする行動が重要になります。前の年よりも「新しいことに挑戦した」という点が今後の運気につながるので、交友関係を広げ、引っ越しや転職を考えているのなら、多少の苦労があっても自分を鍛える時期だと思い、思い切って行動しましょう。**「新しい・未経験・未体験」に敏感になっておく**といいでしょう。

また、前年にできなかったことをできないままにしないことも大切になる年。結果が大きく出ることもありますが、結果よりも経験値を増やすための挑戦を恐れてしまわないように注意してください。前の年にうまくいかなかったことを同じ方法で再挑戦するよりも、**違う場所や他の方法を試す**ような形で再挑戦してみるといい

チャレンジ（2年目）

でしょう。うまくいかない方法や変化のないことを続け通す意思よりも、新しいやり方を学んだり、別の方法を見習ったりする心がけが重要になってきます。

「チャレンジの年（2年目）」は、先のことを考えながら、前年以上に考え方や生き方の幅を広げる年。向き不向きを感じながらも、試すことで学べ、よい人脈もできます。この年に出会った人とは長い付き合いになり、後に運命の人をつないでくれる可能性もでてくるので、知り合いの輪を広げ、相手のことをもっと考えて話をするなど、新たな関わり方を楽しんでみると非常によい年になるでしょう。

相手が「チャレンジの年（2年目）」のときには

出会いが増える年なのでいい縁につながりそうですが、「チャレンジの年（2年目）」は相手にもやるべきことが増え、興味が出るものも多くなり、出会いはあれどチャンスを逃しやすい時期でもあります。新しい情報を伝え、これまでにない刺激的でおもしろい世界を教えられる人になると縁がつながりやすくなるでしょう。同じ遊びより、つねに変化させることをあなた自身も楽しんでみるとよいでしょう。

□健康管理の年

どんな年？ 何をすればいい？

1年を通して健康のことを考える年ではなく、**上半期は今後の道を決めることになる重要な時期。**「チャレンジの年」の2年間で経験したなかで、自分の向き不向きや進むべき道が見えてきた人は、その道に向かって行動を起こすには上半期はよいタイミングです。まだ何をしていいのかわからない場合は、上半期中に決めるようにするといいでしょう。下半期は、疲れを感じたり求められることが増えたりするので、ストレスや体調に異変を感じる前に生活習慣の改善が必要でしょう。

全体で見ると運気としては中盤。山の中腹まで来たところですが、この辺りから**疲れや苦労、限界を感じてしまう人もいる**でしょう。とくに**「乱気の年」や「裏運気の年」でスタートしたことは、この時期で軌道修正したり離脱する**ことが大事。人間関係で悩んでいる場合は離れる決断をするにもよい時期ですが、「次に自分はどうなりたいのか」という覚悟が必要になるので、軽はずみな判断は避けましょう。

大きな問題となるのは、健康で過ごしてきた人もこの年は急に体調を崩すことや異変を感じることが多い点です。とくに下半期には、これまでにない体調の変化が起こる可能性があるので、家族や周囲から体の変化を指摘された場合は、早めに病院に行きましょう。また、生活習慣や体に悪いと思われる行動は慎むことも大切です。人間ドックや定期検査を受け、目や歯なども早めに検査しておきましょう。

健康管理

この年は求められることがどんどん増えるうえに、自分でもやりたいことを見つけられる時期になるため、忙しくなり慌ただしく時間を過ごすことになって、すっかり体のメンテナンスを忘れてしまいがちです。とくにここ1、2年を駆け上がった人はもうひと踏ん張りですが、限界を感じる前にセーブし、体調面を考えながら生活リズムを変え、ダイエットをするなど、健康維持のための時間を積極的につくるようにしましょう。

相手が「健康管理の年」のときには

出会ったタイミングが上半期の場合は、運命の人になり得る可能性があるので、仲よくなる努力をするといいでしょう。ただし、この年の相手はかなり忙しいので、「健康を気遣う」ことを忘れないように。お節介にならない程度に相手のお世話をしたり、健康情報を教えてあげたり、一緒にスポーツをしたりすると、よい関係をつくりやすいでしょう。下半期に出会ってしまった場合は、縁がやや薄くなりますが、翌年の末や翌々年に深い関係になる可能性があります。

リフレッシュの年

どんな年？　何をすればいい？

5、6年間、上り坂を駆け上がってきた体と心の限界を感じる時期。リフレッシュができる年ではなく**「リフレッシュをしましょう」という意味**で名づけた運気です。体力的にも無理をせず、異変を感じた場合は早めに病院に行き、ストレス発散をすることが大事。とくに上半期は限界を感じる前に休暇を取るなどして、しっかり休んでおくといいでしょう。下半期から流れが変わり始めて、年末に幸運をつかむことや大きく流れが変わることもあるでしょう。

既に前年から体調を崩している人は、早めに人間ドックや精密検査を受けておくことをおすすめします。とくに問題がない人でも**生活習慣の改善や食事のバランスを見直し、運動を心がける**といいでしょう。この年に体調を崩してしまうと回復までに時間がかかってしまったり、翌年の「解放の年」の流れに乗れなくなってしまうことがあるので気をつけましょう。

心身共に限界を感じ「人生でもっとも苦労した年」と言う人もいるほどの運気ですが、運気が大きく沈むというより、**全力で走り過ぎて息切れする時期。**休憩や補給が必要なのに無視して走り続けても動けなくなってしまうのは当然だと思っておきましょう。最悪の場合は大きな病気で入院したり、生命に関わる問題が起きたりするので、体調の異変や周囲からの注意の言葉を無視しないようにしてください。

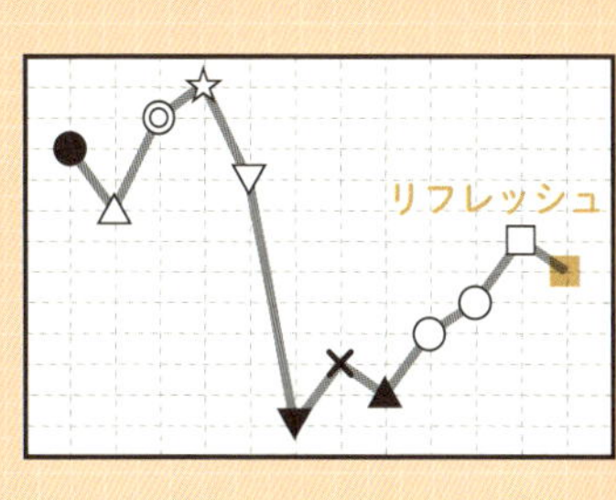

病気が再発する場合があるので、兆候には注意しましょう。心身共にしっかりリフレッシュすることを忘れなければ、問題は簡単に避けられます。運気は年末によくなるので、大事なことはすべて年末に計画を。新しい出会いも年末に集中するように調整しておきましょう。とくに健康に問題がない場合は、基礎体力づくりをするなど、翌年からの「解放の年」のパワーアップに生かせるように準備しておくとよいでしょう。

相手が「リフレッシュの年」のときには

この年の相手は体調を崩しているか、疲れが溜まっているため、出会いに敏感になれない時期です。無理に仲よくしようとするよりも、年末まで距離を少し置いておく感じのほうがいいでしょう。どうしても関わらなくてはいけない場合、相手の健康を気遣い、困っているところを上手にサポートするとよいでしょう。愚痴や不満を聞いてあげるだけでも相手のストレス発散になります。関係性によっては、肩を揉んでみるなどのスキンシップをするのもいいでしょう。

7章

運気グラフを読む

〜タイプ別・運気グラフと特徴〜

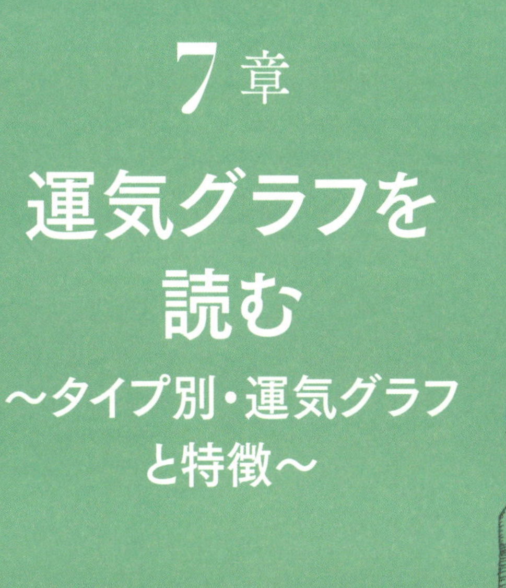

ここでは運気の流れについて
グラフで視覚化しながら説明していきます。

運気が移り変わる順番は、みんな同じです。
ただし、イルカ座、カメレオン座、時計座、
鳳凰座、インディアン座、羅針盤座
この6つの「三心（タイプ別）」によって
運気の感じ方や影響の受け方が違うのです。

そこで、6つのタイプ別に

どの運気のときにどう変わるのかを解説し
どんな心構えで、どんな行動をすれば
運気を味方につけられるのかを
具体的にアドバイスします。

自分の基本パターンを理解したら
気になる相手や周囲の人の運気についても
知っておきましょう。

金のイルカ座

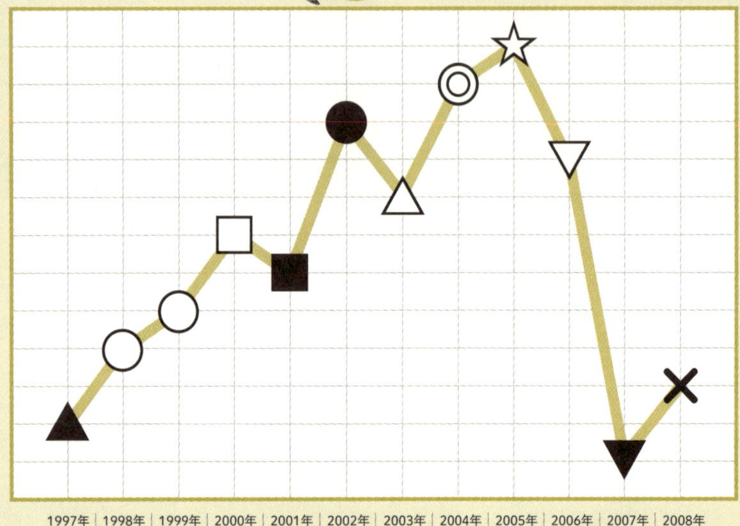

よい運気のときに、ビッグウェーブに乗りきること！

海で泳ぐイルカと同じように運気の波に乗りやすく、運気が好調のときはわかりやすく結果が出るのがイルカ座です。うれしいことを感じやすい半面、運気が沈んだ場合にも影響を受けやすく、激しく落ち込んでしまうことがあるでしょう。

そのため、**運気がよい時期にどれだけ上げ切れるかが重要です。**自己中心的な人が多いので、運気のいい時期には自分も周囲も共に楽しめるように、努力と協力を心がけましょう。自分勝手になると、運気が沈んだときに足を引っ張られてしまうことにもなりかねません。

裏運気の時期は、鳳凰座の能力が強くなり、1人の時間が増え、単独で行動したり環境が大きく変化したりしがちです。しかし、そこで学ぶことが増えるでしょう。忍耐強くもなるので、不慣れ

とも微妙に違っていますが、どちらも間違いではありません。本書はあくまでも「基本の運気グラフ」と捉えてください。

銀のイルカ座

1997年 2009年 2021年	1998年 2010年 2022年	1999年 2011年 2023年	2000年 2012年 2024年	2001年 2013年 2025年	2002年 2014年 2026年	2003年 2015年 2027年	2004年 2016年 2028年	2005年 2017年 2029年	2006年 2018年 2030年	2007年 2019年 2031年	2008年 2020年 2032年
×	▲	○	○	□	■	●	△	◎	☆	▽	▼

なことや苦手なことにしっかり向き合うこと。身勝手な行動に走ってしまうと、苦労が長引いてしまうことがありそうです。

運気の波をもっとも感じやすいタイプだけに、**「解放」「幸運」「開運」の年や月に照準をしっかり合わせてください。**それまでに何を積み重ね、どんな人と協力をするかをしっかり考えて計画することで、運気の流れを上手に使えるようになるでしょう。

記号の説明

- ● **解放** 努力に応じた出会いがある年
- △ **準備** 異性との関わりが増える年
- ◎ **幸運** 既に知り合っている人と縁がある年
- ☆ **開運** 運命の人と出会える年
- ▽ **ブレーキ** 友人の紹介からの縁を期待できる年
- ▼ **乱気** 積極的に出会いを求めないほうがいい年
- × **裏運気** 意外な人と縁ができる年
- ▲ **整理** 不要な人間関係を整理する年
- ○ **チャレンジ（1年目）** 出会いに積極的になるべき年
- ○ **チャレンジ（2年目）** 人脈を広げると運命の人につながる年
- □ **健康管理** 上半期の出会いに注目したい年
- ■ **リフレッシュ** 年末の出会いに注目したい年

 ※この運気グラフは各タイプの「基本の運気グラフ」であり、各年の運気により変わります。年刊分冊『ゲッターズ飯田の五星三心占い』

金のカメレオン座

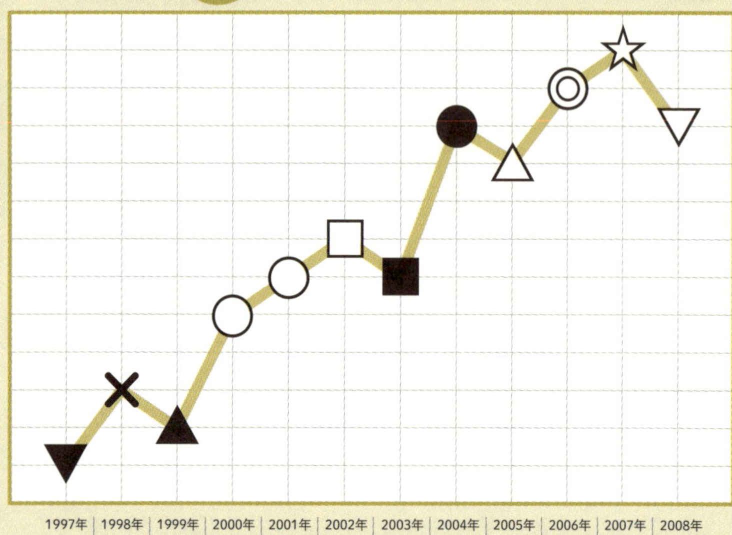

運気のよさを信じて、思い切り行動することが大事！

6タイプの中でもっとも現実的で大人の心を持っているカメレオン座。冷静で、かつ根は慎重なタイプのため、運気の波がやってきても簡単に乗ることは少なく、他のタイプなら浮かれてしまう「解放」の時期でも、「これは本当にいいんだろうか?」とアクセルを踏み込まずに過ごしてしまうことがある人たちです。

運気のよさを実感するのは、「幸運」「開運」の年や月。「ブレーキ」の年や月に入ってからやっと実感することも。その年の上半期よりも下半期のほうがよさを理解することも多いでしょう。

一方で、幼少期や青年期よりも晩年のほうが運気に厚みが出てくるので、若い頃よりも、年齢を重ねて経験を増やしてからのほうが運気の流れをしっかり感じられるようになります。運気のよさ

とも微妙に違っていますが、どちらも間違いではありません。本書はあくまでも「基本の運気グラフ」と捉えてください。

銀のカメレオン座

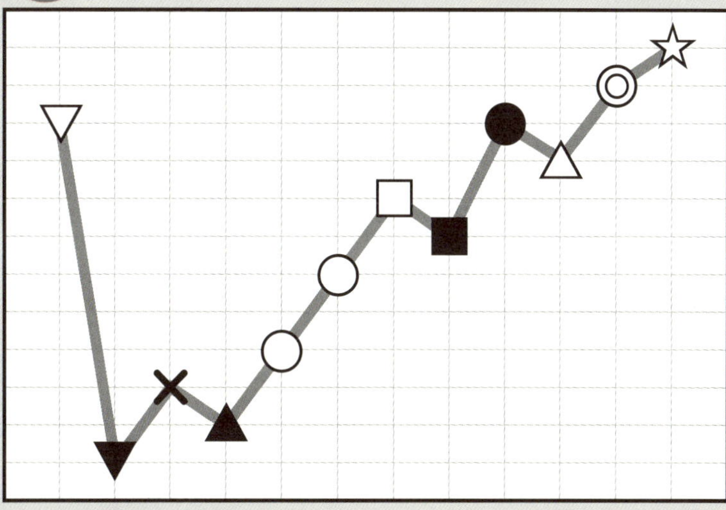

1997年 2009年 2021年	1998年 2010年 2022年	1999年 2011年 2023年	2000年 2012年 2024年	2001年 2013年 2025年	2002年 2014年 2026年	2003年 2015年 2027年	2004年 2016年 2028年	2005年 2017年 2029年	2006年 2018年 2030年	2007年 2019年 2031年	2008年 2020年 2032年

を感じられないときは、しっかり学びに勤しんでください。また、上手くやっている人を観察して真似したり、憧れる環境に飛び込んでみたりすることも大事です。

計画を立てる力、考える力、現実的に物事を見られるのはよいのですが、行動力が欠けてしまい、流れに乗れないことが多いので、**運気の流れを信じて思い切って行動することで、さらに運気の波を大きくできる**でしょう。

記号の説明

- ● **解放** 努力に応じた出会いがある年
- △ **準備** 異性との関わりが増える年
- ◎ **幸運** 既に知り合っている人と縁がある年
- ☆ **開運** 運命の人と出会える年
- ▽ **ブレーキ** 友人の紹介からの縁を期待できる年
- ▼ **乱気** 積極的に出会いを求めないほうがいい年
- × **裏運気** 意外な人と縁ができる年
- ▲ **整理** 不要な人間関係を整理する年
- ○ **チャレンジ**（1年目） 出会いに積極的になるべき年
- ○ **チャレンジ**（2年目） 人脈を広げると運命の人につながる年
- □ **健康管理** 上半期の出会いに注目したい年
- ■ **リフレッシュ** 年末の出会いに注目したい年

 ※この運気グラフは各タイプの「基本の運気グラフ」であり、各年の運気により変わります。年刊分冊『ゲッターズ飯田の五星三心占い』

GOLD HOROLOGIUM

金の時計座

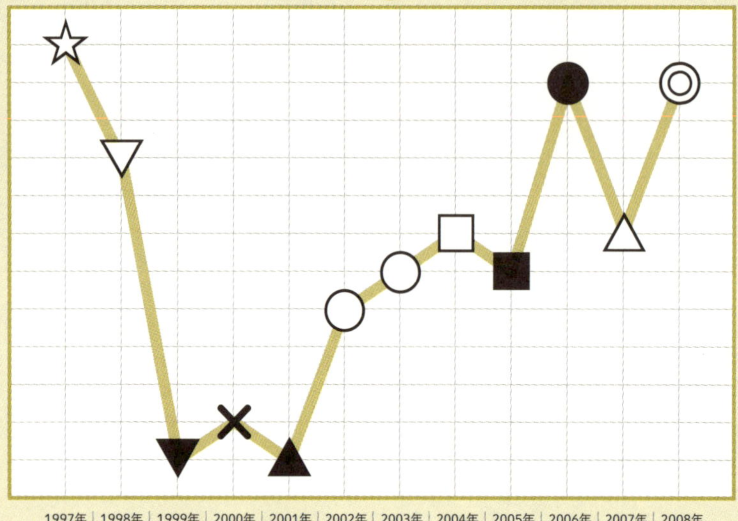

運気がいいときには、周りを気にせず幸せをつかんで！

運気グラフと近い形で、そのまま運気の流れを感じやすいのが時計座。とくに**運気が上昇するたびに人脈が広がり、長い付き合いの人を増やすことができる**タイプです。ただし、人との関わりが多いぶん、運気がよいときに他人に振り回されて、せっかくの運気のよさを実感できない場合もあるので気をつけて。

他人を思う気持ちが強いのはいいことですが、運気がよいときにその運気のよさを周囲に分け与えてしまい、自分が運気の波に乗り遅れてしまったり、その波を逃してしまったりすることもあるので、**しっかり幸せを受け止めることも忘れないようにしてください。**

運気が沈むときは、裏の羅針盤座の影響が強く出るため、真面目に考え過ぎる傾向やネガティブ

とも微妙に違っていますが、どちらも間違いではありません。本書はあくまでも「基本の運気グラフ」と捉えてください。

銀の時計座

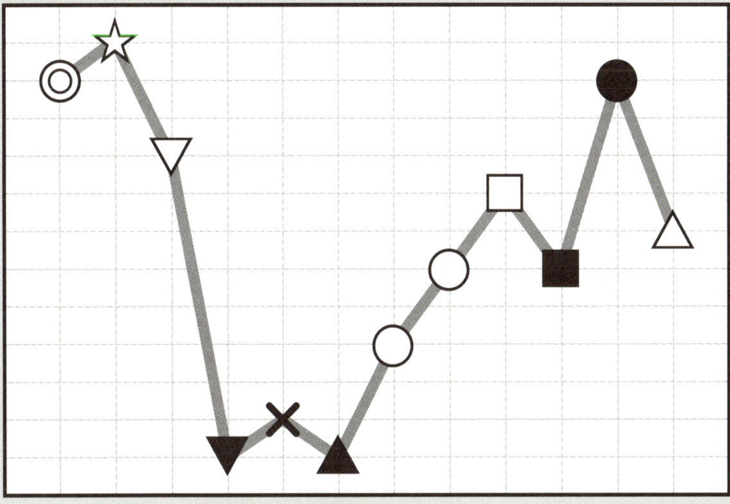

1997年	1998年	1999年	2000年	2001年	2002年	2003年	2004年	2005年	2006年	2007年	2008年
2009年	2010年	2011年	2012年	2013年	2014年	2015年	2016年	2017年	2018年	2019年	2020年
2021年	2022年	2023年	2024年	2025年	2026年	2027年	2028年	2029年	2030年	2031年	2032年

な考えが出やすく、人との関わりを切ろうとする流れも出てくるでしょう。しかし、「裏運気」や沈みの激しいときにこそ、自分中心に動くことで結果が出ることもあります。

運気のよいときにはしっかり幸せになり、そのなかで手助けを忘れないように。ときには思い切って欲張りになることも大切だと、忘れないようにしましょう。

記号の説明

● **解放** 努力に応じた出会いがある年

△ **準備** 異性との関わりが増える年

◎ **幸運** 既に知り合っている人と縁がある年

☆ **開運** 運命の人と出会える年

▽ **ブレーキ** 友人の紹介からの縁を期待できる年

▼ **乱気** 積極的に出会いを求めないほうがいい年

× **裏運気** 意外な人と縁ができる年

▲ **整理** 不要な人間関係を整理する年

○ **チャレンジ**（1年目） 出会いに積極的になるべき年

○ **チャレンジ**（2年目） 人脈を広げると運命の人につながる年

□ **健康管理** 上半期の出会いに注目したい年

■ **リフレッシュ** 年末の出会いに注目したい年

 ※この運気グラフは各タイプの「基本の運気グラフ」であり、各年の運気により変わります。年刊分冊『ゲッターズ飯田の五星三心占い』

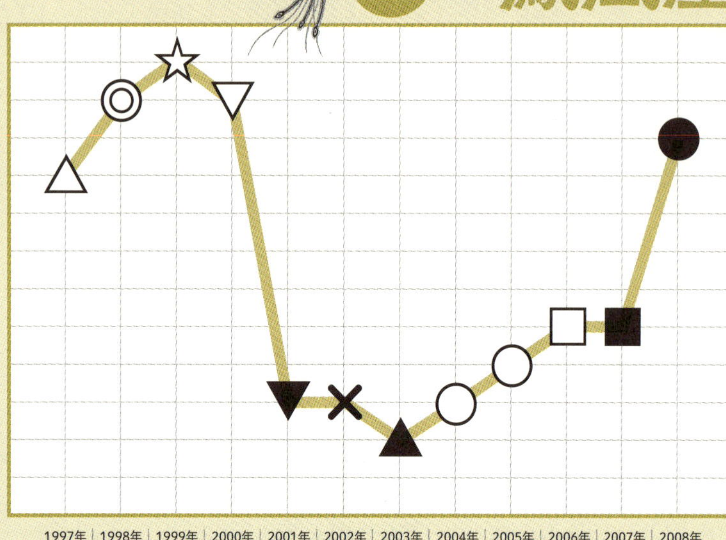

1997年 2009年 2021年	1998年 2010年 2022年	1999年 2011年 2023年	2000年 2012年 2024年	2001年 2013年 2025年	2002年 2014年 2026年	2003年 2015年 2027年	2004年 2016年 2028年	2005年 2017年 2029年	2006年 2018年 2030年	2007年 2019年 2031年	2008年 2020年 2032年

「運気がいい」という強い思い込みをパワーにして！

6タイプのなかでもっとも思い込みが激しく、運気のグラフにズレがあると思い込んでしまうのが鳳凰座です。その強い思い込みで**「幸運」「開運」の年や月で始めたことを継続すると、大きな幸せを捕まえることができる**でしょう。ただし、逆に運気の乱れにハマってしまうとなかなか抜け出せなくなってしまうことがあります。

決断や行動するタイミングを運気のよい年、月、日に絞り込んで、「運気のいいときに決断したことは、よいことだ！」と思い込むと、運気のよさをさらに継続させられるでしょう。

ただし、一度運気が悪いと思い込んでしまうと、せっかくいい流れに変わったとしても、「まだ運気が悪い」と言って、不要な縁や苦労の原因になっている環境をなかなか変えられなくなってしまう

とも微妙に違っていますが、どちらも間違いではありません。本書はあくまでも「基本の運気グラフ」と捉えてください。

銀の鳳凰座

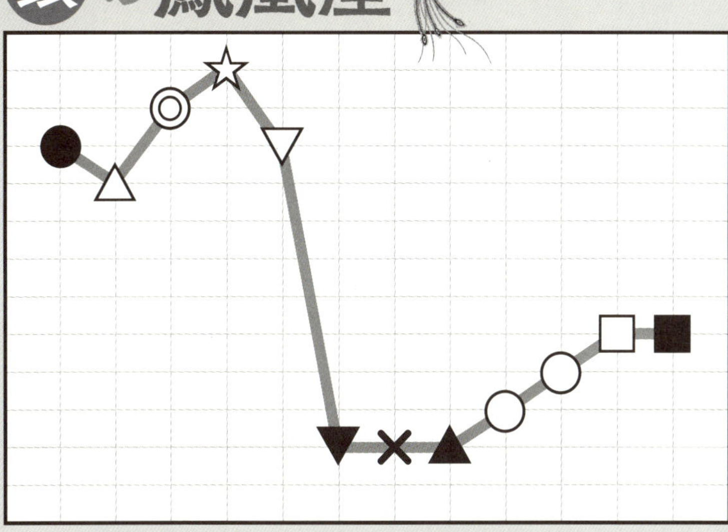

ので、**切り替えるタイミングを間違えないようにすることが大事です。**

思い込みの強さが武器になりますが、逆にそれがアダとなり、いつまでも過去に執着してしまう原因にもなるので、まずはしっかり運気の流れを知り、タイミングを合わせるといいでしょう。

記号の説明

- ●解放　努力に応じた出会いがある年
- △準備　異性との関わりが増える年
- ◎幸運　既に知り合っている人と縁がある年
- ☆開運　運命の人と出会える年
- ▽ブレーキ　友人の紹介からの縁を期待できる年
- ▼乱気　積極的に出会いを求めないほうがいい年
- ×裏運気　意外な人と縁ができる年
- ▲整理　不要な人間関係を整理する年
- ○チャレンジ（1年目）　出会いに積極的になるべき年
- ○チャレンジ（2年目）　人脈を広げると運命の人につながる年
- □健康管理　上半期の出会いに注目したい年
- ■リフレッシュ　年末の出会いに注目したい年

　※この運気グラフは各タイプの「基本の運気グラフ」であり、各年の運気により変わります。年刊分冊『ゲッターズ飯田の五星三心占い』

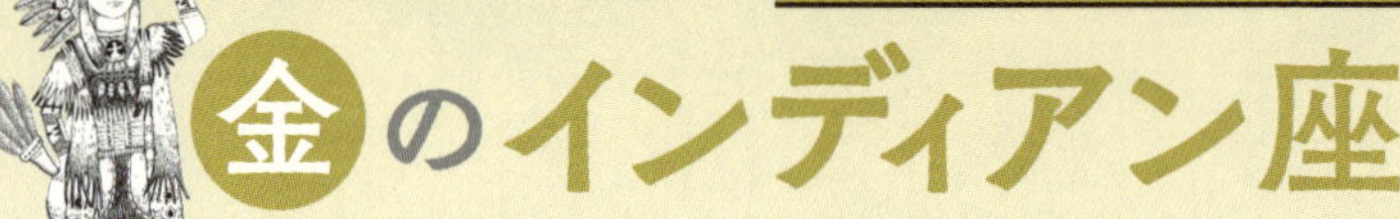

金のインディアン座

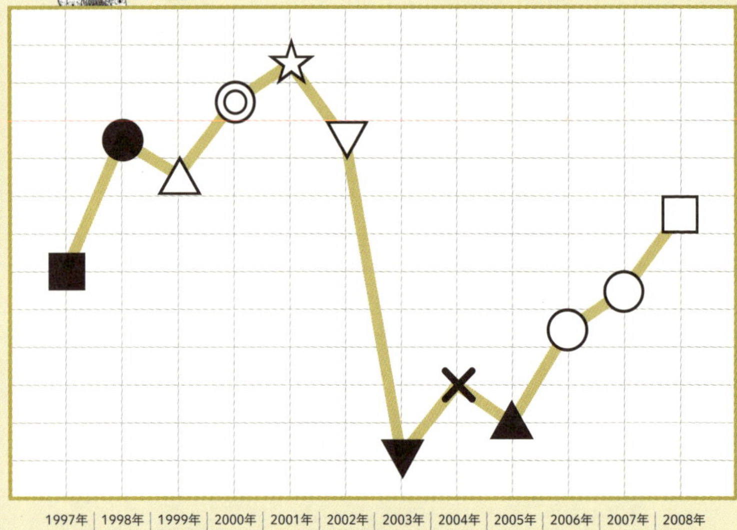

幼少期～学生時代に縛られず、社会に出てから人脈を広げて！

幼少の頃ほど運気の沈み方が激しく感じられて、社会人になってからは不思議と運気の沈みを感じにくくなるのがインディアン座です。なかでも学生時代の友人に縛られてしまうと本来の運気の流れに乗れなくなることが多いので、友人との距離感をしっかりはかり、社会に出てからの知り合いを増やすことが運気の波に上手に乗るコツです。

また、インディアン座は、他のタイプに比べ**「チャレンジ」から「解放」の年にかけての上り坂で多くの経験をして結果を出すことが、後の人生に大きく影響**します。「幸運」「開運」のよい運気を味わうよりも、やりがいのある時期のほうが楽しさを感じるでしょう。

「乱気」「裏運気」になると体調面に注意してほしいのは他のタイプと同じですが、この時期に現

とも微妙に違っていますが、どちらも間違いではありません。本書はあくまでも「基本の運気グラフ」と捉えてください。

銀のインディアン座

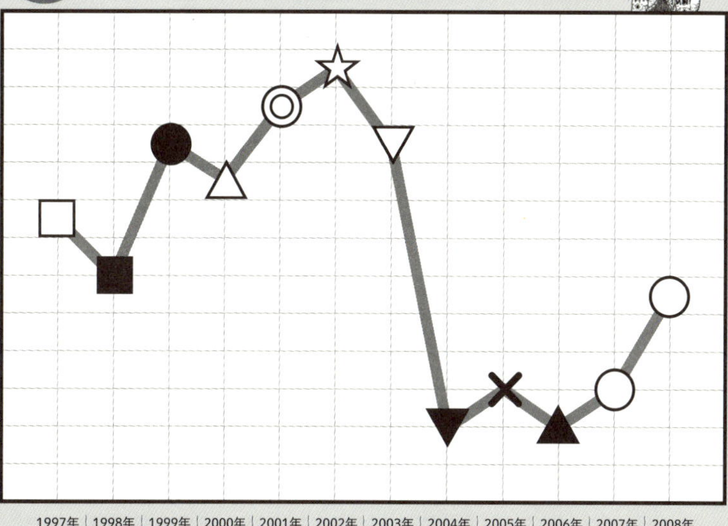

実を突きつけられることが多く、大人としての対応を求められます。ただし、年配者や年上の人からの影響を強く受けることで、人生が大きく変わることもあるでしょう。

学生時代の乱れに引きずられず、**社会に出てからの運気のよいタイミングでの人脈を大切にし、知り合いの輪を広げる**ことで、さらに運気の波に乗りやすくなるでしょう。

記号の説明

- ● **解放** 努力に応じた出会いがある年
- △ **準備** 異性との関わりが増える年
- ◎ **幸運** 既に知り合っている人と縁がある年
- ☆ **開運** 運命の人と出会える年
- ▽ **ブレーキ** 友人の紹介からの縁を期待できる年
- ▼ **乱気** 積極的に出会いを求めないほうがいい年
- × **裏運気** 意外な人と縁ができる年
- ▲ **整理** 不要な人間関係を整理する年
- ○ **チャレンジ**（1年目） 出会いに積極的になるべき年
- ○ **チャレンジ**（2年目） 人脈を広げると運命の人につながる年
- □ **健康管理** 上半期の出会いに注目したい年
- ■ **リフレッシュ** 年末の出会いに注目したい年

 ※この運気グラフは各タイプの「基本の運気グラフ」であり、各年の運気により変わります。年刊分冊『ゲッターズ飯田の五星三心占い』

金の羅針盤座

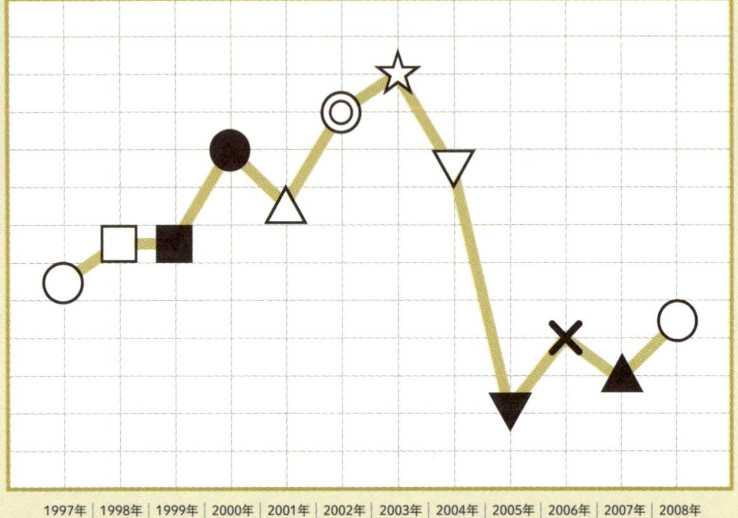

1997年	1998年	1999年	2000年	2001年	2002年	2003年	2004年	2005年	2006年	2007年	2008年
2009年	2010年	2011年	2012年	2013年	2014年	2015年	2016年	2017年	2018年	2019年	2020年
2021年	2022年	2023年	2024年	2025年	2026年	2027年	2028年	2029年	2030年	2031年	2032年

ネガティブにならず、運気のよさを信じて思い切り行動を！

6タイプのなかではもっとも運気のアップダウンが少なく、ゆるやかな運気の波になるのが羅針盤座です。そのため運気が上がった感覚が少なく、落ちた感じも少ないため、**努力の結果がハッキリ感じられないことが原因でネガティブになってしまう人が多い**のです。

真面目で慎重なタイプのため、運気のいい時期でも慎重になり過ぎてしまい、波に乗り遅れてしまうことがあるので、運気のいい時期に合わせて思い切り行動することが大事。臆病風に吹かれる前に動いてしまうか、楽観的に行動すると、運気の流れに乗れるでしょう。

また、運気の沈みや乱れを恐れ過ぎて、余計な心配や不安を自らつくってしまう面もあります。過去の人間関係の問題をいつまでも考えてしまっ

とも微妙に違っていますが、どちらも間違いではありません。本書はあくまでも「基本の運気グラフ」と捉えてください。

銀の羅針盤座

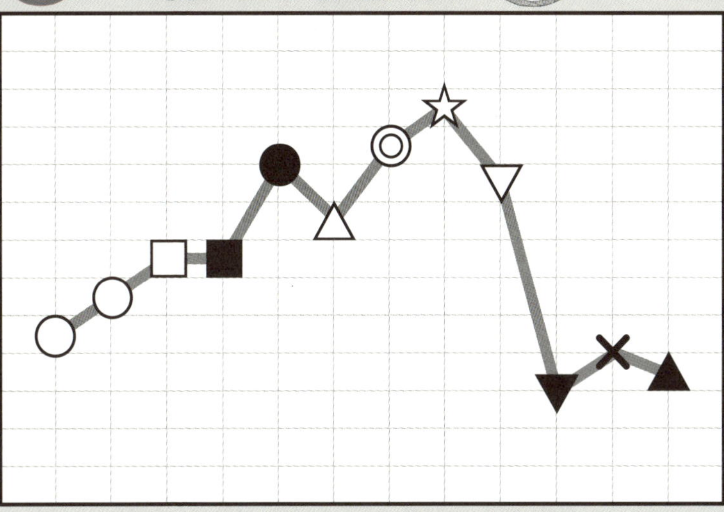

1997年	1998年	1999年	2000年	2001年	2002年	2003年	2004年	2005年	2006年	2007年	2008年
2009年	2010年	2011年	2012年	2013年	2014年	2015年	2016年	2017年	2018年	2019年	2020年
2021年	2022年	2023年	2024年	2025年	2026年	2027年	2028年	2029年	2030年	2031年	2032年

記号の説明

- ● **解放** 努力に応じた出会いがある年
- △ **準備** 異性との関わりが増える年
- ◎ **幸運** 既に知り合っている人と縁がある年
- ☆ **開運** 運命の人と出会える年
- ▽ **ブレーキ** 友人の紹介からの縁を期待できる年
- ▼ **乱気** 積極的に出会いを求めないほうがいい年
- × **裏運気** 意外な人と縁ができる年
- ▲ **整理** 不要な人間関係を整理する年
- ○ **チャレンジ**（1年目） 出会いに積極的になるべき年
- ○ **チャレンジ**（2年目） 人脈を広げると運命の人につながる年
- □ **健康管理** 上半期の出会いに注目したい年
- ■ **リフレッシュ** 年末の出会いに注目したい年

たり、自分を指揮する人に委ね過ぎてしまったりするところもあるので、自分の好きなことを見つけて、突き詰める努力が必要です。

些細な不運や苦労は誰にでもあるもの。**目の前にある幸せやうれしい出来事を見つけて前向きに捉えることができると、よい運気に乗れるようになり、楽しく過ごせる**でしょう。

 ※この運気グラフは各タイプの「基本の運気グラフ」であり、各年の運気により変わります。年刊分冊『ゲッターズ飯田の五星三心占い』

8章

「五星三心占い」タイプ別・基本相性（三心×三心）

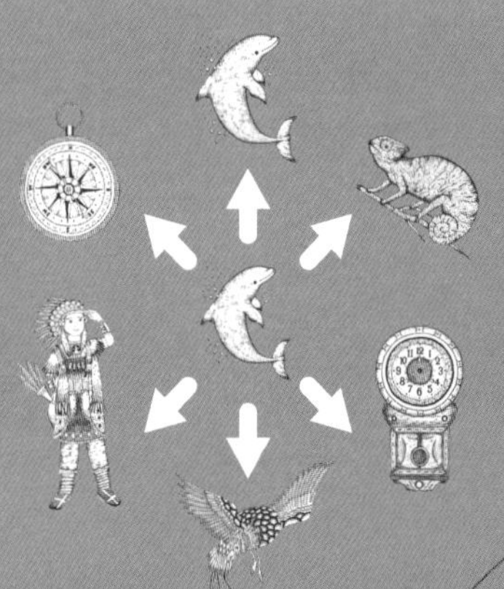

五星三心占いは、
「三心」と「五星」の2つの要素から成り立っています。
「三心」とは、「心のリズム」のパターンを3つに分けたもの。

・イルカ座　←→　鳳凰座
……肉体的欲望を求める2タイプで表裏の関係

・カメレオン座　←→　インディアン座
……物質的欲望を求める2タイプで表裏の関係

・時計座　←→　羅針盤座
……精神的欲望を求める2タイプで表裏の関係

矢印の両端にある2つのタイプは、
「真逆の性質」を持つ表裏の関係ですが
じつは「似たもの同士」でもあります。

ここでは、そんな「三心」(タイプ別)の相性を
解き明かしますが
自分から見た他のタイプとの相性だけでなく、
他のタイプから見た自分もわかります。
自分から見た相性と、
相手から見た相性は違うため
「相手から自分はどう見えているのか」も
必ずチェックしましょう。

金のイルカ座

命数が51〜60で
生まれた西暦年が偶数の人

持っているベーシックな星

- □ 負けず嫌いの頑張り屋
- □ 仲間意識が強い
- □ 部活や学生のノリが好き
- □ 注目されるとやる気を出す
- □ 自己中心的な考え方をする
- □ ライバルがいると燃える
- □ しっかり仕事をしてしっかり遊ぶ
- □ 恋をすると仕事にもやる気が出る
- □ 恋人とは対等に付き合う
- □ 控えめな生活は苦手

恋愛&結婚運

恋することが大好きで、恋愛をしているほうが仕事に集中でき、自分も輝きます。恋心に火がつくと積極的に行動し、猛烈な片思いがスタート。好きな気持ちをストレートに表現し、高校生のような自己中心的な恋をしてしまいます。また、簡単に落とせる相手よりもライバルのいる相手や競争率が高そうな相手を好きになることも多いタイプ。本気になったときのパワーはすごいのですが、飽きるスピードも速いでしょう。結婚は、家庭に入ってほしいという考えの相手よりも、共働きで互いに頑張って生活するスタイルのほうが向いています。頼りっぱなしや頼られ過ぎは苦しくなるだけ。結婚後も対等にいられる関係を望むでしょう。

仕事&金運

どんどん仕事をして、どんどんお金を使うことが大事な人です。責任を背負い、ライバルや目標を定めて努力すると、よいポジションに就けたり、よい結果を出せたりするタイプ。陰に潜むような仕事では能力を発揮できません。根に「遊び人気質」を持っているので、「しっかり仕事をしてしっかり遊ぶ」を心がけて。頑張って稼いだぶんは、好きなことに使うと、さらに頑張れるでしょう。ごほうびに買い物や旅行、レジャーでストレスを発散するのもおすすめ。イルカだけに、ハワイなど暖かい場所に行ってのんびりするか、マリンスポーツを楽しむと運気も上がります。貯金は目的と期間を決めて専用の通帳をつくると貯められるでしょう。

金のイルカ座から見た他のタイプ（三心）との相性

銀のイルカとの相性

テンションの合う相手。一緒にいると楽しい時間が増えます。運気のいいときは最高の相手に感じられますが、一度運気が乱れると最悪な相手になってしまうことがあるので気をつけましょう。

金のイルカとの相性

自分と同じ欠点を持っている相手で、意気投合して一気に仲よくなりますが、友達のような距離感が必要でしょう。一度喧嘩になると互いになかなか引かないところがあるので要注意。

銀のカメレオンとの相性

よい刺激を与えてくれる相手ですが、理屈や現実的な話に飽きてしまい、不満に感じることも。あなたが心を入れ替えて誠実に付き合うようにし、相手に合わせるといいでしょう。

金のカメレオンとの相性

あなたが押し切ることで、よい関係や交際に発展させられる相手。現実を突きつけてくる相手なので感情でぶつかることもありますが、違いを楽しめるといいカップルになるでしょう。

銀の時計との相性

恋愛は勢いで楽しめる相手ですが、結婚生活となると、あなたの身勝手さを相手が理解できない場面が増えそう。一方のあなたは、相手の面倒見のよさが、逆に面倒に感じてしまうかも。

金の時計との相性

楽しく付き合える相手。相手の優しさに甘え過ぎないで、互いの交友関係のよさを生かしてみると、良好な関係が続くでしょう。ただし、相手の面倒見のよさを執着に感じてしまうことがありそうです。

DELPI

銀の鳳凰との相性

相手のゆっくりしたリズムにイライラし、真逆のタイプと感じるでしょう。ひと目惚れで相手から好かれる場合もありますが、あなたが相手の頑固さを受け入れられないと、うまくいかないでしょう。

金の鳳凰との相性

似ていないようでじつは共通点が多く、理解できる相手。欠点や嫌な部分で似ているところが多いかも。最初の印象がよければ交際に進むこともありますが、あなたが問題をつくることもありそう。

銀のインディアンとの相性

マイペースでよい距離感を保てる相手ですが、いつまでも心をつかむことができないままになりそう。じつは相手は子どもっぽいタイプなんだと理解できると、よい関係に進めそうです。

金のインディアンとの相性

情報収集能力やフットワークの軽さ、持ち前の明るさに惚れてしまう相手。相手はほどよい距離感を保ちたがるので、つかみきれない感じも受けますが、友達の延長のような恋を楽しめそう。

銀の羅針盤との相性

最初はひと目惚れなど、外見に惹かれて盛り上がっても、知れば知るほど相手の受け身な態度や怠けるところが気になってしまうかも。相手のマイナス思考にもイライラしてしまいそうです。

金の羅針盤との相性

好きになることがあっても、いざ深入りすると相手の真面目なところが面倒に感じてしまいそう。あなたが押し切って相手を引っ張り続けられるなら問題は解決できそうです。

銀のイルカ座

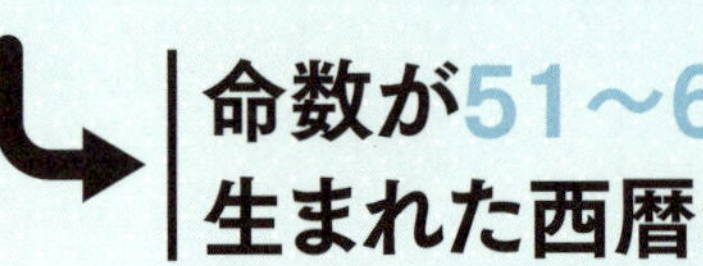

命数が51〜60で生まれた西暦年が奇数の人

持っているベーシックな星

- □ 人当たりがよく華やか
- □ 頑張り屋に見せるが、本当はサボる人
- □ 本当は目立ちたがり屋
- □ 心は高校2、3年生
- □ 遊び心を持っている
- □ 仕事をゲームだと思うと能力が開花する
- □ 恋をすると仕事も頑張れる
- □ 根は甘えん坊
- □ 話術はあるが、毒舌になることもある
- □ 自分も相手もノリを大切にする

恋愛&結婚運

社交性があり華やかな雰囲気で、自然と恋のチャンスが多い人。周囲からは「遊んでいる」と思われる場合もありますが、受け身で相手の出方を待ってしまい、自ら逃すことも多いタイプ。「容姿が微妙でもお金がある」「お金がなくてもおもしろい」など、自分に得がある相手を求めてしまいます。会話のテンポや笑い、趣味や遊びの感覚が合うことが重要で、ノリの悪い人は好きになれません。また、一度火がつくと止められないくらい結婚願望が強くなるタイプ。仕事や遊びに夢中になって結婚のチャンスを逃したり、「もっといい人がいる」と乗り換えているうちに、誰がいいのかわからなくなったりすることもあるので気をつけて。

仕事&金運

楽しく仕事をすることが大事なタイプ。そのためにも、職場や仕事関係者と仕事以外でも付き合ったり、飲みや食事に行ったりすることが必要になる人です。一生懸命やっているフリは上手なのですが、興味のない仕事はサボってしまうことが多いので、仕事も遊びやゲームだと思って取り組むと、自然と能力を発揮できるでしょう。そうするためにも、趣味の延長線上にある仕事や、好きなことを仕事にするのがおすすめです。お金は、貯めるよりも使う楽しさに負けてしまうので、お金を貯めること自体をエンタメにする工夫をしたり、貯めたお金を計画的に使うことを楽しめるようにしたりするといいでしょう。

銀のイルカ座から見た他のタイプ（三心）との相性

銀のイルカとの相性

似ているからこそ楽しめる相手で、遊び相手としての相性はよいのですが、事務作業や地道なことができないという欠点も似ているため、進展には時間がかかってしまいそう。

金のイルカとの相性

一緒に話す、話を聞いてもらう相手としての相性はよく、互いの欲望を満たすこともできますが、結果的にあなたが振り回されてしまうかも。ノリが合わなくなると終わりそうな相手です。

銀のカメレオンとの相性

趣味や遊びで共通点があると、思った以上に盛り上がれる相手。ただし、互いに相手任せにしたがる癖があり、それが出ると、距離を縮めるのに時間がかかってしまいそうです。

金のカメレオンとの相性

あなたに対して現実的に厳しくチェックしてくる相手。相手からの言葉をしっかり受け止めることで、人間的にも成長できそう。相手を尊敬できるとよい関係になれそうです。

銀の時計との相性

この相手の生き方と、あなたの考え方は、目指すところが違い過ぎて根本的に噛み合わないでしょう。相手の中にある「人を大事にする気持ち」を理解するように努めてください。

金の時計との相性

相手の優しさに甘え過ぎてしまいそう。あなたの身勝手な部分を見抜かれると距離を置かれてしまいます。異性の友達や共通の趣味を楽しむ相手くらいの距離感を意識するとよさそうです。

銀の鳳凰との相性

もっとも考え方や生き方が理解できない相手。自分の裏に潜んでいる部分を見せてくれる人でもあります。忍耐強さや自分独自のルールを守り続ける生き方を尊敬できるといいでしょう。

金の鳳凰との相性

あなたとは真裏の考え方や生き方をする相手。自分のスタイルを貫こうとする相手のことを理解できずにモヤモヤします。相手の持つ「1つのことに専念できる面」を尊敬できるとよい関係が保てそうです。

銀のインディアンとの相性

ノリが合う相手ですが、あなたがリードしないと進展しません。相手は執着や支配を嫌うため、べったりすると逃げられてしまいます。相手が満足するペースと距離感を大事にしましょう。

金のインディアンとの相性

あなたの仲間意識が相手からは面倒に感じられてしまいます。距離感を間違えなければよい関係は保てるので、あなたの思っている以上にさっぱりとした関係を目指すと長く続くでしょう。

銀の羅針盤との相性

最初はよい関係ができても、長い付き合いになると、互いの相手任せにする面とあなたのわがままな面が問題になってくるでしょう。最終的には相手のネガティブな性格に振り回されてしまいそうです。

金の羅針盤との相性

あなたのノリと相手の真面目な感じが噛み合わないでしょう。相手があなたの欠点や弱点を許してくれる場合は大丈夫ですが、そもそもの価値観が違うので互いに苦しくなりそうです。

金のカメレオン座

命数が41～50で
生まれた西暦年が偶数の人

持っているベーシックな星

- □ 学習能力が高い
- □ 理屈が好き
- □ 真似が上手で器用
- □ 根は優柔不断で心配性
- □ 大人の心を持っている
- □ 突っ込まれると弱い
- □ お金が好き
- □ 周囲の人に似る
- □ 現実的な考えを持つ
- □ 視野は広い

恋愛＆結婚運

相手がどんな人なのか、相手のどこが好きなのかなど、考え過ぎてチャンスを逃すことや、相手の出方を待ってしまうことが多いタイプでしょう。いざ告白されると優柔不断な面が出てモタモタすることも。そこを乗り越えてくる少し強引なくらいの相手と交際することが多くなりますが、尽くし過ぎて相手を甘やかしてしまうことも。「恋愛と結婚は別物」と割り切って恋を楽しみ、結婚は現実的な人を選ぶように切り替えるといいでしょう。結婚となると、お金のない人には興味がないという本音が出てきます。結婚後は、古風な考えが強く出て、昔ながらの男女の役割を求めますが、知的なので上手に相手をコントロールしようと努めるでしょう。

仕事＆金運

若い頃や下積み時代に、しっかりと基本を学ぶことが大事なタイプ。学習能力が高く、真似が上手で器用なので、仕事のコツを教えてもらえば、持ち前の吸収力の高さで能力を発揮します。考えが古風で上下関係などをしっかりするため自然と年上から好かれますが、教えてもらうときは意地を張ったり反発したりせずに、素直に行動することを心がけて。お金は目的があれば、それに向かってコツコツ貯めることに長けているので、目標をしっかり決めることが大事。目標がなく貯めようとすると小銭ばかりに目が行ってしまいます。カメレオン座は「同化の星」の持ち主。お金持ちになりたければ「お金持ちの友人」と一緒にいるといいでしょう。

金の カメレオン座 から見た 他のタイプ(三心)との相性

銀のイルカとの相性

相手の好みに合わせられればよい関係に進めそうですが、次第に相手の派手な感じやノリについていけなくなりそう。遊びと割り切るか、あるいは長い付き合いは期待しないほうがいいでしょう。

金のイルカとの相性

相手のわがままに振り回されてしまったり、考え方の違いに困惑したりする相性。相手の自己中心的な考え方やパワフルな行動力を見習えるくらいの距離感が大事でしょう。

銀のカメレオンとの相性

価値観や人生観が似ていますが、求める部分が違うところや、互いのやり方の微妙な違いが空回りする原因になりそう。相手がうまくリードしてくれると関係がよくなることも。

金のカメレオンとの相性

考え方が似ているので仲よくなれる相手。共通の趣味があると認め合えるでしょう。ただし、互いに優柔不断なところがあるので、関係を深めるにも交際してからの進展にも、いろいろ時間がかかりそう。

銀の時計との相性

相手の優しさや親切心に気持ちが惹かれることがありますが、そもそも生き方や考え方が大きく違う相手。同じように優しさを返し続けられればいいのですが、時間と共に縁は薄れていくでしょう。

金の時計との相性

若い人に波長を合わせるのが得意な相手と苦手なあなたで、考え方や生き方、価値観が大きく異なります。学ぶことが多い相手ですが、理解しようと頑張らないと縁は続かないでしょう。

CHAMA

銀の鳳凰との相性

最初が肝心ですが、基本的には考え方や生き方を理解できる相手。年配者を大事にする点や、上下関係を守る考え方も似ています。安定した相性で長く付き合える人になるでしょう。

金の鳳凰との相性

1つのことをじっくり突き詰めていく生き方や考え方においては波長が合う相手。派手さはありませんが、ゆっくりと関係を深めることができます。相性を深めるには、相手の話をちゃんと聞くことも大事。

銀のインディアンとの相性

マイペースな生き方に憧れたり、魅力に感じる部分を見つけられたりする相手。ただし、考え方や生き方に違いが多く、刺激や学べることはありますが、あなたの苦労は増えそうです。

金のインディアンとの相性

考え方も生き方も真逆の相手ですが、まったく理解できないのではなく、どこかであなた自身も持っている部分を前面に出している相手に惹かれます。恋ならいいですが、一緒の生活では振り回されそう。

銀の羅針盤との相性

相手の思いや考えを理解できる相性ですが、一歩踏み込むのに時間がかかってしまいそう。相手から気持ちを伝えてくる確率は低いので、あなたが積極的になるといいでしょう。

金の羅針盤との相性

生き方や考え方は違いますが、波長の合う相手。いい意味で互いに謙虚な部分で惹かれ合い、よい感じのカップルになれそうです。本音を語れるようになると、さらによい関係になれます。

銀のカメレオン座

命数が41〜50で
生まれた西暦年が奇数の人

持っているベーシックな星

- □ 几帳面で器用
- □ 言葉が強く、余計なひと言に注意が必要
- □ 真似が上手
- □ 現実的に物事を考える
- □ 突っ込まれると弱い
- □ 伝統や文化が好き
- □ 他人任せで甘えん坊
- □ 周囲の人の影響を受ける
- □ 根は心配性
- □ 交友関係が突然ガラッと変わる

恋愛&結婚運

恋愛では慎重になり過ぎるタイプ。恋のテクニックを学んだり、モテる人を観察して真似したりすれば簡単にモテるようになる人です。ただ、自分のやり方を通そうとすると空回りしたり、様子を見過ぎてチャンスを逃したりすることも。相手に美的センスや経済力など完璧さを求め過ぎて、せっかくの素敵な出会いも「この人ではないな」と自ら逃したり、自分の理想を追求し過ぎた結果、不倫することもあるので要注意。結婚に対しては安定や安心を求め、節約上手や料理好きになって平和な家庭を築くでしょう。古風な考えを持っているので、「夫は夫らしく妻は妻らしく」を心がけますが、自分中心の生活を押しつける場合もありそう。

仕事&金運

器用で頭の回転が速く要領もいいので、時間と共に評価が上がっていくでしょう。学習能力の高さと真似が上手なところを生かすには、マニュアルがしっかりした仕事や、できる人の近くでコツやテクニックを盗みながら習得するのがおすすめ。一方でどこか受け身で他人任せな部分があり、そうなると能力を生かせなくなるので、気になったことは基本からしっかり勉強しましょう。周囲の人に似る星なので、向上心のある人、結果を出している人、少し背伸びをするくらいの人と一緒にいると、さらに能力を高められます。金運面は、節約生活ができ、きっちり貯めて欲しいものを手に入れられるタイプ。リフレッシュにお金を使うといいでしょう。

銀のカメレオン座から見た他のタイプ（三心）との相性

銀のイルカとの相性

互いに相手任せになってしまうと進展に時間がかかりそう。派手な感じや華やかな部分だけでのつながりは時間と共に薄れていくので、相手の内面によさを見つけるようにしましょう。

金のイルカとの相性

ノリと勢いが合う相手です。最初は相手中心でいられても、時間と共にあなた中心になると、相手の不満が積もってくるでしょう。また、相手はあなたに感情的にくるので心構えが必要です。

銀のカメレオンとの相性

一緒にいると楽な相手ですが、互いに相手任せなところがあるので、どちらかが積極的になる必要があるでしょう。駆け引きが続いてしまい、先に進むのに時間がかかりそうです。

金のカメレオンとの相性

お互いの価値観が理解でき、盛り上がれる相手。一緒にいるのは楽ですが、現実的すぎる恋に気持ちは冷めてしまうことがあります。異性の友達としてはよい関係が保てそうです。

銀の時計との相性

相手の親切心やよかれと思って言った言葉にムッとするなど、噛み合わない場面がありそう。相手の優しさを理解してあげ、上から目線の言葉を使わないように努める必要があるでしょう。

金の時計との相性

異性の友人のような適度な距離感が必要な相手。あなたの現実的で論理的な話し方は、相手には偉そうに感じられてしまいそう。優しい言葉遣いや相手を気遣うことを忘れないように。

銀の鳳凰との相性

相手のスローな感じが心地よく感じられるはず。最初の印象が悪いと進展は難しくなる場合がありますが、好印象から入れれば、長い付き合いや深い関係にも発展しやすいでしょう。

金の鳳凰との相性

第一印象がよければ、一気に深い関係や長い付き合いになりやすい相手。付き合い始めのルールを守り続けてくれる相手なので、あなたにとってはとても楽な存在となるでしょう。

銀のインディアンとの相性

自分の裏側にある部分を持った相手なので、憧れる生き方やうらやむ部分もあるでしょう。どこか気遣いをしてしまう相手でもあるので、距離感を間違えると関係が簡単に壊れてしまうことも。

金のインディアンとの相性

正反対の考え方や生き方をする相手。理解できることは多いので、相手の自由な感じが刺激的でよい勉強になるでしょう。恋愛ならいいのですが、共に生活するとなると喧嘩が増えそうです。

銀の羅針盤との相性

波長の合う相手ですが、相手は積極性に欠けるので、計画を立ててデートして、うまくリードすることが大事。互いに相手任せにしたり、甘え過ぎたりすると自然消滅の場合も。

金の羅針盤との相性

相手の空気を読まない行動が、あなたへの積極的な態度に見えることも。誠実な付き合いや真剣交際にはよい相手ですが、受け身で待っていても進展しません。きっかけをつくる努力を忘れずに。

時計座

命数が31〜40で
生まれた西暦年が偶数の人

持っているベーシックな星

- □ 親切で優しい
- □ 人間関係は差別や区別をしない
- □ 心は常にブレている
- □ 庶民感覚をしっかり持っている
- □ 偉そうな人が嫌い
- □ 友人や知人を大切にする
- □ マイノリティーな生き方を認める
- □ 情に弱い
- □ 人との縁を切ることが苦手
- □ 変わった人と思われやすい
- □ 自然と人が集まる

恋愛&結婚運

差別や区別をしないため、自然と出会いの数が多く、恋のチャンスも多い人。ただし情にもろいので、「かわいそうな人」や「頑張っている人」を好きになることが多いでしょう。夢を追いかけている人に貢いだり、周囲が疑問に思うような人に惚れてしまったりすることも。マイペースな生き方をする人や、自分をしっかり持っている人に憧れて、常識にとらわれない恋をします。結婚は、交際期間が短いほうがいいタイプ。長く付き合うと「本当にこの人でいいのかな」と心の振り子が揺れ始めてしまうので、「この人だ！」と突き進む勢いが必要です。生活力を考えずに決断し、あとで苦労する場合もありますが、愛があれば乗り越えられるでしょう。

仕事&金運

優しい心の持ち主で、年齢に関係なくつねに人に囲まれているので、人との関わりが多い仕事に就くことでその能力が認められるでしょう。福祉や医療、保育など、つねに人が周囲にいる仕事や、人を育てたり管理したりする仕事が向いているタイプ。アパレルや飲食、販売など、接客業やサービス業でもいいので、いろいろな人と関われる現場の仕事がいいでしょう。ただし、人に振り回されやすいぶんストレスも抱えやすいので、マメにリフレッシュすることが大事。我慢が続くと肌に出てしまいます。お金は、庶民的な感覚があるので、周囲が聞いてもいないのに「これ安かったんだ！」などと言ってしまうところがあるでしょう。

金の時計座から見た他のタイプ（三心）との相性

銀のイルカとの相性

一緒にいると楽しい時間が過ごせて学べることが多い相手。異性の友達から恋に発展することもありますが、ダラダラした関係になりやすく、あなたの優しさに甘えられてしまいそう。

金のイルカとの相性

異性の友達や短い交際期間の相手としてなら盛り上がりますが、最終的にあなたが振り回されてしまい、交友関係も巻き込んでしまいそう。異性の友達のままでいるほうがよさそうです。

銀のカメレオンとの相性

親友からの紹介で出会うとよい関係に進みやすいのですが、2人の価値観や人生観には大きな差があります。相手の優柔不断さと、あなたの心のブレやすさが原因で縁が切れることがありそう。

金のカメレオンとの相性

現実的な考えであなたをサポートしてくれる相手。優柔不断なところがありますが、気持ちをしっかり伝えると受け止めてくれるでしょう。相手の言葉を冷たいと思わないように。

銀の時計との相性

考え方や生き方に共感できる相手。共通の趣味や仕事など、接点が多いと進展しやすいのですが、どちらかが精神的な支えになる必要があります。互いにネガティブになったら要注意。

金の時計との相性

互いに優しくし合えて、異性の友人としても恋人としてもよい相手。考え方や価値観が似ているので相性はいいのですが、似た者同士のため、互いに成長できないままのケースもあるでしょう。

銀の鳳凰との相性

心がまったくぶれない相手に憧れ、尊敬することもありますが、絶対に自分の生き方やルールを変えない頑固さにイライラすることも。一度歯車が噛み合わなくなると縁が切れてしまうでしょう。

金の鳳凰との相性

交友関係が広いあなたと、交友関係は狭くて構わないという相手。人間関係に対する考え方は違いますが、互いに人との縁を大事にする性格だとわかれば、よい関係に発展しそうです。

銀のインディアンとの相性

年齢に関係なく無邪気でマイペースに物事を楽しめる相手です。あなたが相手に合わせ過ぎると飽きられてしまうので、ほどよい距離を取るようにすれば、長続きするでしょう。

金のインディアンとの相性

あなたにとって世界を広げてくれる相手。新しいものが好きで情報交換もできて楽しく話せる関係になれるでしょう。長続きさせるためには、あなたが相手に執着しないようにすることが大事。

銀の羅針盤との相性

考え方や生き方が違いますが、他人に対する思いや人間関係に対する考えには共通点がある相手。あなたが相手を上手に甘やかすことができれば、巧みにコントロールすることもできそうです。

金の羅針盤との相性

あなたと考え方や生き方が正反対の相手ですが、どこか理解できる部分があるでしょう。すべてを受け止めようとせずに、半分くらい受け入れようとすると、よい関係になれそうです。

時計座

命数が31～40で
生まれた西暦年が奇数の人

持っているベーシックな星

- □ 世話好き
- □ 人脈が広い
- □ 権力を振りかざす人は嫌い
- □ 夢を追いかける人を応援する
- □ じつは野心家
- □ 他人の幸せが自分の幸せになる
- □ 他人の努力に乗っかろうとする
- □ 本当は甘えん坊
- □ 人に執着する
- □ 若い人と一緒にいるといい

恋愛&結婚運

世話好きで面倒見がよく、つねに人の中にいるので、恋のチャンスが多くなりそうですが、「異性の友人」止まりの恋が多いタイプ。気になる人がいない場合は、オフ会、異文化交流会、ボランティア活動などに積極的に顔を出してみると、素敵な人に出会えるでしょう。恋は、互いに支え合い、いつも一緒にいられる愛のある交際を望み、派手な遊びをするより、家でまったりと2人だけの世界を楽しむのが理想。世話好きで、相手が甘え過ぎてしまう場合も。結婚運は、何となく同棲することになり、その流れで結婚の話を進め、親や周囲に「生活は大丈夫なの？」と心配されそう。交際から結婚までの期間は短いほうがいいでしょう。

仕事&金運

社会はもっと平等であるべきで、格差をなくしてほしいという思いや向上心を隠し持っていますが、自分が先頭になって指揮したり中心になったりするよりも、誰かのサポートやつなぎ役になる仕事が向いています。また、教育関係やつねに人と関わるような仕事とも相性がいいでしょう。秘書やマネージャー的な立場が最適。感性も豊かなので、デザインやファッション関係、庶民的な感覚を生かしてクリエイティブな世界で成功する場合もあるでしょう。金運面は、自分のためより周囲の人やお世話になった人、困った人に使うことができるようになると、不思議とお金に困らないようになるタイプでしょう。

銀の時計座から見た他のタイプ(三心)との相性

銀のイルカとの相性

遊び仲間としてはよい相手です。最初は楽しくても、関係が深まると相手の計画性のなさや快楽や欲望に流されてしまいそう。相手のわがままにイライラする時間も増えそうです。

金のイルカとの相性

恋愛相手としては盛り上がる相性ですが、長い付き合いや一緒の生活となると、延々と振り回されてしまいそう。相手に都合のいい人と思われ、情にほだされて縁がなかなか切れないことも。

銀のカメレオンとの相性

距離があるほうが素敵に見える相手。仲よくなると価値観の違いがハッキリ出てしまいそう。相手があなたに合わせている間はよくても、時間と共に合わない部分が明らかに。

金のカメレオンとの相性

精神的な支えになってもらえますが、金銭感覚や価値観の違いが出やすい相手。相手に合わせてみると楽しい世界を見られますが、互いに積極性が弱くて進展に時間がかかりそう。

銀の時計との相性

似たもの同士で、ちょうどいい距離感や価値観を互いに理解できます。ただし、長所も短所も似ているため、満足感を共有できますが、不満も溜まりやすくなる相手。決断力のなさが問題になりそう。

金の時計との相性

似た価値観や感覚を持った相手。共通の趣味や職場やサークルが一緒の場合は進展が早そうです。ただし、欠点や弱点が似ているため、互いに精神的な支えや強さが必要になりそうです。

銀の鳳凰との相性

考え方や生き方が違う2人ですが、助け合うことのできる相性です。ただし相手にとって、あなたの交友関係の広さは八方美人に見えて、心のブレは落ち着きがないように見えてしまうこともありそう。

金の鳳凰との相性

考え方や生き方は違っても支え合える相手。相手の心の強さや頑固な生き方に憧れる場面もあるでしょう。あなたの交友関係の広さを相手が軽蔑しなければ、長い縁になりそうです。

銀のインディアンとの相性

よかれと思ってマメにお世話をすることを、相手は重荷に感じてしまいそう。マイペースな相手に合わせるとよい関係になれるので、重たい感じに見せないようにしましょう。

金のインディアンとの相性

頑張り過ぎないほうが、よい関係を長く続けられる相手。マメな連絡くらいはいいですが、それを束縛と感じると逃げてしまうので、ほどよい距離を取れると長く続くでしょう。

銀の羅針盤との相性

あなたの裏側の考えを持った相手。理解できる部分はありますが、あなたの面倒見のよさを相手がプラスに受け止められれば、いいカップルになれるでしょう。

金の羅針盤との相性

あなたとは真裏の考え方を持った相手。些細なことをネガティブに捉えてしまうところや真面目に受け止め過ぎてしまう性格が噛み合わない感じになりそう。異性の友達としてはいい関係です。

金の鳳凰座

命数が21～30で
生まれた西暦年が偶数の人

持っているベーシックな星

- □ 頑固者
- □ 団体行動は苦手で1人の時間が好き
- □ 過去の出来事に縛られる
- □ 忍耐強い
- □ 言葉が足りないことがある
- □ 融通は利かない
- □ 専門分野を極めることができる
- □ つねに何かを考えている
- □ ワンテンポ遅い
- □ 勘違いが多い

恋愛＆結婚運

ひと目惚れや第一印象で恋の火がつき思いが止まらなくなりますが、不器用で奥手なので実際の行動は遅く、じっくりゆっくり進めるタイプ。恋愛ではその忍耐強さがアダとなり、進展がなくても待ち続けたり、別れた人を思い続けたり、最初に付き合った人の面影を追い続けたりすることも。好きな人の前では素直に喜んでテンションを少し高めにすると恋がスムーズに進みそう。コンパで出会う人より定期的に会える相手のほうがおすすめなので、習い事やイベント、行きつけのお店などをつくってみるといいでしょう。結婚願望はありますが、自分の結婚観を強く持ち過ぎるとチャンスを逃すので、結婚をあまり難しく考えないことが大事です。

仕事＆金運

情熱的で凝り性なので職人的な技術の習得が向いています。知的でじっくり物事を考えることができますが、伝え下手で言葉が足りなかったり、考え過ぎて周囲とテンポが合わなかったりすることがありそう。頑固で忍耐強く、体力もあるので多くの仕事で能力を発揮しますが、成長がゆっくりで時間がかかるため、スピードを求められる仕事は不向き。自分の好きなことをとことん極めたいなら、時代が合うまで努力を続ける必要がありそうです。お金は、一度貯め始めるといい流れになるので、自分なりのサイクルで定期的に貯金をするのがおすすめ。投資や資産運用での成功も多いので、早めにマネーの勉強をしておくといいでしょう。

金の鳳凰座から見た他のタイプ（三心）との相性

銀のイルカとの相性

もっとも苦手なタイプですが、じつは自分の裏側の相手。嫌いと思う部分ほど憧れていることがあるのです。仲よくならなくても受け入れることで、学びがあって成長させてくれる相手でしょう。

金のイルカとの相性

裏の考え方や生き方をする相手。理解できる部分はありますが、なかなか噛み合わない相性です。裏運気の期間など運気の流れやタイミングによっては深い関係になれることがあるでしょう。

銀のカメレオンとの相性

価値観の違いを楽しめる相手で、一緒にいることで感性や美意識を高めることができます。ただ、恋愛では楽しめても、結婚生活になると価値観の違いが問題になってしまいそう。

金のカメレオンとの相性

時間をかければ信頼関係を築くことができる相手。相手から教えてもらえることが多く、一緒にいることで成長できそう。あなたの意志の強さは相手から好感を持たれるでしょう。

銀の時計との相性

1人の時間が必要なあなたと、いつも誰かといることが好きな相手で、基本的に生き方や考え方が違います。それでも、あなたを受け入れてくれる相手なので、互いに認め合えればよい付き合いに。

金の時計との相性

あなたの生き方や考え方を受け入れてくれる優しい相手。あなたが相手の精神的な支えになれれば、長く付き合うことができるでしょう。優しさのお返しを忘れないように。

PHO

銀の鳳凰との相性

共通点が多い2人です。第一印象がよければいい関係に進むでしょう。ただし、互いにスローなので何事にも時間がかかってしまいそう。自分よりも頑固な相手に驚くこともありそうです。

金の鳳凰との相性

スローなテンポが合う相手なので、最初の印象がよければ大きな問題は避けられそうです。しかし、一度歯車が噛み合わなくなると、関係が終わってしまうこともある相手です。

銀のインディアンとの相性

無邪気でマイペースな相手に振り回されてしまいそう。気持ちをつかむのがなかなか難しく感じますが、ほどよい距離感で相手に情報や刺激を与えられるとよい関係に進めそうです。

金のインディアンとの相性

フットワークが軽くてマイペースな感じが一緒にいると楽な相手です。あなたの世界を広げてくれる人でもあります。一度あなたが本気で惚れると、長い関係になるでしょう。

銀の羅針盤との相性

この相手をあなたが受け入れる覚悟があるなら問題ない相性です。ただし、最初にできたルールを突然あなたが変えてしまうと、関係が崩れてしまうことがあるので気をつけましょう。

金の羅針盤との相性

共通の目的があると盛り上がる相手。ただし、喧嘩になると互いに引けなくなるところも。あなたが根に持つと、相手はマイナスに捉え過ぎてしまうことがありそうです。

銀の鳳凰座

命数が21～30で
生まれた西暦年が奇数の人

持っているベーシックな星

- □ 自分で決めたことは最後まで突き通す
- □ 超頑固者で融通は利かない
- □ 伝えベタでひと言足りない
- □ 交友関係は狭い
- □ 昔の出来事を考え過ぎてしまう
- □ 覚悟を決めると驚くような力を発揮する
- □ 単独行動が楽でいい
- □ 不器用な生き方をする
- □ 好き嫌いがハッキリしている
- □ 人間関係に問題があることに気がつかない

恋愛&結婚運

「このタイプが好き」と決めつけて、同じような人ばかりを好きになり、過去の恋をいつまでも引きずってしまうタイプ。復縁を求めて次の恋に進めないことも多いでしょう。好きになると思いはどんどん強くなり、気持ちを抑え切れずに「好きです」と言い、自分では気持ちを伝えたから大丈夫と思って、それきり相手の出方を待って終わってしまうこともありそう。逆にストレートな告白に弱く、押し切られて「とりあえずいいかな」と始めた恋を延々と続けてしまうことも。1人でする趣味が多いので、趣味の幅を広げて新しい友人をつくるといいでしょう。結婚は覚悟を決めれば一気に進められるので、慎重になり過ぎず、腹をくくる度胸が大事。

仕事&金運

持ち前の頑固さと忍耐強さで落ち着いて仕事ができるため、1つの仕事を長く続けるのがおすすめです。習得するまでに時間のかかる職人的な仕事や技術者的な仕事が最適。体力もあるので、周囲から見ると過酷に見えるような夜勤の仕事や重労働にも向いています。どんな仕事も勘違いで突き進むことができるので、「この仕事が好きだ!」と強く思ってみると楽しく取り組めそう。金運は、お金の使い方も貯め方も上手ではありません。思い込みで購入したものを「あれ? そうでもないな」と後悔したり、間違った節約方法を延々と続けてしまったりするので、ファイナンシャルプランナーやお金に詳しい人に相談してみたほうがいいでしょう。

銀の鳳凰座から見た他のタイプ(三心)との相性

銀のイルカとの相性

正反対の生き方や考え方をする相手。裏運気で表れる自分の癖を教えてくれる相手でもあります。相手をしっかりと観察し、ほどよい距離を保てるといい関係になるでしょう。

金のイルカとの相性

「裏運気のときの自分」と思ってみると楽しめる相手。大好きか大嫌いか、出会ったタイミングによって大きく差が出ます。生き方や考え方の違いを楽しむことや、適度な距離感が大事になるでしょう。

銀のカメレオンとの相性

あなたの頑固さと相手の優柔不断さが噛み合わないことがありますが、あなたがサポート役に徹するとよい関係は続きそう。相手の優柔不断なところを悪く取らないようにすることも大事。

金のカメレオンとの相性

現実的で知的な相手ですが、波長の合う相手でもあります。時間がかかってもいいので異性の友達になっておくと、最後にあなたを選んでくれるか、長い付き合いの人になるでしょう。

銀の時計との相性

世話好きで面倒見のいい相手に甘えていると、いつまでも距離が縮まらないでしょう。相手に寄りかかってばかりいないで、精神的に頼られるように自分を成長させる必要があるでしょう。

金の時計との相性

求めていることが違う相手ですが、相手の優しさで付き合いが長くなることはあるでしょう。あなたに感謝や恩返しの気持ちが薄いと縁が簡単に切れてしまうこともありそうです。

銀の鳳凰との相性

最初に盛り上がれば一気に関係が進む相手ですが、最初の印象が悪いと進展は難しいでしょう。ただし、押しに弱い相手です。ゆっくりしたリズムは合うので、簡単には諦めないようにしましょう。

金の鳳凰との相性

考え方や生き方は理解できますが、コミュニケーション不足が原因で距離があき過ぎてしまうことがありそう。最初も肝心ですが、その後も視野を広げる努力が大事になるでしょう。

銀のインディアンとの相性

あなたの個性や頑固さを受け入れてくれる相手ですが、この相手の心をつかむことは至難の業。振り回される覚悟はもちろん、話の展開の速さを楽しむ努力が必要になるでしょう。

金のインディアンとの相性

生き方や考え方が大きく違う部分を楽しめるとよい関係になる相手。ただし、あなたのテンポがゆっくり過ぎて、相手のスピード感について行けなくなりそう。友人のような関係が楽でよさそうです。

銀の羅針盤との相性

一度火がつくと長く続く2人ですが、長い付き合いになると、互いに望んでいることにズレがあることに気がつきそう。早めに軌道修正できればよい関係は保てそうです。

金の羅針盤との相性

一度仲よくなるとなかなか縁が切れない関係になりますが、歯車が噛み合わないと難しい相手。とくに互いが正しいと思っている部分で違いがあると、距離ができてしまうでしょう。

金のインディアン座

命数が11〜20で
生まれた西暦年が偶数の人

持っているベーシックな星

- □ 陽気でマイペース
- □ 心は中学生のまま
- □ 好奇心旺盛で情報通
- □ 空想妄想が好き
- □ 根は図々しい
- □ 同時にいろいろなことができる
- □ 自分の言ったことを忘れる
- □ 知り合いが運命を変える
- □ 語るのが好き
- □ 楽天家だが他人に気を使う

恋愛＆結婚運

妄想での恋を頭の中で繰り広げるのが好きですが、人生で「恋が一番」になることは少ないでしょう。「仕事は仕事、趣味は趣味、恋は恋」と割り切っていることが多く、束縛や支配される恋愛は苦手。互いに忙しいから会いたいときに会えればいい、という自由な恋愛が理想。一方で飽きるのも早く、相手が変化することなく、ワンパターンなデートや代わり映えしないトークが続くと他の人を求めてしまうでしょう。結婚願望はありますが、ほぼ妄想止まり。自分が子どもっぽいという自覚があるので「何か理由がないとしないかな」と言いながらタイミングを待ち続けます。授かり婚のほうが楽でいい、などと考えてしまうことも多いでしょう。

仕事＆金運

持ち前の明るさとフットワークの軽さを生かすと、ムードメーカー的な存在になり、仕事でも能力が開花します。新情報や新しいものに触れられる仕事や、想像力を生かせる職業が最適でしょう。不器用で繊細さに欠けるところはありますが、キャラクターを生かせばよいポジションを確保できそう。社会に出てからのつながりを仕事に生かすことも得意です。金運面は、子どもがお金を持ったときのように趣味や欲しいものにどんどん使ってしまう人。貯めたいと思うなら給料を3カ所以上に分け、目標を定めて貯めると、不思議と貯められるでしょう。目標がない場合は、何となく貯められる500円玉貯金をするのもいいでしょう。

金のインディアン座
から見た他のタイプ（三心）との相性

銀のイルカとの相性

遊びや恋愛では楽しい関係を築ける2人ですが、将来を考えると計画性のなさが問題になってきそう。相手任せにしないで、あなたがサポート役になれるとよい関係が続くでしょう。

金のイルカとの相性

ノリやテンションが合う相手。楽しい思い出を積み重ねればよい関係が続きますが、相手のわがままに振り回されるようになると、突然気持ちが冷めてしまうことがあるでしょう。

銀のカメレオンとの相性

情報交換や趣味を楽しむには好相性。ただし感性が違うので、付き合いが長くなるとあなたが苦しくなってしまいそう。ダメだと思ったら早めに見切りをつけたほうがいいでしょう。

金のカメレオンとの相性

自分の裏側の性質を持つ相手。考え方や生き方は真逆ですが、理解できるところが多い相手でしょう。ただ、盛り上がるときとそうでないときの差が激しいかも。相手を前向きにさせられるとよい関係は続きそう。

銀の時計との相性

一緒にいるのが自然で楽な相手。情報交換や意見を聞いてみるのにもよい相性です。ただし、相手の優しさに甘え過ぎてしまわないように。相手が執着してくると突然縁が切れることもありそうです。

金の時計との相性

相手の面倒見のよさや親切心に惹かれることがあるでしょう。相手の精神的な支えになるというよりも、楽しませて前向きにすることができると、いい関係を長く続けられるでしょう。

銀の鳳凰との相性

相手からの第一印象がよければ最初はよい関係を築けそうですが、相手の頑固さや融通の利かない感じに次第に冷めてしまいそう。あなたの理解度を高める必要があるでしょう。

金の鳳凰との相性

どっしりとしたこの相手には、あなたは幼稚な子どもに見えてしまいそう。大人の雰囲気や目的や目標などを明確にして、しっかりしたところを見せられるとよい関係に発展するでしょう。

銀のインディアンとの相性

似た感じのテンションや考え方を持った相手なので楽な関係を続けられそうです。ただし、無計画なところがあるため、将来的にはあなたの計画性と積極性が必要になるでしょう。

金のインディアンとの相性

新しいことを一緒に楽しめる相手。よい距離感を保てる友人のような付き合いができますが、互いに束縛しないため、つながりが弱くなってしまうこともあるでしょう。

銀の羅針盤との相性

相手から執着されたりべったりされたりする場面があると、面倒に感じてしまいそう。相手を上手に甘やかすことができるとうまく付き合えますが、長期的になるとわずらわしく感じてしまうでしょう。

金の羅針盤との相性

相手の気持ちがわかりにくく、やきもきしやすい相手。あなたの情報力やフットワークの軽さをマイナスに受け止められることがあると、面倒に感じて距離があいてしまいそうです。

銀のインディアン座

命数が11〜20で
生まれた西暦年が奇数の人

持っているベーシックな星

- □ 人は人、自分は自分とマイペース
- □ 妄想が激しく、余計なことばかり考える
- □ 1つのことになかなか集中できない
- □ 3つのことを同時に進めることができる
- □ 知り合いを増やすことで幸せになる
- □ 心は中学2、3年生から変わらない
- □ 他人の言動に敏感
- □ 飽きっぽいのに何となく続ける
- □ 手先は不器用
- □ 社会に出てから花開く

恋愛&結婚運

理想がかなり高く、外見やセンス、生き方、収入面などいろいろと妄想しますが、最終的には身近な異性に弱い人。1人を一途に好きでも、頭の中は超浮気性で、いろんな人とデートしてHな妄想を楽しんでいるでしょう。マメな人に弱く、好みではなくても何度も会っているうちに自然と好きになり、何となく恋が始まることも。ただし、束縛や支配をされるのが苦手なので、自分の世界を邪魔されず、ほどよい距離感を保ってくれる人と長く続くでしょう。結婚の理想は高めですが、「この人なら自由でいられるかな」と思わせてくれる人や、自分のマイペースを許してくれる人と結婚すると幸せになれます。

仕事&金運

社会に出てから能力を開花させるタイプ。学生時代に苦労して嫌な思い出が多い人ほど、社会で大成功することが多いでしょう。仕事は、適職を探そうとするのもいいですが、「何となく続けてみる」とそのまま続いて生活ができるようになります。できれば妄想や空想を形にする仕事に就けるといいのですが、職場での人間関係を楽しみながら仕事に取り組むことができると、よいポジションをつくれて仕事が楽しくなってきます。金運は悪くないのですが、浪費や無駄な買い物が多くなりやすいので要注意。同じようなものを何度も購入しては、「あれ？　これ持ってる」などとアホな出費を繰り返すことがあるので気をつけましょう。

銀のインディアン座から見た他のタイプ（三心）との相性

銀のイルカとの相性

遊びのテンションやノリが合う相手。恋愛や遊び友達としてはよい関係を続けられますが、生活や長い付き合いになると、調子に乗り過ぎて問題が発生しやすくなるでしょう。

金のイルカとの相性

あなたのマイペースさを理解してくれる相手。相手に合わせているとわがままに振り回されて疲れてしまうので、適度な距離感を受け入れてくれる相手であれば長く付き合えるでしょう。

銀のカメレオンとの相性

考え方や生き方を理解できる相手です。ただし、マイペースなあなたと受け身な相手では、なかなか距離が縮まらないことが多いでしょう。異性の友人としてはよい相性です。

金のカメレオンとの相性

裏運気のときの自分ともいえる相手。生き方や考え方は真逆ですが、相手の現実的で知的な生き方から学ぶことも多いでしょう。相手に合わせてみると、大きく成長できるきっかけが得られそうです。

銀の時計との相性

互いに情報量が多く、慌ただしい2人。遊び仲間として適度な距離があるほうがよい関係をつくることができそう。どちらかのペースに合わせる努力をしないと距離があいてしまいそうです。

金の時計との相性

あなたのマイペースさや無邪気さを受け入れてくれる相手。趣味を一緒に楽しむことができますが、同じ話が何度も出るとうんざりされそう。あなたの計画性のなさも相手を不安にさせてしまうかもしれません。

銀の鳳凰との相性

人生観や価値観がまったく違う相手。相手からはあなたの生き方は落ち着きがなく、軽率だと思われてしまうことがありそう。ただし、相手から押し切られるとあなたは弱いでしょう。

金の鳳凰との相性

あなたの生き方を認めてくれる相手でもありますが、互いにペースを変えないことが原因で距離が縮まらないこともあるでしょう。最初が肝心ですが、無理をすると続かないでしょう。

銀のインディアンとの相性

互いのマイペースさを理解できればもっとも問題が少ない相手。束縛のない感じはどちらにも心地いいのですが、そのぶん甘えることや頼ることもお互いできなくなってしまうでしょう。

金のインディアンとの相性

基本的に考え方やノリが合う相手。語り合うことができると気持ちが盛り上がりますが、互いに自由過ぎて距離が縮まらないままのケースも。異性の友達としてはよい相手です。

銀の羅針盤との相性

相手の才能や個性を認めることができても、距離感の違いで長い付き合いができない相手。相手を尊敬できるとよい関係は続きますが、あなたが飽きてしまうと縁が薄れそうです。

金の羅針盤との相性

一緒にいることで学びが多い相手ですが、あなたの適当な発言を真面目に受け止められ過ぎてしまい、誤解や喧嘩に発展しそう。あなたが大人になる覚悟が必要でしょう。

金の羅針盤座

命数が1〜10で
生まれた西暦年が偶数の人

持っているベーシックな星

- □ 礼儀正しく真面目
- □ 言われたことをキッチリやる
- □ 本音はネガティブ
- □ 優しいけれど、人は苦手
- □ プライドは高い
- □ 被害妄想をすることがある
- □ 好きなことが見つかるまでさまよう
- □ 自分を指揮する人次第で運命が大きく変わる
- □ 楽観的になると大成功する
- □ 正義感はある

恋愛&結婚運

品格と真面目さがあり、几帳面でしっかりした感じが距離を詰めにくくしているので、日々笑顔で愛想よく過ごすことが大事。プライドの高さから自ら告白することは少なく、相手の出方を待っている割には隙がないことが大きな問題。相手の言葉や態度をネガティブに捉えては、「そういう意味じゃないから」と怒らせることも。また、「かわいそう」「面倒を見てあげる」と情で始める交際は、苦労するだけなので要注意。結婚は、好きな仕事をしている場合は、家庭との両立を望み、仕事にやる気がない場合は、家庭でのんびりしたい人。自分のルールを家族に押し付けるところがあるので、よく話し合って、落としどころを見つける努力が必要です。

仕事&金運

きっちり仕事をするタイプで、真面目に規則を守り、挨拶やお礼などもきちんとしている人。そのためルールを守らない人にイライラしたりガッカリしたりすることがあるでしょう。仕事は几帳面にやるので周囲からの信頼は厚くなりますが、真面目過ぎる仕事ぶりは、逆に職場の雰囲気を気まずくしてしまう場合も。正論を言って相手に完璧さを求めてしまい、人間関係が苦手になる人も多いでしょう。発想力があるので、ものづくりや公共機関、アイデアを出せる仕事が向いています。金運は、しっかりしたタイプなので貯金を意識すれば貯められます。発想力や自分の好きなことを極めて他人の役に立てると、自然とお金が手に入ることでしょう。

金の羅針盤座から見た他のタイプ（三心）との相性

銀のイルカとの相性

自分磨きを続けて華やかさと上品さを演出し続けることで関係を保てる相手。相手の身勝手さに振り回されることも多いですが、あなたにサービス精神があれば縁を長続きさせられるでしょう。

金のイルカとの相性

一緒にいるには頑張り続けなければいけない相手。正論をぶつけるよりも、あなたが魅力的に輝き続けることで相手の関心を引き寄せられます。サボると縁が切れる相手でしょう。

銀のカメレオンとの相性

あなたからのアプローチではなかなか動かない相手。相手の興味をそそるようなセンスを磨き、尊敬されるような技術を持つことが大事。相手から学んで吸収する姿勢で仲よくなるといいでしょう。

金のカメレオンとの相性

現実的で知的な部分が合う相手。ただし、相手のほうが一枚上手なので思い通りに転がされてしまうこともあるでしょう。うまくサポート役に徹することができると縁が続きそうです。

銀の時計との相性

出会ったタイミングでは刺激を受けて興味が出る相手。相手の交友関係には憧れる部分がありますが、噛み合わない部分も多いでしょう。裏運気のときの自分の一面だと思うといい相手です。

金の時計との相性

自分の裏側にある側面を持つ相手。人間関係のつくり方や考え方を学ぶにはいい相手ですが、価値観が大きく違うのでわかり合うのは難しいでしょう。じつは憧れる部分があると思って観察してみましょう。

銀の鳳凰との相性

自分の生き方を貫き通す部分に憧れ、魅力に感じるところがある相手でしょう。相手から惚れられると進展は速いのですが、相手からの第一印象が悪いと進展は難しいでしょう。

金の鳳凰との相性

単独行動が平気で、1人で黙々と作業できるところが尊敬できる相手。互いに人間関係を構築することが不得意な面がありますが、この相手から学べることは非常に多いでしょう。

銀のインディアンとの相性

もっとも心をつかみ切れない相手。あなたの才能を見せて魅力に気づいてもらえると、突然連絡がありそう。あなたが相手のペースや生き方を理解しないと前には進まないでしょう。

金のインディアンとの相性

あなたをポジティブにしてくれる相手。距離感を大事にする相手に寂しさを感じることもありますが、さっぱりした関係だと思えば長く続きそう。相手の言葉をネガティブに受け取らないように。

銀の羅針盤との相性

互いのプライドの高さやネガティブな面が邪魔をし合って、前に進みにくい相手。ただし、2人の要求は似ているので、無理をせずに、求めることを素直に表現するとよい関係になれるでしょう。

金の羅針盤との相性

互いにプライドが高く、進展に時間がかかりそう。また、マイナス点のチェックが激しくなってしまうことがあるのでほどほどに。周囲の後押しや協力が必要になりそうな関係です。

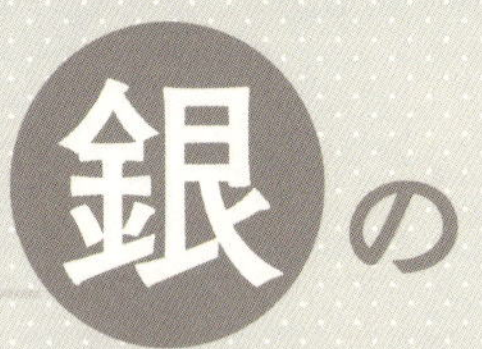

銀の羅針盤座

命数が1～10で
生まれた西暦年が奇数の人

持っているベーシックな星

- □ 真面目で几帳面
- □ 本音はサボりたい
- □ 好きなことが見つかると驚くほど才能を発揮する
- □ 人間関係は苦手で他人任せ
- □ 空気が読めない言動がある
- □ プライドは高い
- □ マイナス思考で疑い深い
- □ プレゼントやサプライズは下手
- □ ポジティブな発言をすると運を味方にできる
- □ 優秀な指導者に会うと運命が大きく変わる

恋愛＆結婚運

プライドが高く、素直になれず、自らチャンスを逃すことが多い恋に不器用な人。自分に自信がなく、相手からどう思われているのかを気にし過ぎて空回りすることも。相手任せの甘えん坊なので、面倒見のいい人や引っ張ってくれる人、ストレートに告白してくれる人に弱いでしょう。交際中も些細なことをマイナスに受け止めて悲観的になるので、何事も楽観的に考えられるようになるといい恋ができます。プレゼントのセンスがなく、サプライズが下手なところも自覚しましょう。結婚すると甘えん坊な面が薄れて、しっかりとした家庭を築きますが、自分の正しさを家族に押しつけるところがあるので、何事もほどほどにしたほうがいいでしょう。

仕事＆金運

真面目で丁寧、几帳面で品があり、自分の好きなことを見つけると驚くような才能を開花させる人。ただし、好きなことがわからず迷ってしまうと指示待ちモードになるので、いい先生やいい上司に巡り会えるように生きることが重要。どんな仕事もしっかりできる人ですが、言われたことはやっても、言われなければそれ以上はやらないことが多いので、2番手3番手のポジションのほうがいいでしょう。好きなこと以外は他人任せにしたがる傾向があるタイプです。お金の管理はしっかりできる人なので、マネーセミナーを受けるか、資産運用や投資に詳しいお金持ちから話を聞いて実行すると、より多くのお金を手にすることができそうです。

銀の羅針盤座から見た他のタイプ（三心）との相性

銀のイルカとの相性

恋愛を楽しむ相手としてはいい相性ですが、長い付き合いやべったりする間柄ではないでしょう。異性の友達や遊び仲間くらいの距離感がよさそうです。

金のイルカとの相性

考え方や生き方は違いますが、波長が合う相手。真面目に考え過ぎるよりも気楽に考えられるようになるとよい関係をつくれるので、相手の前だけでも笑顔とポジティブな発言を心がけましょう。

銀のカメレオンとの相性

共通の趣味からよい関係になりそうですが、互いに相手任せなので、進展に時間がかかりそう。あなたが些細な価値観の違いに目が行きやすいので、指摘するのはほどほどにしましょう。

金のカメレオンとの相性

互いに知的な考え方を理解できる相手。派手な盛り上がりはなくても長い付き合いになり、将来を考えることもできそう。ただし、美意識を高める努力は忘れないようにしましょう。

銀の時計との相性

素直に相手に甘えられるとよい関係に。あなたの裏の要素があるため理解できる部分もありますが、価値観の違いやあなたのマイナス思考が問題になるので、相手に合わせる努力は必要です。

金の時計との相性

自分の裏側の要素を持っている人だと理解すれば、よい勉強になる相手。価値観と人生観が大きく違うため距離があいてしまいそうですが、相手に上手に甘えられると関係はよくなりそう。

銀の鳳凰との相性

異性の友達や同じ趣味の友人くらいの距離感を保てると長い付き合いができる相手。センスや生き方はあなたの好みとは違いますが、尊敬できると気になる相手になるでしょう。

金の鳳凰との相性

最初の段階で相手はあなたに対するイメージをつくり上げてしまうタイプ。何事にも時間をかける相手の生き方を認められると、よい関係になれそう。執着をしないようにすることも忘れないように。

銀のインディアンとの相性

気持ちをいつまでもつかめない相手。あなたのセンスや生き方に興味を持たれればいいのですが、すぐに飽きられてしまうので気をつけて。相手のサポート役になるといいでしょう。

金のインディアンとの相性

前向きでポジティブな相手に心が惹かれますが、相手は束縛と支配をもっとも嫌うということを忘れないように。あなたの価値観を押しつけると縁が簡単に切れてしまいそうです。

銀の羅針盤との相性

互いに相手任せになってしまいそうな2人。双方が受け身なままで、なかなか前に進まないところがあり、気を遣ったつもりが互いにネガティブに捉えてしまうこともありそうです。

金の羅針盤との相性

似たような考えを持っている相手。自然と仲よくできますが、互いのプライドの高さが邪魔をして、様子を見過ぎてチャンスを逃しそう。相手を楽しませるサービス精神を忘れないように。

9章

「五星三心占い」五欲別・基本相性

（五星×五星）

五星三心占いは

「三心」と「五星」の2つの要素から成り立っています。

「五星」とは、「欲望」のタイプを5つに分けたもの。

一、自我欲（命数の下ひとケタが1・2）

二、食欲・性欲（命数の下ひとケタが3・4）

三、金欲・財欲（命数の下ひとケタが5・6）

四、権力・支配欲（命数の下ひとケタが7・8）

五、創作欲（命数の下ひとケタが9・0）

五欲はそれぞれに「陰陽」の2つがあり
計10個の数字が存在します（↓P121）。
「陰陽」の2つのタイプは、似た欲望を持ちながらも、
表れ方が異なるのです。
ここでは、そんな「五星」（五欲別）の相性を
解き明かしていきましょう。
ただし8章と同様、
自分から見る相性と、相手から見る相性は異なるので
「相手から自分はどう見られているのか」も
チェックしてください。

命数の下ひとケタが **1**

命数が

1, 11, 21, 31, 41, 51 の人

自我欲の陽タイプ

自分を中心に考えたい欲を持つ、攻めの強い人です

基本性格

負けず嫌いの頑張り屋、**さっぱりとした性格で**、裏表の少ない人です。半面、**意地っ張り**で**自我が強く**、誰とでも**対等にいたい**気持ちが強いため、他人とぶつかってしまうことが多いでしょう。**誰かと競うと力が出る**ため、目標に向かって1人で頑張るよりも、ライバルや共に頑張れる人を見つけたほうが能力やパワーを発揮できます。

ただし、負けをすんなりと認められず、**素直に頭を下げることができない**ため、不要な苦労をしたり、**仲間**や**学生時代の友人に執着**して自らチャンスを逃したりすることも。手放すこともときには大切だと思っておきましょう。

心は高校1年生から成長しないままです。**学生のノリ**や**部活のテンション**で生きているところがあり、**若い頃は生意気**と思われやすいので、上下関係や敬語、挨拶、お礼などは必要以上にしっかりとするようにしましょう。

スポーツをすると気分転換やストレス発散ができるタイプなので、モヤモヤするときは軽く汗を流せるような運動を、友人と思いっきり楽しんでみるといいでしょう。

恋愛&結婚運

「身近な人」を好きになるタイプです。同じ学校や同じ職場で、対等に付き合える友達の延長のような恋を求めます。一方で、相手から甘えられたり引っ張られたりして、上下の関係ができそうになると反発してぶつかってしまい、そこで喧嘩になることも。また、共通の趣味や似た部分を相手に求めてしまうことも多そうです。結婚後は、相手には友人関係の延長のような生活を求めますが、対等な関係でいたいがために素直に謝ることができず、それが原因で気まずい空気になってしまうことも。意地を張らず、自分から謝れるように成長することが課題です。

仕事&金運

努力と根性でどんな仕事もパワフルにできる人です。ライバルや競争相手がいたほうが燃えるので、職場でも運動部のようなノリが作れると楽しく仕事ができるでしょう。社内トップや全国1位を目指して努力するとモチベーションが上がり、本当に叶うようなことも。ただし、頑張りが認められないと簡単にすねてしまうところもあるので要注意。金運は、一生懸命仕事をしたぶんだけ使い方も派手になってしまいそう。異性に色気を感じさせるようなファッションには興味が薄いのですが、サッパリした自分をアピールできるものや、自分を目立たせられるアイテムにはお金を使い過ぎてしまうところがあるでしょう。

LAYER 1

命数の
下ひとケタ

1

命数が 1,11,21,31,41,51 の人

から見た他の命数の下ひとケタ(五星)との相性

命数が1・11・21・31・41・51 下ひとケタ1との相性

似たもの同士で理解ができる相手。共通の趣味があるとよい関係が続きますが、欠点や弱点も似ているため、ぶつかったときに謝れなくなってしまうことがあるので気をつけましょう。

命数が2・12・22・32・42・52 下ひとケタ2との相性

この相手は自分が一方的に惚れていたいタイプ。仲よくするのはいいのですが、好意が見えると離れてしまうことがあるので、相手に惚れさせるような努力が必要でしょう。

命数が3・13・23・33・43・53 下ひとケタ3との相性

一緒にいると楽しい相性。気分屋の相手に振り回されることも増えますが、あなたの頑張り次第で長く続く相手。あなたが成長して計画性を身につける必要もあるでしょう。

命数が4・14・24・34・44・54 下ひとケタ4との相性

余計なひと言や恩着せがましいところがある相手ですが、愛情表現だと思って受け止められればよい関係が続く相性。口喧嘩ではかなわないので無駄な争いは避けておきましょう。

命数が5・15・25・35・45・55

下ひとケタ5との相性

考え方が大きく違う相手。計画性がなく計算に弱いあなたをサポートしてくれるパートナーとしてはよい相性ですが、相手の安請け合いや適当なトークが許せなくなってしまいそうです。

命数が6・16・26・36・46・56

下ひとケタ6との相性

対等に付き合いたいあなたにとっては、何でも合わせてくるこの相手では物足りず、盛り上がりに欠けてしまうでしょう。互いに求めていることが違うので、価値観が合いません。

命数が7・17・27・37・47・57

下ひとケタ7との相性

対等に付き合いたいあなたに対し、仕切ることや甘えることが好きな相手なので、基本的には合いません。あなたが相手に合わせられるかがポイントになりますが、長くなると苦しくなりそうです。

命数が8・18・28・38・48・58

下ひとケタ8との相性

あなたの気さくなところが、相手からは下品で雑に見えてしまいそう。相手の細かなチェックをあなたはわずらわしく感じたり、相手のメンタルの弱さにも不満が溜まりそうです。

命数が9・19・29・39・49・59

下ひとケタ9との相性

仲よくなれる相手ですが、あなたが変化や成長を見せないと簡単に飽きられてしまうでしょう。さっぱりとした感じの付き合いができれば、よい関係を長く続けられるでしょう。

命数が10・20・30・40・50・60

下ひとケタ0との相性

考え方や生き方が違っていてもわかり合える相手。頑張る姿や努力する姿勢を相手は尊敬してくれるでしょう。あなたも相手の知識や頭脳を認めることができるでしょう。

命数の下ひとケタが

2

命数が

2, 12, 22, 32, 42, 52 の人

自我欲の陰タイプ

自分を中心に考えたい欲を持つ、守りの強い人です

基本性格

頑張っている姿や**必死な努力を見せない**ように隠してしまうタイプ。そのためやる気がないと思われてしまい、陰の努力を見ていない人からは評価が低いでしょう。**頭の回転が速く合理主義**な半面、人の話を最後まで聞かずに**先走って**しまったり、**要点だけ**つかんで**自分独自に解釈**したりすることも多いので、大事なところで落とし穴にはまってしまうことも。

団体行動は苦手で**少人数が好き**ですが、**刺激や変化を求め過ぎ**て自ら不安定な環境や危険な世界に飛び込んでしまうことがあるでしょう。とくに自分の好きなことを見失ってしまうと**暴走**しやすく、**ストレス発散**で**暴飲暴食**をすることなどもありそう。**心は高校3年生**から成長することがなく、どこか**やんちゃ**な気持ちを持ち続けているところもあるでしょう。

マメに旅行やライブに行くことで心の安定を図れます。また、向上心を忘れないようにするとよく、他人を助け、ときには遠回りの作戦や基本的なことをしっかり押さえると、驚くような力を発揮するでしょう。

恋愛&結婚運

恋愛は、自分が追いかけていたいタイプです。相手にベッタリされると突然冷めてしまいます。追うことで燃え上がっても、追われると興味が薄れてしまうのです。また、向上心が満たされ、刺激と変化のある恋愛を好みます。高嶺の花と言われる人を狙ったり、不倫や三角関係、友達の恋人、好きになってはいけない相手を追いかけてしまったりと、危険な恋、秘密の恋にハマってしまうことも。結婚も、自分が好きな人を追い求め過ぎるため、若い頃は後先考えずに突然結婚することもありそう。しかし、年齢と共に刺激的な恋は減っていくため、好意を寄せられているのにチャンスを逃す、なんてことのないように。

仕事&金運

社会に出ると、家族と一緒にいるときとは打って変わってしっかり者になれる人。自分で決めた目標に向かって突き進みますが、根は野心家なので、向上できる仕事でないと長続きしないでしょう。合理的で一発逆転を狙おうとするため、若い頃は雑用や基本的な仕事をサボったり、雑に覚えていたりして、そのせいで、仕事でなかなかいい結果を残せない場合も。基本や地道な努力を大事にすると仕事運は大きく変わるでしょう。金運は、自分が欲しいと思ったものを無計画に購入したり、派手にお金を使ってしまったりすることが多いタイプ。大胆なことをしがちなので、後先考えずに目先の欲や刺激を追いかけての転職には気をつけて。

命数の下ひとケタ 2

命数が 2,12,22,32,42,52 の人

から見た他の命数の下ひとケタ（五星）との相性

命数が1・11・21・31・41・51
下ひとケタ1との相性

ぶつかることが多い相手。互いに謝らないところや引かないところが原因で不仲になってしまいそう。あなたに刺激的な趣味や没頭できる仕事があるとよい関係は続くでしょう。

命数が2・12・22・32・42・52
下ひとケタ2との相性

似たもの同士で理解できる相手ですが、自分が惚れていたい気持ちが強いので、恋愛においてはうまくいかない相手。異性の友達くらいの距離感がいいでしょう。

命数が3・13・23・33・43・53
下ひとケタ3との相性

共に楽しいことができる相手。相手はサービス精神が豊富な人ですが、わがままに振り回されてしまいそう。でも、一緒にいると許せる気持ちになり、ポジティブになれるでしょう。

命数が4・14・24・34・44・54
下ひとケタ4との相性

互いに頭の回転が速く刺激がある相手です。相手の毒舌や余計なひと言で大喧嘩になることもありますが、最後まで話を聞かないあなたとは、案外バランスがいいでしょう。

命数が5・15・25・35・45・55

下ひとケタ5との相性

最初は、刺激を求めて楽しめる相手としてノリが合いそうな2人です。しかし、損得勘定で考えるあなたと合理的な考え方をする相手では、最終的にはわかり合えないでしょう。

命数が6・16・26・36・46・56

下ひとケタ6との相性

相手の真面目な性格や人に合わせようとするところなど、考え方や生き方がまったく合わないでしょう。相手の優しさに甘えても、おもしろみや刺激がなくてすぐに飽きてしまうでしょう。

命数が7・17・27・37・47・57

下ひとケタ7との相性

面倒見のよさや正しさを押しつけてくる相手なので、考え方や生き方が大きく違うでしょう。上手におだてるとよい関係が保てますが、相手が調子に乗ってくると合わなくなるでしょう。

命数が8・18・28・38・48・58

下ひとケタ8との相性

性格や考え方が真逆なタイプ。相手の丁寧さや上品さを素敵に思えても、刺激のなさやソリの合わない感じがあるでしょう。相手の細かいチェックにも息苦しくなってしまうでしょう。

命数が9・19・29・39・49・59

下ひとケタ9との相性

変化と刺激があり一緒にいると楽しい相手ですが、互いに無計画で自由が好きなため、理解はできてもまとまりがないでしょう。欠点を補い合えるように努めると長く続く相手でしょう。

命数が10・20・30・40・50・60

下ひとケタ0との相性

あなたの頭の回転の速さや、合理的な生き方を認めてくれる最高な相手。相手を尊敬することができると長い付き合いになりますが、距離感のある2人なのでべったりすることはなさそうです。

9章 五欲別相性

命数の下ひとケタが

3

命数が

3, 13, 23, 33, 43, 53 の人

↓

食欲・性欲の陽タイプ

楽しみたい欲を持つ、攻めの強い人です

基本性格

楽しいことや**おもしろい**ことが大好きで、根っから陽気で愉快な人。感情が伝わりやすく、すぐに**顔に出てしまう**ので、不機嫌な態度を隠せません。また、**空腹**になると**イライラ**することが多いでしょう。

おしゃべりが好きで何でも**サービス精神**で話してしまうのはいいのですが、わがままや愚痴や不満も含めて、しゃべり過ぎてしまうことも。また、**欲望に素直**で、**スケベな星**の持ち主でもあるので、勢いだけの生活には注意する必要があるでしょう。

地道なことや**チマチマ**したことが**苦手**で、楽しいことを優先し過ぎてしまうところがありますが、日頃の**明るさ**で**周囲に支えられる**ことが多いので、不思議と運を味方につけられます。周りへの感謝や恩返しを忘れないようにすると、最強の生き方ができるでしょう。

問題は、**わがままを口に出し過ぎて**しまうこと。そのせいで、せっかくの頑張りやこれまでの努力を自分で崩してしまうことがあるので、つねに自分も周りも楽しませてみようという気持ちを忘れずにいると、よい人生を送れるでしょう。

恋愛&結婚運

笑顔とノリと楽しさで異性の心をつかむことがとても上手な人。相手に対しても、明るくておもしろくてよく笑う「一緒にいて楽しい人」を求めます。同時に、欲望に負けてしまうところがあるので、セックスアピールが強い人にも惹かれてしまうでしょう。もともとサービス精神が旺盛なので、恋の回数は自然と多くなります。ただし、わがままが言葉や態度に出やすいので、常識やマナーを守って陽気にしていることが大事。それだけで自然とモテる人です。結婚は、授かり婚率が非常に高く、何も考えずに結婚に踏み込んでしまうかも。結婚生活は、家族が笑顔でいてくれるだけで幸せだと感じるタイプでしょう。

仕事&金運

真面目でお堅い仕事は不向き。サービス業や営業、人との関わりが多い仕事が向いています。根っからのいい加減なので繊細な仕事は続かず、華やかな世界や相手を楽しませることであれば長く続くでしょう。職場のムードメーカー的な存在にもなり得るので、マネージャーやプロデューサー、仲介業などもいいでしょう。お金を楽観的に使ってしまうことが多いため、浪費が激しくなりやすいのですが、本当にお金に困る前に不思議と助けられたり、臨時収入があったりするタイプ。「お金がない」と言いながらも、お腹はちゃんと満たしている人でしょう。

命数の下ひとケタ 3

命数が 3,13,23,33,43,53 の人

から見た他の命数の下ひとケタ（五星）との相性

命数が1・11・21・31・41・51 下ひとケタ1との相性

気楽に付き合うことができる相手。ノリや勢いも合いますが、喧嘩になると引かない相手にイライラすることもありそう。それでも持ち前の大らかさで長い付き合いができそうです。

命数が2・12・22・32・42・52 下ひとケタ2との相性

この相手は自分が惚れていたいタイプ。刺激の欲しい相手にとって、あなたのサービス精神豊富なところはよく合うでしょう。ほどよく相手を振り回すくらいが、関係を長く続けるコツです。

命数が3・13・23・33・43・53 下ひとケタ3との相性

似たもの同士で理解できる相手なので、ノリが合って楽しい時間を過ごせます。ただし、互いに感情的になるところや計画性のなさがあり、それが先に進むときの壁になってしまうでしょう。

命数が4・14・24・34・44・54 下ひとケタ4との相性

楽しく会話ができる2人ですが、しゃべり過ぎてしまったり、余計なひと言が原因で喧嘩になったりすることがありそう。余計なことを言うのはお互いさまだと思っておきましょう。

下ひとケタ5との相性
命数が5・15・25・35・45・55

あなたと一緒にいることで、この相手は前向きになれて、楽しく過ごせるようになるでしょう。段取りや計算が苦手なあなたのサポート役にもよい相手です。

下ひとケタ6との相性
命数が6・16・26・36・46・56

サービス精神の種類は違いますが、互いに相手のことを思いやれるよい相性。あなたにとっては相手が真面目過ぎると感じてしまうこともありますが、楽しく一緒にいられる相手でしょう。

下ひとケタ7との相性
命数が7・17・27・37・47・57

勢いやノリが合いそうで合わない相手。相手の正義感や正しさを押しつけてくるところをあなたが面倒に感じてしまいそう。相手をおだて続けられるなら関係を保てるかもしれません。

下ひとケタ8との相性
命数が8・18・28・38・48・58

常識やルールに厳しいこのタイプとあなたとでは、生き方や考え方の違いを理解し合えないでしょう。相手のメンタル面の弱さや繊細なところも噛み合わないでしょう。

下ひとケタ9との相性
命数が9・19・29・39・49・59

出会ったときは盛り上がって楽しい時間を過ごせても、相手の屁理屈めいた考え方が理解できなくなるでしょう。相手もあなたに簡単に飽きてしまい、長く続けるのは難しいでしょう。

下ひとケタ0との相性
命数が10・20・30・40・50・60

何でも理論で考えるところや物事を深く知ろうとする性格が面倒に感じる相手。上から目線のしゃべり方も次第にストレスとなり、流せなくなってしまい、よい関係は保てないでしょう。

命数の下ひとケタが4

命数が

4, 14, 24, 34, 44, 54の人

↓

食欲・性欲の陰タイプ

楽しみたい欲を持つ、守りの強い人です

基本性格

もっとも**頭の回転が速く**、よい判断や流れを読むことができる人。**学習能力**や**芸術系**の感性も持っていますが、すべて**カンで判断**しているタイプ。**過去**の経験や体験を**上手に生かす**こともできる人でしょう。

ただし、過去を踏まえるぶん**恩着せがましく**なったり、言葉が強く出過ぎてしまうことがあるため、**毒舌**や**余計なひと言**で大きなトラブルにまき込まれたり大損することも。上品な言葉遣いや思いやりのある言葉を選ぶことが大切です。

また、非常に**短気**ですが、**人情**に厚く、困った人や**他人のために**自分のできることを**一生懸命**にするところもあるでしょう。

何をするにも**スピードは速い**ですが、そのぶん**スタミナ不足**で**継続力に欠けて**しまいやすいので、基礎体力をつけてほどよく休むなど、体調面や精神面のケアをしっかりしないといけないタイプでもあります。**睡眠不足**や**空腹**になると**感情的**になって判断を間違えることがあるので、たっぷりと寝て、しっかりと食事を摂る習慣をつくるといいでしょう。

恋愛&結婚運

頭の回転が速く、直感力に優れているため、第一印象のいい相手に惚れるタイプ。基本的にはデブは嫌いで、スリムな体型で頭の回転が速い人を好きになることが多いでしょう。「モタモタしたデブ」がもっとも苦手です。情にもろいので、情から恋が始まったり、運命を感じるような出会いや凝ったサプライズを演出されると恋に火がついてしまうことも。結婚後は、相変わらずおしゃべりで、愚痴や文句も自分の思ったままに家族にぶつけるため、自分自身で機嫌よくいられるように努めることが重要になります。家庭での頑張りに家族からの反応がないと、恩着せがましくなったり突然怒り出したりすることがあるでしょう。

仕事&金運

感性を生かせる仕事に就けると能力を認められるタイプ。芸術や美術、人前でしゃべる仕事、企画、アイデアを出す仕事も向いています。ただし、基礎体力がないので若い頃に結果を出せる仕事がよく、若者向けに流行を発信する仕事がおすすめ。ネット関連やアプリ開発などもいいでしょう。お金は、浪費をしやすいタイプで、後先を考えずに直感的にピンときたものに使い過ぎてしまうことも。情にほだされてお金を貸し過ぎてしまうこともあるので要注意。持ち前の勘のよさを生かして、投資や資産運用をすると成功しやすいタイプなので、基本的なマネーの勉強を早いうちにしておくといいでしょう。

命数の下ひとケタ 4

命数が 4,14,24,34,44,54 の人

から見た他の命数の下ひとケタ(五星)との相性

命数が1・11・21・31・41・51 下ひとケタ1との相性

互いに助け合い、支え合える相手。あなたの頭の回転の速さや直感力を信頼してくれ、よい関係を作れる相性。ただし、余計な言葉には注意が必要。相手の頑張りをねぎらうことも忘れずに。

命数が2・12・22・32・42・52 下ひとケタ2との相性

相手は自分が惚れていたいタイプで、あなたの感性やしゃべりに惹かれるよい相性。ぶつかることも多いですが、あなたが執着せず、恩着せがましくならなければ長く続く相手でしょう。

命数が3・13・23・33・43・53 下ひとケタ3との相性

互いに気分屋ですが、相手の陽気さやポジティブな考え方は理解でき、楽しい関係をつくれます。互いのわがままや余計なひと言で大喧嘩になりやすいので、相手の気持ちを考えて発言して。

命数が4・14・24・34・44・54 下ひとケタ4との相性

似たもの同士で理解ができる相手。第一印象がよければ意気投合することもあります。ただし、しゃべり過ぎや恩着せがましい言動をほどほどにしないと、口喧嘩が絶えないでしょう。

命数が5・15・25・35・45・55

下ひとケタ5との相性

テンションの合う2人。共通の趣味や環境があると一気に盛り上がることがあるでしょう。あなたの言葉で思っている以上に相手を凹ませてしまうことがあるので気をつけましょう。

命数が6・16・26・36・46・56

下ひとケタ6との相性

あなたの話を最後まで聞いてくれる人。誠実で信頼を置ける相手になり、自然と長く付き合うことになりそうですが、相手に我慢させていることも多いので、それに気づけるよう心がけて。

命数が7・17・27・37・47・57

下ひとケタ7との相性

相手の正義感やまっすぐな考え方が理解できずにイライラすることになる相手。言葉で相手を傷つけてしまうことも多いので、ある程度の距離を保つことが大事になるでしょう。

命数が8・18・28・38・48・58

下ひとケタ8との相性

あなたの言葉で簡単に傷ついてしまう相手。言葉を選び愚痴や不満を言わないようにする必要があるでしょう。相手は細かなチェックが厳しいので、一緒にいると息苦しくなるでしょう。

命数が9・19・29・39・49・59

下ひとケタ9との相性

芸術的な感性が合い、楽しく話せる相手ですが、自由人過ぎて心のつかめない相手でもあります。最終的にはあなたが飽きられてしまうか、振り回されて終わってしまいそうです。

命数が10・20・30・40・50・60

下ひとケタ0との相性

考え方や発想力がまったく違う相手。あなたの頭の回転の速さを理解はしても認めてはもらえず、あなたも相手の理屈や理論にうんざりしそう。伝統的なものや文化的な趣味が合うと少し関係が保てそう。

命数の下ひとケタが

5

命数が

5, 15, 25, 35, 45, 55

の人

↓

金欲・財欲の陽タイプ

得をしたい欲を持つ、攻めの強い人です

基本性格

段取りと**計算**が得意で、何事も**損得勘定**で判断をするタイプ。**情報収集**が好きで幅広く物事を知っているため、話題も豊富で、**趣味も多彩。**そのため交友関係も広く、トークも上手な人が多いでしょう。

ただし、広げることは得意でも、**深い内容**になると**弱く**なってしまいます。また、過去の趣味の物や**使わない物**が部屋に**溜まって**しまう面もあるでしょう。基本的には、**都会的**で**おしゃれ**な感じに憧れて生きているので、**ファッション**も流行に合わせられますが、同じようにおしゃれを頑張らない人を見るとダサいと思ってしまうところもあるでしょう。

また、**得をするならやる**けれど、損なことはやらないため、些細なところで評価を落としてしまうことも。自分のためだけでなく、みんなが喜ぶためにお金を使えるとよいでしょう。

フットワークの軽さがチャンスをつかむきっかけになりますが、お酒の席で**調子に乗り過ぎ**て大失敗することもあるので、挨拶やお礼などをしっかりすることを忘れずに、損得以外の付き合いも大切にすると、よい人生を送れるでしょう。

恋愛&結婚運

流行りの芸能人に似た人、おしゃれで都会的な人、異性の扱いに慣れている人に惹かれることが多いでしょう。お金のない人、ダサい人には興味がなく、周囲からうらやましがられるようなスタイリッシュな異性を選びます。付き合うと自分に得がある人を選ぶこともあるでしょう。お酒を飲んだときのノリや勢いで突っ走って、薄っぺらい相手と付き合ってしまうことも。結婚後は、これまで遊んでいた人も一度はしっかり家庭を守ろうとしますが、買い物が自由にできなくなるとイライラするので、ときには気ままなショッピングに行くといいでしょう。ただし、物欲からつい買ってしまったものが溜まりやすいので注意して。

仕事&金運

あらゆる仕事で能力を発揮できる優秀なタイプ。特にお金や数字に関わる仕事、商社や販売、流通、情報系の仕事に強く、流行りの仕事なら器用にこなせるでしょう。軽快なトークで仕事を引き受け、人気者になって自然と注目を浴びるポジションになることも多いはず。段取りと計算上手を生かしてしっかりと戦略を立てることで結果を出せます。お金の価値をしっかり理解しているタイプで、情報収集力もあるので投資にも向いています。買い物好きと多趣味とおしゃれが重なり、出費が多くなってしまう人でもあります。部屋にあるものを思い切って売ってみると案外いいお金になるでしょう。

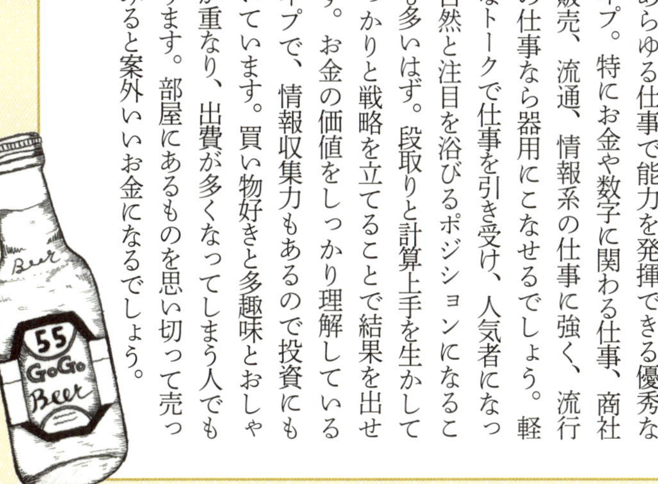

命数の下ひとケタ 5

命数が 5,15,25,35,45,55 の人

から見た他の命数の下ひとケタ(五星)との相性

下ひとケタ1との相性
命数が1・11・21・31・41・51

考え方が合わない相手。あなたの段取りや計算して行動するところが相手からはズル賢く見えてしまいます。最後はあなたが損をすることになるので適度な距離を保つといいでしょう。

下ひとケタ2との相性
命数が2・12・22・32・42・52

この相手は自分が惚れていたいタイプ。最初は盛り上がっても、最終的にあなたが振り回されることになるか、利用されるだけの関係になってしまいそうです。

下ひとケタ3との相性
命数が3・13・23・33・43・53

一緒に遊ぶにはノリが合っていいのですが、遊び過ぎて余計な時間やお金を使い過ぎることがあるでしょう。相手のサービス精神を見習い、遊び心を学ぶようにするといいでしょう。

下ひとケタ4との相性
命数が4・14・24・34・44・54

相手の感性を理解できて、よい関係が続く相性。相手の話も楽しく聞けます。相手の毒舌やひと言多いところを上手に流せたりコントロールできると、長い付き合いになるでしょう。

命数が5・15・25・35・45・55

下ひとケタ5との相性

似たもの同士で理解できる相手。損得勘定がわかるので、少しでも損するような感じや流行遅れの感じがなければ関係は続きます。ただし、金の切れ目が縁の切れ目になることもあるでしょう。

命数が6・16・26・36・46・56

下ひとケタ6との相性

気持ちを理解しやすい相手ですが、相手の真面目過ぎて慎重になり過ぎるところが気になりそう。華やかさやおもしろさは相手に求めず、安定と誠実さを求めると長く続く相手になるでしょう。

命数が7・17・27・37・47・57

下ひとケタ7との相性

行動力のある相手ですが、計算は苦手。あなたが上手にサポートしてあげたり、アドバイスしたりするといい相手でしょう。相手はあなたのおだてに簡単に乗るタイプでしょう。

命数が8・18・28・38・48・58

下ひとケタ8との相性

礼儀やマナーなどを学べる相手。一緒にいることで品がよくなるので、あなたにとっては大事にする必要がある相手でしょう。あなたが利用していると思われないように気をつけましょう。

命数が9・19・29・39・49・59

下ひとケタ9との相性

考え方や生き方が大きく違う2人。情報交換し合う仲くらいの距離感でいると長く続きますが、深入りするとあなたが飽きられてしまうでしょう。相手の無計画なところにも驚くことがあるでしょう。

命数が10・20・30・40・50・60

下ひとケタ0との相性

フットワークが軽く幅広く物事を知りたいあなたと、狭く深く生きるこの相手とでは、生き方が正反対。あなたがこの相手を尊敬し続けられるなら、よい関係を保てるでしょう。

命数の下ひとケタが
6

命数が
6, 16, 26, 36, 46, 56 の人

金欲・財欲の陰タイプ

得をしたい欲を持つ、守りの強い人です

基本性格

真面目で**地道な努力**が好きで**謙虚**ですが、**一歩引き過ぎ**てしまうところや、**慎重**に人生を進めようとするところがあるタイプ。どんな人にも**優しく**接しますが、**断る**ことが苦手で、不要なことまで受け入れてしまい苦労することも多いでしょう。

根は**セコく**、**小銭**や**目先のお金**のことばかり考えてしまうクセがあり、真面目で地味な自分に**コンプレックス**を持っているため、**無謀**な行動に走ってしまうこともあるでしょう。

ただし、**反復**や**繰り返し作業**による**積み重ね**ができるため、**時間をかける**ことで驚くような力を身につけ、信頼を勝ち取ることも。「ウサギと亀」の話なら、**完全に亀タイプ**でしょう。

どんなことも時間をかければ身につけられると信じて、努力し続けることが大事ですが、**一歩踏み込む勇気**がなかなか出ないので、まずは**飛び込んでみる**ことも大切な人です。

殻に閉じこもることも多いのですが、好きな音楽を聞くと心が安定し、やる気が出てきます。よくも悪くもサイクルに非常にはまりやすいので、遊びや博打、お酒にハマらないよう、誘惑にはくれぐれも気をつけて。

恋愛＆結婚運

一度好きになると片思いが長くなってしまう人。自ら告白することはできないので、思いが伝わらないままに終わってしまうことが多いかも。強引な人に弱く、真剣に告白されると交際をスタートさせて一生懸命好きになろうとしますが、相手に安心感を与え過ぎて、浮気されてしまうことがありそう。そこも我慢してしまうので、辛い恋をすることもあるでしょう。人としてダメだと思う相手とは勇気を出して縁を切るようにすれば、いい恋を見つけられるようになります。結婚願望は意外と強いタイプです。結婚後は、家庭をしっかり守り、節約もできますが、地味な生活になりがちなので、家族で楽しむことを心がけましょう。

仕事＆金運

事務職や計算、データ入力の仕事など、サポート的な仕事が向いています。また、身につけるまでに時間のかかる職人的な仕事でも能力を発揮するタイプ。どんな仕事もじっくりゆっくり慎重に行うため、若い頃は苦労することが多いのですが、真剣に取り組んで自信を持てるようにすることが大事です。少しくらい図々しく生きてみるとよい人間関係ができるので、無駄に臆病にならないようにしましょう。お金にシビアなのはいいことですが、小銭や目先のお金ばかりを考えて、貯金が趣味になってしまうことも。家や土地に縁があるため、目標を決めて貯めれば不動産も手に入れられるでしょう。

命数の下ひとケタ 6

命数が 6,16,26,36,46,56 の人

から見た他の命数の下ひとケタ（五星）との相性

命数が1・11・21・31・41・51 下ひとケタ1との相性

我の強いこの相手とは合わないことがすぐにわかりそうなものですが、相手に合わせて、我慢して付き合ってしまいそう。嫌なことはハッキリ断って、対等に付き合うとよいでしょう。

命数が2・12・22・32・42・52 下ひとケタ2との相性

相手は自分が惚れていたいタイプ。あなたの誠実さを理解できません。尽くせば尽くすほど離れてしまうので相手にしないほうがいいでしょう。最後にあなたが傷ついて終わるだけです。

命数が3・13・23・33・43・53 下ひとケタ3との相性

相手のサービス精神や明るい生き方には学べる面があり、一緒にいると楽しいでしょう。わがままに振り回されることもありますが、あなたの優しさを理解してくれる相手でしょう。

命数が4・14・24・34・44・54 下ひとケタ4との相性

相手の気分と言葉に振り回されやすい相性ですが、根は人情家で面倒見がいい相手の性格を理解できると、よい関係が長く続きそう。毒舌も愛嬌だと思っておくといいでしょう。

命数が5・15・25・35・45・55

下ひとケタ5との相性

基本的な考え方は似ていますが、相手のお調子者なところやお金の使い方には疑問を感じそう。最終的にもてあそばれてしまうこともあるので、距離を少し置いた付き合いがいいでしょう。

命数が6・16・26・36・46・56

下ひとケタ6との相性

似たもの同士で理解し合える相手。互いに相手のことを思いやることができる関係ですが、慎重になり過ぎて片思いが長くなり、進展には時間がかかりそう。真剣に付き合うにはよい相手です。

命数が7・17・27・37・47・57

下ひとケタ7との相性

積極的でパワフルな人なので自然とあなたがサポート役になり、尽くし過ぎてしまうことがあるでしょう。ただし、相手にとっては時間と共にあなたの存在が大きくなるでしょう。

命数が8・18・28・38・48・58

下ひとケタ8との相性

信頼のおける相手。互いに真面目で大切にし合えます。ただし、臆病で慎重な面も似ているので進展には時間がかかりそう。相手の見栄っ張りなところやメンタルの弱さを理解してあげましょう。

命数が9・19・29・39・49・59

下ひとケタ9との相性

現実的なあなたと、空想的で芸術的なこの相手とでは理解し合えないでしょう。自分のできない発想や生き方をする相手を遠目に見ているくらいがよさそうです。影響を受けると大きく道を外しそう。

命数が10・20・30・40・50・60

下ひとケタ0との相性

地道にコツコツタイプのあなたと、1つを極める相手とは、合いそうで合わない相性。相手を尊敬できてサポート役に徹することができればいいのですが、相手の上から目線の言葉が冷たく聞こえそう。

命数の下ひとケタが

7

命数が

7, 17, 27, 37, 47, 57 の人

↓

権力・支配欲の陽タイプ

上に立ちたい欲を持つ、攻めの強い人です

基本性格

実行力と**行動力**があり、もっとも**パワフル**な人。**おだて**に弱く、**ほめられ**たら何でもやってしまうことが多く、とくに**頼りにされる**と頑張ってしまうことが多いでしょう。**面倒見がよく**、周囲を束ねて遊んだり、**リーダー的な存在**になったり、お姉さんのような行動を取ったりする場面も。でも、**本音は甘えん坊**で**他人任せ**が好きな人です。**行動**する**パワー**はありますが、何事も**大雑把**で**うっかりミス**をしたり、大事なところが雑になったりします。勢いだけでなく、しっかりと最後を締め括れるようにするといいでしょう。また、お願い上手になることも大事です。**素直に頭を下げる**ことができると、**社長**や**経営者**としての能力を開花させることもできるでしょう。

正義感がありますが、**自分の正しさ**を**押しつけ**てしまうことで大きなトラブルになったり、周囲が不満に思っていることを無神経に扱ったりするところがあるので、「自分だけが正しい」と思ったときほど、注意が必要だと思っておきましょう。

恋愛＆結婚運

好きな人には気持ちがストレートに出るタイプ。積極的に行動できますが、相手がモタモタしていると勝手に諦めてしまうことがあります。好きになると押しが強くなるので、恋では空回りが多くなりがち。相手の出方を待つことを覚えるといいでしょう。パワフルでエネルギッシュなタイプを好み、甘やかしてくれる人やおだててくれる人に弱いでしょう。結婚後は自分中心に家庭を動かそうとするため、自分のルールや正しいと思ったことを家族に押しつけてしまうところが出るかも。その一方で、甘えん坊な一面もあり、ほめられたり、おだてられたりすると、仕事も家のこともさらに頑張ってしまうタイプです。

仕事＆金運

責任を背負うことでどんどん仕事ができるようになるタイプ。若い頃は、甘え上手なかわいい後輩と思われますが、自分が正しいと思った仕事のやり方を見つけると猪突猛進し、周囲を束ねてリーダー的な存在になるでしょう。面倒を見る人が増えれば増えるほど仕事運がよくなるので、自ら責任を背負いにいくといいでしょう。経営の才能があり、社長になれる星を持っていますが、計画が雑な場合があるので、専門家に相談を。お金は、後輩や部下によくご馳走しますが、細かいお金の計算は苦手でどんぶり勘定になりがちです。飲み会では「端数は私が出しておきます」と言うことも多いでしょう。

命数の下ひとケタ 7

命数が 7,17,27,37,47,57 の人

から見た他の命数の下ひとケタ(五星)との相性

命数が1・11・21・31・41・51 下ひとケタ1との相性

あなたが正しいと思うことがぶつかる相手。友達や知り合いくらいの距離がちょうどいいでしょう。深入りすると、対等でいたい相手から生意気に見られてしまうでしょう。

命数が2・12・22・32・42・52 下ひとケタ2との相性

この相手は自分が惚れていたいタイプ。あなたの正義感や正しさを相手は嫌がるだけ。あなたの面倒見のよさも裏目に出てしまいそう。ある程度の距離感を持って接するくらいがよいでしょう。

命数が3・13・23・33・43・53 下ひとケタ3との相性

遊びのノリは合いますが、あなたの仕切りに合わせてくれたり、甘やかしてくれたりする人ではないでしょう。価値観や生き方に大きく差があるので、遊びと割り切ればよい相性です。

命数が4・14・24・34・44・54 下ひとケタ4との相性

口では言うのに実行しない相手と、まずは行動するあなたではタイプが大違い。最初はよいですが、口ばかりの相手にイライラしてしまいそう。あなたの正義感も相手には理解してもらえないでしょう。

命数が5・15・25・35・45・55

下ひとケタ5との相性

お互いお調子者なので仲よくなれそうですが、基本的な考え方が違うので相手に飽きられてしまうことがあるでしょう。相手から、一緒にいるとお得な人だと思われると長く続くでしょう。

命数が6・16・26・36・46・56

下ひとケタ6との相性

サポート役として最高の相手。あなたの正義感や正しいと思うことを理解してくれ、甘えたいときにも対応してくれるでしょう。あなたが、相手の言いたいことを聞く時間を作ると長く続きます。

命数が7・17・27・37・47・57

下ひとケタ7との相性

似たもの同士で理解のできる相手ですが、仕切りたがるときと甘えたいときのタイミングが重なってしまうことがあるので、どちらかが気づいて合わせるとよい関係が続くでしょう。

命数が8・18・28・38・48・58

下ひとケタ8との相性

似た考え方をしますが、相手のほうが見栄っ張りで細かなチェックが厳しいので困惑することがあるでしょう。あなたが上手に引っ張っていけるとよい関係が続くでしょう。

命数が9・19・29・39・49・59

下ひとケタ9との相性

考え方や発想は理解できなくてもよい関係が保てる相手。束縛や支配が嫌いな相手なのでほどよく距離を置くとよい関係が続くでしょう。相手の屁理屈に負けないことも大事。

命数が10・20・30・40・50・60

下ひとケタ0との相性

互いに認め合えるとよい関係が続けられる相手。相手の頭脳や知識を尊敬できて、相手からもあなたのパワフルなところや行動力を認められると、協力相手としてもよい相性に。

命数の下ひとケタが

8

命数が

8, 18, 28, 38, 48, 58

の人

↓

権力・支配欲の陰タイプ

上に立ちたい欲を持つ、守りの強い人です

48

基本性格

礼儀正しく、**上品**で**ルール**や**マナー**をしっかり**守る**タイプ。何事も**几帳面**ですが、**臆病**で**緊張**することが多く、思い切った行動がなかなかできないところや**見栄っ張り**なところがあり、周囲に弱さや困っている自分を見せられない**恥ずかしがり屋**な人でもあるでしょう。恥ずかしがらずに困ったときはお互いさまだと思って、素直に助けを求めたり、甘えたりすることも忘れないようにしましょう。

規則を守るのはよいのですが、**自分にも他人にも厳しく**なり過ぎてしまうため、かえって**融通が利かない**生活になってしまう面も。もう少し気楽に考えてもいいでしょう。

繊細ですが、じつは**おっちょこちょい**で**ドジ**なところがあります。そういった部分を隠そうとするよりも素直に出すことで、周囲からより好かれるようになっていきます。

また、**メンタル面が弱く**なってしまうことがあるので、周囲に信頼のおける人をつくっておくことや、話を聞いてくれる親友がいる必要もある人です。ただ、ときには**人から離れてのんびり**する時間もつくりましょう。

恋愛＆結婚運

清潔感ある上品な人を好みます。異性への細かいチェックが多く、お礼や挨拶がしっかりできているか、家庭環境や学歴、会社がどこなのかを気にする人が多いため、理想が高いと思われがちです。タバコを吸う人を避けたり、荒っぽい言葉を使う人を嫌ったりするケースもあるでしょう。臆病なところがあるため、結婚に至るまでに相手の見極めに時間がかかったりしますが、結婚生活では規則正しく、自分が納得する範囲内での清潔感を保とうとします。家族が自分の聖域を汚すと怒ることがありますが、そもそも争いが嫌いなので、1人で凹んでしまうでしょう。

仕事＆金運

最後まで丁寧に仕事をするタイプ。几帳面で上司や先輩のサポート役に最適。規則やルールを守り過ぎてしまうので、臨機応変な対応が求められる仕事ではマニュアルがあったほうがいいでしょう。ホテル、病院、管理、公務員、ハイブランドの店、CAなど、少し敷居が高いと思われる場所で働くと能力を生かすことができますが、競うことや数字を求められてばかりの仕事は心が疲れてしまいます。また、品のあるものを自然と選ぶため、ブランド品を購入して生活が苦しくなってしまうなど、見栄での出費が多くなりがち。飲み会ではキッチリ割り勘するのが好きで、無駄な出費にはシビアでしょう。

命数の下ひとケタ 8

命数が 8,18,28,38,48,58 の人

から見た他の命数の下ひとケタ（五星）との相性

命数が1・11・21・31・41・51 下ひとケタ1との相性

互いに相手を傷つけ合ってしまう相性。あなたは相手の我の強さや引けないところが嫌になってしまい、相手はあなたの細かなチェックや見栄が嫌になってしまうでしょう。

命数が2・12・22・32・42・52 下ひとケタ2との相性

この相手は自分が惚れていたいタイプ。最終的には、互いに傷つくことになり、あなたの気持ちがボロボロになるだけなので気をつけましょう。相手の気持ちも理解できないことが多いでしょう。

命数が3・13・23・33・43・53 下ひとケタ3との相性

明るく楽しい相手だという印象を抱いても、深入りすると、相手のわがままや愚痴や不満の多さにガッカリしてしまいそう。距離を置いて知り合い程度にしておくほうがいいでしょう。

命数が4・14・24・34・44・54 下ひとケタ4との相性

相手の毒舌やおしゃべりに疲れてしまうでしょう。鋭い感性や芸術系の才能を認めることができても、口の悪さが下品に見えてしまいそう。あなたのメンタルを崩されてしまうこともありそうです。

命数が5・15・25・35・45・55 下ひとケタ5との相性

相手の情報量やフットワークの軽さがあなたに合う相手。相手を楽しませることを忘れると飽きられてしまうので、知識や情報を入手し、一緒にいてお得な感じを見せることが大事。

命数が6・16・26・36・46・56 下ひとケタ6との相性

誠実な2人なのでよい相性ですが、互いに臆病で慎重なタイプなので、進展に時間がかかってしまいそう。また、大きな盛り上がりや刺激には欠けてしまうところがあるでしょう。

命数が7・17・27・37・47・57 下ひとケタ7との相性

パワフルで面倒見のいい相手とは、生き方が違うようで考え方が近いタイプ。あなたのほうが見栄っ張りで細かいチェックが厳しいでしょう。相手の雑なところを突っ込み過ぎないで。

命数が8・18・28・38・48・58 下ひとケタ8との相性

似たもの同士で理解し合える相手。礼儀正しく上品で衛生的な部分は合いますが、互いの細かなチェックポイントが違うので、そこが理解できるとよい関係が長く続くでしょう。

命数が9・19・29・39・49・59 下ひとケタ9との相性

あなたには理解ができないような生き方や発想力を持った相手。相手のできないことをサポートしてあげるとよい関係を作れるでしょう。品やマナー、ルールを教えてあげて。

命数が10・20・30・40・50・60 下ひとケタ0との相性

知識や教養があり、1つのことを極める相手を尊敬でき、あなたの品や丁寧な生き方を相手も認めて理解してくれるでしょう。相手の言葉が冷たく聞こえてもうまく流すといいでしょう。

命数の下ひとケタが

9

命数が

9, 19, 29, 39, 49, 59 の人

↓

創作欲の陽タイプ

才能を発揮したい欲を持つ、攻めの強い人です

基本性格

探求心と**追求心**があり、好きなことを極める人です。一方で、**熱しやすくて冷めやすく**、いろいろなことに手を出すものの、本気で打ち込めることを見つけられるまでは**フラフラする**でしょう。**屁理屈**や言い訳が多く、理由がないとやらず、**あまのじゃく**な性格のため**素直になれずに損**したり、偉そうな**上から目線**の言葉で損したりすることもあるでしょう。

人とは違う生き方をし、新しい**アイデア**や**発想力**で時代をつくり、革命を起こす力もありますが、**常識にとらわれない生き方**をするため、**人間関係**で**苦労**することも。挨拶やお礼、品のある言葉遣いをしっかりすると上手に生きられるでしょう。

また、**芸術系**の才や**色彩の才能**、**嗅覚**や**聴覚**にも優れているため、何かの専門分野で大活躍することも。問題は**心が小学生**くらいからほぼ成長していないため、途中で投げ出してしまうなど**忍耐力に欠ける**面や、**幼稚な考え方**で止まってしまうケースがあるところ。また、**食事のバランスが悪く**、同じ物ばかりを平気で食べてしまうことも。体調を崩さないよう気をつけつつ、もう少し大人になることを目指す必要があるでしょう。

恋愛＆結婚運

異性を見る目がないタイプ。才能ある個性的な人を好みますが、周囲から「どこがいいの？」と言われるような人に惚れてしまう場合が多いでしょう。「このタイプはダメだ」とわかっていても、ついついハマりがちに。束縛が嫌いでベッタリされると逃げたくなったり、変化のない相手だとわかると簡単に飽きてしまったりと自由な恋を好みますが、それが相手に冷たいと思われてしまい、結果的に別れにつながる場合も。結婚願望が強くはなく、理由がないと結婚しない人。子どもを産み、育てるなんて自分にはできない、と勝手に思い込んでいるところがあるようです。

59

仕事＆金運

芸術や美術、企画やアイデアを出す仕事、専門職や職人的な仕事など、周囲の人が簡単にはできないことを仕事にすると成功するタイプです。一般的な仕事では満足できず、その場合は「仕事は生活のため」と割り切って、そのぶん趣味に情熱を燃やす人もいるでしょう。職場での人間関係をつくるのが下手で、浮いた存在になりがちですが、才能を生かせる仕事に就くと天才と言われる場合もありそうです。ただし、飽きっぽく、1つの仕事が続かないケースも。お金は深く考えずに自由に使ってしまうため、欲しいと思ったものはすぐに手に入れて、行きたいと思ったらすぐに旅立ってしまうような人でしょう。

命数の下ひとケタ 9

命数が 9,19,29,39,49,59 の人 から見た他の命数の下ひとケタ（五星）との相性

命数が1・11・21・31・41・51 下ひとケタ1との相性

互いに生意気なところがあるので、よい刺激を求め合える相性。あなたの理屈っぽさや屁理屈にへこたれない相手を、あなたが気に入ることもあるでしょう。友達としても楽しめそうです。

命数が2・12・22・32・42・52 下ひとケタ2との相性

この相手は自分が惚れていたいタイプ。あなたの才能をおもしろがってくれますが、微妙な距離感があるままになりそう。考え方や生き方がまったく違うと思っておくといいでしょう。

命数が3・13・23・33・43・53 下ひとケタ3との相性

楽しむポイントやおもしろいと感じるところが違う相手。相手の詰めの甘さや適当な感じを楽しめる間はいいのですが、あなたが相手を小馬鹿にするようになると一気に冷めて飽きてしまいそう。

命数が4・14・24・34・44・54 下ひとケタ4との相性

理屈ではなく直感力に長けている相手を、あなたが理解できると楽しめそうです。互いの感性を楽しんでいるうちはいいのですが、相手の短気が出ると気まずい空気が流れてしまいそう。

ONESP

命数が5・15・25・35・45・55

下ひとケタ5との相性

あなたの知識や情報とこの相手の持っている情報では違いが大きいでしょう。あなたの伝え方や言い方が相手には冷たく聞こえてしまいそう。距離のある付き合いが必要でしょう。

命数が6・16・26・36・46・56

下ひとケタ6との相性

真面目で誠実な生き方ができる相手をつまらなく感じてしまいそう。また、華やかさや表現力のない相手を魅力に欠けると感じてしまうでしょう。相手の現実的なところも噛み合わないでしょう。

命数が7・17・27・37・47・57

下ひとケタ7との相性

相手の面倒見のよさが面倒に感じると言いながらも、行動力がある相手は頼りになり、最終的には甘えてしまうでしょう。あなたが素直になれればよい関係は長く続くでしょう。

命数が8・18・28・38・48・58

下ひとケタ8との相性

相性はいいですが、あなたの言葉が冷たく伝わり過ぎて関係が進まなくなってしまいそう。上品な言葉を使い、優しい伝え方に換える努力をすると、よい関係は長く続くでしょう。

命数が9・19・29・39・49・59

下ひとケタ9との相性

似たもの同士で理解はできますが、互いにあまのじゃくなので恋の進展は難しいでしょう。素直になれず縁がつながらないこともありそう。飽きずに尊敬できる相手でないと長続きしないでしょう。

命数が10・20・30・40・50・60

下ひとケタ0との相性

互いに理屈や理論が好きなので、語ることで楽しい時間が過ごせそう。あなたの子どもっぽさを理解できる相手なので、上手にコントロールしてもらえそう。束縛が嫌いな者同士なので距離感は大事です。

命数の下ひとケタが

0

命数が

10,20,30,40,50,60 の人

↓

創作欲の陰タイプ

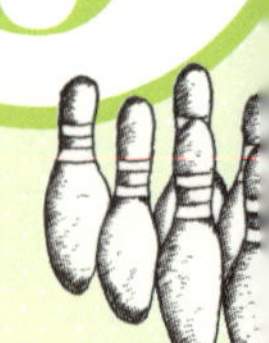

才能を発揮したい欲を持つ、守りの強い人です

基本性格

理論、**理屈**が好きな**完璧主義者**で、自分にも他人にも**厳しく**なってしまう人。**古風な考え**や**伝統**や**文化**が好きで、**芸術**や**美術**に関心が強く、その才能も持っているタイプです。尊敬できる先生や師匠を見つけられると、その能力を開花させますが、**頭がいい**ぶん、**他人を小馬鹿**にしたり、**見下したり**してしまうことも。そもそも**人間関係が苦手**で滅多に**心を開かない**ので、人との距離を空けてしまうでしょう。

自分で思っている以上に**威圧感**があり、周囲に**怖い**と思われていることが多いので、笑顔や愛嬌を身につけ、優しい言葉を選んでください。学んだことを周囲に教えてあげると感謝されるので、伝えるおもしろさを知ると、人生が一気に楽しくなるでしょう。また、**学者のような人**なので、好きなことをとことん突き詰めて、その道の**プロ**や**匠**になるのもいいでしょう。

プライドが非常に高く、小馬鹿にされると**怒りが表に出過ぎたり**、他人を叱るときに追い詰め過ぎたりします。どんな人にもよいところがあると信じて、相手のよい部分を見つけてほめるようにすると、人生が開けるでしょう。

恋愛&結婚運

頭がよく、尊敬できる人を好むタイプ。自分よりも知識や学歴があり、手に職があったり、他の人にない才能を持っていたりすると、そこへの興味から徐々にその人を好きになっていくでしょう。自然と年上の人を好きになるので、先輩や先生、上司などに恋することも多いですが、そもそもは他人に興味が薄いので、本気で恋することは少ないでしょう。年齢と共に選び過ぎるようになってしまい、結婚が遅れがちになるので気をつけて。結婚後は、厳しさも持ちながら、家庭をしっかり守ります。男だから女だからという古い考えを通そうとし、しきたりや礼儀などもしっかり守るタイプです。

仕事&金運

任された仕事を完璧にこなそうと目指す職人タイプ。芸術、美術、研究、専門知識が必要な仕事や、医者、弁護士など権威がある仕事に就く人が多いでしょう。どんな仕事でも探求することで先輩や上司を出し抜くほどの才能を発揮しますが、若い頃は生意気だと思われてしまい、職場での人間関係で苦労しそう。ときには相手をおだて、ほめる言葉を上手に使ってみるといいでしょう。お金は、極端にケチになりやすいところがあります。しかし一方で、価値があると思うと湯水のように使ってしまうこともある極端なタイプ。頭がいいので、早い段階で投資や資産運用を学んでおくのがおすすめです。

命数の下ひとケタ 0

命数が 10,20,30,40,50,60 の人

から見た他の命数の下ひとケタ（五星）との相性

下ひとケタ1との相性
命数が1・11・21・31・41・51

頑張り方は違いますが、認め合える相手。あなたが頑張れば頑張るほど、相手はそれに負けないように努力することができて、互いに成長できる相性でしょう。

下ひとケタ2との相性
命数が2・12・22・32・42・52

この相手は自分が惚れていたいタイプ。あなたの理屈と相手の合理的な考え方がよく合う相性です。距離感もよい感じに取れますが、あなたに熱中する仕事や趣味があるほうが長く続くでしょう。

下ひとケタ3との相性
命数が3・13・23・33・43・53

相手の陽気で前向きなところは認められますが、あなたが小馬鹿にすると相手は嫌がってしまうので深入りしないほうがよさそう。相手の欲望を隠さない面が、あなたには残念に見えてしまいそう。

下ひとケタ4との相性
命数が4・14・24・34・44・54

「直感的な芸術家」タイプの相手と「理屈重視の芸術家」タイプのあなたとでは基本的には合わないでしょう。違いを理解して尊敬し合えるとよいのですが、互いに口が悪く、関係は悪くなってしまいそう。

下ひとケタ5との相性

命数が5・15・25・35・45・55

相手の調子のよさが軽薄に見えてしまいそう。軽いトークが信用できないため距離があきそうですが、あなたにはない能力を持っている相手のことを認められると、互いに成長できるでしょう。

下ひとケタ6との相性

命数が6・16・26・36・46・56

あなたを恐れて距離をあけるタイプ。相手は真面目で誠実なので安心できますが、魅力的には見えないでしょう。よかれと思ってアドバイスしたのに相手に怖がられてしまうことがありそう。

下ひとケタ7との相性

命数が7・17・27・37・47・57

積極的な相手に合わせてみると楽な関係が続けられるでしょう。あなたは相手の行動力や実行力を尊敬でき、相手もあなたの知識や頭脳や技術力を尊敬してくれるでしょう。

下ひとケタ8との相性

命数が8・18・28・38・48・58

あなたはプライドが高く相手からの出方を待ち、相手は臆病で慎重に進めてくるので、2人の進展には時間がかかるでしょう。冷たい言葉を発すると相手に引かれてしまうので気をつけて。

下ひとケタ9との相性

命数が9・19・29・39・49・59

互いに理屈好きですが、相手の屁理屈や言い訳が多いところに突っ込みながら教育するような立場になりそう。相手の尊敬できる部分を見つけるとよい距離感となり、長い付き合いになるでしょう。

下ひとケタ0との相性

命数が0・10・20・30・40・50・60

似たもの同士で理解ができる相手。互いに尊敬できるとよい関係は続きますが、2人ともプライドが高く、相手の様子をうかがい過ぎて、距離が縮まらないこともあるでしょう。

10章

相手の命数別！

この相手を
運命の人にする方法

最後に相性攻略の奥の手を教えます！

ここでは、「五星三心占い」の命数120タイプ別に
相手に好かれるための戦略を書きました。

注意していただきたいのはこの章で書かれている命数は、
「相手の命数」だという点です。
運命の人にしたい相手の命数を調べ
その数字の欄に書かれていることを読んでください。
その人から好かれる

※女性目線で書かれている表現は、
男性が読む場合、下記のように読み替えてください。

美人 → イケメン
お姉さんのような → パワフルで積極的な
メイクやネイル → 清潔感のある格好
女性らしい → おもしろくて、笑顔が似合う
お嬢様風な女性 → 礼儀正しく誠実な男性
奥さんになるタイプ → 安定した生活を送れる男性
おしとやかな感じ → 些細なことで感情的にならない
かわい子ぶりっこ → 優しいだけの男
人前では一歩引く → 自分よりも相手を中心に考えられる

コミュニケーションの取り方がわかります。

ちなみに、「自分の命数」の欄も見てみてください。
そこに書かれていることがあなたが心地よいと感じる
コミュニケーションです。

たとえ相性点数が悪くても、
「相手の命数」に応じた行動に出れば絆が深まって、
運命の人に昇格する可能性も……。
自分の運気がよいときに、ぜひ試してみてください。

相手が金の

羅針盤座

命数 1〜10 の人を 運命の人にする方法

相手の命数を探して読んでください

身近にいる上品な人を好むタイプ。職場や遊び仲間など、既に互いを知っている関係になることが必要。一緒にいて安心できる人だとわかると恋心に火がつきますが、ルールやマナーなどに対して細かいチェックが多く、些細なことを気にするところがあるので、キッチリしておくように心がけたほうがいいでしょう。とくに衛生面はしっかりしておくこと。

自分が惚れた人を落としたいタイプ。まずは相手に惚れられなければ進まないでしょう。気品があり手が届かないような存在でいることが大事です。少しくらい派手でもいいですが、エレガントな感じを出すことが重要。相手は長い話が嫌いなので、結論をハッキリ伝えて無駄のないようにしたり、雑用や片づけを進んでやると好印象になるでしょう。

いつも笑顔でポジティブな考え方のできる明るい女性を好むタイプです。ノリは大事ですが下品なのは嫌いなので、言葉遣いやマナー、ルールなど常識的なところはしっかり守れるようにすることが大事。相手の話をいつも楽しそうに聞き、たくさん笑うと心をつかめるでしょう。明るめの服はよいのですが、派手になり過ぎないように気をつけましょう。

頭の回転の速さと美意識と品格を持ち合わせたスリムな人を好むタイプ。まずはスリムな体型になること。さらに賢く立ち回れる人を好むので、モタモタしないようにすることも大事。相手の話を盛り上げるのはよいですが、下品なリアクションや乱暴な言葉遣いをしないように注意しましょう。サプライズのプレゼントも効果があるタイプです。

段取りや計算が得意でおしゃれで気品のある人を好むタイプ。エレガントな服を選び、髪型も上品な雰囲気にしましょう。勢いに任せるのではなく、計画的に行動している姿を見せる必要があります。仕事もバリバリ頑張って安定した収入があることをアピールするのも大事です。下品な言葉遣いをする人を嫌うので、丁寧で品のある表現を選びましょう。

真面目で上品、常識やルールをしっかり守る人を好むタイプですが、恋には臆病で積極性に欠けるので、押しが必要。清潔感のある服装や黒髪、白い肌の異性に積極的にこられると圧倒的に弱いでしょう。好意を寄せられ、告白されると好きになってしまうことも多いタイプ。ただし、荒々しい言葉や下品な行動を嫌うので、そこだけは気をつけましょう。

いつも元気でパワフルなお姉さんのような人を好むタイプ。仕切りたがり屋な部分があるので相手についていく感じを見せることや、おだてに極端に弱いので相手をベタぼめしたり、相手の喜ぶことをたくさん言うことが大事。根は甘えん坊なので、ときには甘やかすことも必要。雑な言葉遣いや下品な外見にならないようエレガントさを意識しましょう。

上品で常識やルールをしっかり守ることのできる黒髪で透明感のある肌の異性を好むタイプ。服はシンプルで品のある感じにして、派手なメイクやネイルをしないこと。髪を派手に染めている人は苦手でしょう。言葉遣いや所作をチェックするので、丁寧にキッチリするように心がけましょう。恋には臆病なので、好意を伝えることで近寄ってくるでしょう。

独特な才能の持ち主と上品な人を好むタイプ。芸術の才能や専門的な知識を持っている人や、不思議な生き方をしている人に興味を示すので、趣味でもいいのでマニアックなことを極めて、語れるようにしておくといいでしょう。美意識と上品さも大事で、下品な感じになってしまうと相手の興味は薄れてしまうので注意。言葉遣いも品を意識しましょう。

賢くて尊敬できる上品な人を好むタイプ。高学歴や専門的な知識、特殊な資格を持っているなど、尊敬できる部分があり、かつ家庭的な人を選ぶことが多いので、趣味でも仕事でも何かを極めてみることが大事。相手を尊敬し、プライドを傷つけないことも重要。母親のように思われるくらい面倒見をよくすると、一気に距離を縮められるでしょう。

相手がの

羅針盤座

命数 1〜10 の人を運命の人にする方法

相手の命数を探して読んでください

銀 1

相手はいつまでも高校1年生のような人。このタイプを口説き落とすのは「部活のマネージャータイプ」になることが大事。相手の日々の頑張りを応援することと、サポートしながらも気さくに話せるように気遣うと、よい関係に発展するでしょう。相手にサプライズを求めたり、女性の扱いが上手になるように、などと期待しないように。

最初の印象と中身が大きく違うタイプ。外ではバリバリ仕事をしていても、家では何もできないことが多い人なので、そこを上手にサポートしつつ、それを楽しむことが必要です。このタイプはツンデレに非常に弱いため、「突き放しながらも面倒を見て、甘えてきても突き放す」を繰り返しておくと追いかけてくるので、そのタイミングで捕まえましょう。

思った以上にわがままで甘えん坊なタイプ。欲望に素直なため、まずは簡単に近づいてきます。そして、一緒にいると楽しくよく笑ってくれる人を好きになりますが、自分の思い通りにならないと不機嫌が顔に出てしまうでしょう。服装は、明るい色や露出が少し多めでも下品でなければ効果的。打ちとけたらボディタッチを多めにするといいでしょう。

愚痴や不満を聞いてくれる優しくスリムな人が好きなタイプ。スリムな体型になることが第一条件ですが、いろいろな話を最後まで楽しく聞いてくれて、ときには鋭い突っ込みを入れてくれるなど、頭の回転の速さを見せることも大切。根はかなりの甘えん坊なので、面倒を見てあげることや手料理を食べさせてあげるとよい関係になれるでしょう。

段取り上手で何でもやってくれる、おしゃれで都会的な人に弱いタイプ。まずは流行や年齢に見合うファッションにすることと、情報好きなのでいろんな話ができるようにネタを仕入れておくことが大事。相手の面倒を楽しく見るくらいのテンションで、積極的にお世話するつもりでデートの計画もあなたが立てて、相手を誘ってみるといいでしょう。

相手は真面目な雰囲気で優しい人を好みますが、恋愛が苦手で押しに極端に弱いタイプ。相手からの誘いを待っていても進展しないので、あなたから積極的に誘うことが大事。不要な出費が嫌いなので、好きなものを家で作ってご馳走するなど生活力を見せるとよい関係になるでしょう。結婚をいきなり考えることもあるので、そのつもりで踏み込むように。

圧倒的に甘えん坊なタイプ。仕事や外では仕切ることが好きそうに見えますが、好きな人の前では甘えて何もやらないことが多いので、面倒見のいいお姉さんのようになることが大事。厳しくない程度にお尻を叩いて、頑張らせることができるとよい関係になれるでしょう。おだてに弱いので、ベタなほめ言葉をたくさん言うのも効果があるでしょう。

上品で優しく、自分のことを好きでいてくれる女性に弱い人。恋に慎重で、挨拶やお礼や常識を知らない人が嫌いなので、品をよくすることやエレガントな服装や髪型を意識することが大事。進展にかなり時間がかかりますが、信用されるように近くにいるようにして、さりげないフォローをして気の利くところを見せ続けるといいでしょう。

相手の自由な時間を管理したり束縛せずに放っておくことが大事。才能をほめたり個性を認めることも必要ですが、面倒は見てもべったりしない距離感が大切。相手の生き方や考え方をおもしろがってみると喜びますが、プライドを傷つけないように気をつけて。連絡や会う回数も定期的ではなく、ランダムにしたほうがよい感じで進みやすいでしょう。

頭がよく尊敬できて身の回りのことを完璧にやってくれる、自分をもっとも甘やかしてくれる人を好むタイプ。外では大人っぽくしていますが、家や好きな人の前では甘えん坊になるので、そんな相手の面倒を楽しく見ましょう。一方で、尊敬していることや頭のよさをほめることも大事。相手からも尊敬されるとなおいいので、仕事や趣味を極めましょう。

相手が金の

インディアン座

命数 11〜20 の人を 運命の人にする方法

相手の命数を探して読んでください

金 11

恋の相手として見るよりも、まずはこの人の友達になることが一番の近道。仲よくなって一緒にいることが楽だと感じさせられれば距離を縮められるでしょう。仕事に一生懸命ではない人には興味がないので、今の仕事に真面目に取り組み忙しくすることも大事。会ったときには仕事の楽しさを伝えて競い合ってみるのもいいでしょう。

金 12

好意がある様子を出してもいいですが、それよりも離れる感じを見せると追いかけてくるタイプ。大好きな気持ちを伝えると逃げてしまうので要注意な人ですが、一緒にいると刺激的だと感じさせ、楽しいイベントに誘うなど変化のあるデートができると興味を示してくるでしょう。好意がないそぶりのほうが相手は盛り上がって捕まえにくるでしょう。

金 13

面倒なことが大嫌いなタイプ。恋のルールや束縛があると興味が薄れてしまう人なので、ノリや勢いが合う楽しく遊べる仲間になっておくといいでしょう。最初は単なる都合のいい相手に見えやすいのですが、相手の話を楽しく聞いて笑顔を心がけて話の盛り上げ役になれると好意を持たれるでしょう。まずは一緒にいることを楽しむのを優先して。

金 14

相手の話をいつでも楽しく聞けることが大事。同じ話を何度も語りたがるところがあり、愚痴や不満も含めて何でも吐き出してくるタイプ。それを笑顔で楽しく聞いてくれるスリムな人が大好き。恋にべったりではないので距離を感じますが、情は厚いほうです。さみしがると面倒だと思われるので、相手の気分に合わせて会うようにするといいでしょう。

相手は趣味に仕事に忙しく、異性の扱いが上手な人。このタイプを落とすには、おしゃれにして、お金を稼いで、一緒にいることが得だと思わせることが大事。できればこの恋を内緒にしているほうが盛り上がるので、周囲にバレないように会ったり連絡したりするのもおすすめ。お酒の席に何度も誘うと落とせることも多いので頻繁に誘ってみて。

真面目で恋に臆病ですが、妄想恋愛が好きな理想の高い人です。押しに極端に弱いので、積極的に好意をアピールして、ボディタッチをすることが有効。毎週何曜日の何時には連絡をする、または会いに来るなど、マメな人を好きになるでしょう。節約できて金銭感覚がしっかりしている姿を見せることも大事。告白はあなたからしたほうがいいでしょう。

仕事に一生懸命な前向きでパワフルなお姉さん系が好きなタイプ。この相手はほめることと、自由を奪わずに放っておく時間をしっかり作ることが大事です。相手は「一緒にいると甘えられて楽だ」と感じると近寄ってきますが、簡単には落ちないので、少し離れるそぶりを見せるといいでしょう。相手の外見や日々の頑張りをほめ続けるのもいいでしょう。

敷居の高い上品な仕事をしている人に興味を示す、お嬢様風の女性に弱いタイプ。外見を品よくすることや、言葉遣いや言動をつねに丁寧にしておくことが大事。恋に臆病なところがあるため、進展には時間がかかると覚悟して、品のある付き合いを続けましょう。相手の話を笑顔で聞きながら、楽しませてくれたことをしっかりと喜ぶといいでしょう。

想像以上に子どもなタイプ。美意識は高いので服の色合いやファッションには気を遣い、髪もマメに切ってきれいにしておくことが大事。少し手が届かない都会的なキャラを演出すると興味を示してきますが、あまのじゃくなので、素直には近寄ってこないでしょう。マメに連絡をして、相手の才能や個性を認めてほめると、よい関係に進められるでしょう。

自分の世界を邪魔しない尊敬できる人を求めるタイプ。相手にもしっかり仕事を頑張ってもらい、タイミングの合うときだけ会えればいいと考えている人。まずは尊敬を伝えることと、自分なりの分析をして「あなたってこんなタイプ」とほめながら「あなたのことを見てます」という思いを伝えるといいでしょう。家庭的なところをアピールすることも大事。

相手が銀のインディアン座

命数 11～20 の人を運命の人にする方法

相手の命数を探して読んでください

自分では外見よりも性格重視と考えていますが、美意識が高くバリバリ仕事をしている人を好みます。時代を先取りしているようなセンスを見せ、つねに対等に付き合うことが重要。この相手に甘えると突然冷めるので、自分のことは自分でやるようにし、ネチネチした部分は見せないようにすること。あっさりさっぱりした感じで振る舞うといいでしょう。

相手を飽きさせない刺激的な人にあなたがなることが大事。真面目でおとなしい感じにはまったく興味を示さないので、趣味に変化をもたせるか、華やかな職場ならそこで目立つ存在になる必要があります。あなたから好意を寄せると逃げられるので、いろんな人から誘われている空気を出すと相手が盛り上がってきます。簡単に好意を見せないように。

明るくかわいく笑顔が絶えないセンスのいい人を好むタイプ。理想がかなり高いですが、欲望に流されやすいので、つけ入る隙の多い人。マメな連絡とソフトタッチを繰り返すなど、わかりやすい攻めに弱いでしょう。ただし、ダサい感じや美意識のない人には興味がないので、「女性らしさ」を磨き、笑顔を心がけ明るい色の服を着るといいでしょう。

スリムな美形が好きな人。最初の印象でひと目惚れされていないと、その時点でかなり難しくなるタイプです。まずはスリムな体型になることと、仕事をバリバリこなして出世するか、頭のよさを見せるといいでしょう。忙しい合間を縫って会いに来てくれたと思ってもらえたり、短い時間でも会えたりできると、相手は盛り上がるでしょう。

周囲がうらやむような美形でおしゃれでセンスのいい都会的な人を好むタイプ。求めてくる外見レベルも高いですが、高収入で安定した仕事をしているなど、「一緒にいて得がある」と思わせることが大事。ダサい服やセンスの悪い物を身につけているだけで興味をなくされるので要注意。最後はマメさに弱いので共通のお店などで何度も会うのがおすすめ。

外見に極端な美形やかわいさを求めることはなく、内面の優しさや真面目で誠実な人を好むタイプ。押しに弱く、マメに何度も会ってくれる人や好意を伝えてくれる人のことを好きになるでしょう。ただし、ダサい人やセンスを感じられない人は避けてしまうことも。派手過ぎる人や荒々しい感じがする人も苦手なので、荒い言動にも注意しましょう。

顔立ちのハッキリした仕事をバリバリする美形が好きなタイプ。ほめられることに極端に弱いので、相手のよいところを嘘でもいいのでたくさんほめましょう。べったりの関係が嫌いなので、甘え過ぎずほどよい距離感を保つことが必要。相手のペースに合わせながらも何度も会えるような環境づくりをして、突然盛り上がったときには勢いで攻めましょう。

相手に品格とセンスを求めたいタイプ。雑な言葉遣いや態度の悪さが目立つ人には興味を示さないので、まずは礼儀正しく、これ以上キッチリできないと思えるくらいに何ごとも丁寧に。そしてきちんとした生活をして、清潔感を保つこと。派手なメイクや髪型はマイナスになるので黒髪で白い肌、メイクはナチュラルな感じにしておきましょう。

極端に美人ではなくていいのですが、美意識を高く持ち、変わった趣味や不思議な個性を持っている人に興味を示すタイプ。仕事に一生懸命なので放っておかれても問題のない人。相手の才能や個性を認めて楽しんであげ、趣味や仕事も尊敬できるといいのですが、束縛が嫌いなので、べったりしない程度の距離感を保ちながらマメに会うことが重要です。

頭がよく、互いに尊敬できる関係になることが重要なタイプ。専門的な仕事や特殊な業務に取り組んでいるか、特別な知識が必要な職に就いているといいでしょう。周囲とは違う趣味を持つことも大事。母親のようなタイプに弱いので、面倒見はいいけれどべったりしない距離感を保つ必要があります。相手の頭のよさや才能をほめるといいでしょう。

相手が金の鳳凰座

命数 21〜30 の人を 運命の人にする方法

相手の命数を探して読んでください

仕事に一生懸命なパワフルで元気な人を好むタイプ。かわい子ぶりっこは逆効果になるので、気さくな感じや一緒にいると対等に付き合えるような、異性の友達のように接することから始めるといいでしょう。相手の愚痴や不満をいつでも聞いてあげ、励まして元気づけられるような存在になれると、突然相手の恋心に火がつくでしょう。

おとなしくて真面目そうな外見ではなく、少し派手な感じやセクシーな服装を着こなす人を好むタイプ。そして、そんな派手な人が年配者を大切にするところや、人の前では一歩引くような態度にグッときたりもします。このタイプの相手は、自分が惚れないと動かないので、相手を振り回すくらいの接し方をすることも大事でしょう。

笑顔で楽しく元気な人を好むタイプですが、空気が読めて、みんなにサービス精神で振る舞い、盛り上げ役になれると興味を示してくるでしょう。よく笑ってどんなときでも楽しい感じでいることも大事。好きな気持ちが伝わるくらい、わかりやすくアピールしたり、ボディタッチを繰り返したりすると、簡単に落ちてしまうこともありそうです。

相手の話を最後までじっくり聞いてあげることがもっとも大事。おしゃべりな人ですが、ひと言足りないところがあるので、本当に言いたいことが何かを理解するよう努力すると、「自分のことがそんなに好きなのか」と思ってくれるでしょう。外見はスリムな人を選ぶので体を引き締め、また頭の回転の速い人を好むため、判断力の高さを見せてください。

おしゃれで都会的な外見を好みますが、中身は古風で自分を立ててくれるような、一歩引いた人を選ぶでしょう。お酒好きで夜更かしが好きなことが多いので、遅い時間まで語り続けることや、話を最後まで聞くことが大事。ただし、反論や生意気なことを言われると興味が薄れてしまうでしょう。何度も飲みに誘うと簡単に落ちることがあるでしょう。

真面目でおとなしい感じの人を好みますが、弱々しい感じではダメ。仕事を一生懸命やって趣味もしっかり持っている人に自然と惹かれるでしょう。押しに弱いので、何度も遊びに誘い、好きな気持ちをアピールしておくと距離がどんどん縮まってくるでしょう。金銭感覚もしっかりしていて節約や貯金をしていると、さらに安心して近づいてくるでしょう。

このタイプは非常に「男らしさ」にこだわって生きているので、相手を上手に立てて、一歩引いてサポートする感じを心がけ、上下関係をしっかり守る、年配者やお年寄りを大事にする姿を見せると「いい子だな」と思って近づいてくるでしょう。ベタなほめ言葉に弱いのでどんどんほめて、相手の話は最後まで興味がある風に聞くと簡単に落ちるでしょう。

上品で控えめな人を好みますが、お嬢様風でも仕事を一生懸命頑張り、趣味もしっかり持って日々を充実させている人を選ぶタイプ。相手の前では挨拶やお礼などをきちんとして、マナーやルールも守るようにしましょう。とくに年配者を大事にして両親に感謝していることをアピールするといいでしょう。押しには弱いので、好意を伝えると落ちるでしょう。

理屈や理論を楽しく聞いてくれる人を好み、束縛や支配をしようとせず、自由な感じや、距離が少しあいているくらいの交際を望みます。仕事や趣味に忙しく、しばらく放っておいても平気なくらいの雰囲気を見せておくことが大事。さみしがり屋な面やマメな連絡が欲しい感じを見せないようにしましょう。相手はあまのじゃくなので押し過ぎないで。

相手を尊敬しているとアピールすることが大事。頭の回転の速さや知的さを見せつつ何か専門的な分野に詳しくなり、相手からも尊敬される必要があります。家庭をしっかり守れる母のような一面と、話を最後までしっかり聞き、年配者を大切にする姿を見せると心を開いてくるでしょう。たとえバカにされても相手をバカにするようなことは言わないで。

相手が銀の

鳳凰座

命数 21〜30 の人を運命の人にする方法

相手の命数を探して読んでください

もっとも身近なところで恋をするタイプ。同じ職場や遊び仲間、行きつけのお店が同じなど、何度も自然に顔を合わせられる空間にいることが必要な相手です。遠距離や接点が少ない場合、うまくいく可能性はかなり低いでしょう。同性の友達かと思うくらいの感じで気楽に話しかけて、何でも対等に振る舞うことでよい関係に発展するでしょう。

好意を伝えることはよいですが、告白はしないように。相手は、自分が追いかけている人を落としたいタイプ。外見は派手過ぎないことが大切ですが、周囲に気配りができるところや向上心のある面を見せることが大事。他に好きな人がいるくらいのほうが「奪ってやる！」と燃えてくるので、「気になる人がいる」と話すと引っ掛かってくるでしょう。

あなたのサービス精神をチェックしているタイプ。明るく陽気で笑顔の絶えない人を好きになりますが、派手で目立ち過ぎているよりも、周囲が喜ぶことや気遣いがそっとできる人を選ぶので、他人の笑顔のために行動できるところを見せるとよいでしょう。距離感が近い人にも弱いので、そっと近づいてさりげなくボディタッチするのも効果的。

外見はスリムで、内面は頭の回転の速い人を好みますが、目立ち過ぎる人や派手過ぎる人には興味を示さないでしょう。第一印象がよくて、気が利く古風な感じの人に目がいくので、さりげない優しさを見せることが重要です。相手の支えになれるような雰囲気を出して、「あなたに素直についていく」という姿を見せると、関係が進みやすくなるでしょう。

第一印象が決め手になる相手です。おしゃれで都会的な人だと思われることが大事で、なおかつ段取りがしっかりできるかどうかをチェックしているので、予定通りに行動できるところや、きちんと計算して行動している姿を見せるようにしてください。相手の母親の話を聞いて、「素敵なお母さんね」とさりげなくほめるのも効果的でしょう。

真面目で将来いい奥さんになるタイプを好きになる人。派手な感じやセクシーな人に本気になることは少ないので、黒髪で落ち着きのある服装がいいでしょう。押しに弱く、恋に積極的ではないので、あなたからデートや遊びに誘い出すことが大事。割引券やクーポン券を使って、お金遣いがしっかりしているところを見せるのも忘れないように。

ストレートな表現しか受け取れないタイプ。「俺に黙ってついてこい」的な、やや古い感じの考えを持っていますが、おだてに弱いので、好きなことをアピールして好意をどんどん伝えると簡単に落ちるでしょう。相手の正義を否定すると関係が悪くなるので、素直に受け止めることも大事。本音は甘えん坊なので、２人のときには甘やかしてあげましょう。

目立たずおしとやかな感じの人を好みます。とくに周囲に気配りができるか、几帳面かどうかをしっかりチェックしているので、この相手の前では気を緩めないようにしましょう。挨拶やお礼などを丁寧にし、言葉遣いも上品にするといいでしょう。恋に臆病なので、きっかけはあなたから作らないと時間だけが過ぎてしまいます。強いひと押しが必要です。

自分の世界に閉じこもっているあまのじゃくなタイプ。このタイプは才能のある人や不思議な人を選ぶので、常識の範囲内で、周囲とは違った生き方や外見にするといいでしょう。べったりされるのが嫌いなので、あなたが束縛しないことをアピールしておくのも効果的。告白が苦手なので、なんとなく交際を始めてしまうケースもありそうです。

この相手の母親になるつもりで接することが大事。周囲の面倒をよく見て、世話好きになっておくことも有効です。告白や好意よりも尊敬していることを伝えると心を開いてくれますが、あなたにも相手から尊敬される部分が必要です。学歴や知識や資格など、相手とは違う分野を極めるといいでしょう。相手の母親をほめると一気に距離が縮まることも。

相手がの

時計座

命数 31〜40 の人を 運命の人にする方法

相手の命数を探して読んでください

この相手を手に入れるには「共に頑張っている」ことが大事。一緒に協力できる趣味や仕事があるとよい関係に発展しやすく、何でも相談できる異性の親友のようになることから付き合いが始まるでしょう。相手を頼りにして甘えたり、逆に仕切って命令するような態度は取らないようにしましょう。つねに対等を心がけて気楽に話しかけましょう。

この相手に興味があっても、好意を伝えることや告白はしないように。別の人のことを好きになった感じで恋愛相談をすると、相手はあなたに興味を示してくることがあるでしょう。あなたが離れる感じが伝わると突然相手は盛り上がってくるので、そのタイミングを逃さないようにすることや、一気に相手の部屋に行くと展開は早くなるでしょう。

みんなの前では前向きで明るく、いつも元気で笑顔の絶えない感じに見せること、愚痴や不満や偉そうなことを言わないことが大事。つねにポジティブで、プラス思考で話ができると一気に仲よくなれるでしょう。人肌が恋しいタイプなので、ボディタッチを繰り返しておけば簡単に落とすことができるでしょう。明るい色や露出が多めな服も効果あり。

人生相談や恋愛相談をしながら素直に頼る姿を見せて情に訴えかけると、一気によい関係に進められるでしょう。基本的には差別や区別はしませんが、スリムな人が好きなのが本音。外見に自信がない場合は頭の回転の速さを見せるといいでしょう。「他の人に言えない相談が」と何度も食事や飲みに誘って互いに深く語れれば、自然と落とせるでしょう。

趣味や仕事の情報交換がよいきっかけになるでしょう。そのためにも有益な情報を集めていろいろと相談や話をすることが大事。ファッションセンスに厳しいので、年齢に見合った流行を取り入れて、髪型もマメにカットしてきれいにしておくとよい関係に進みやすくなるでしょう。相手のアドバイスを素直に聞き入れている姿を見せることも大事です。

この相手は臆病で慎重なところがあり進展に時間がかかるため、押しが大事。人生相談や恋愛相談などをきっかけに呼び出すといいでしょう。できれば割り勘にして、お金の管理がしっかりできるのをさりげなくアピールすること。デートの予定もあなたが立てて、会う予定をどんどん決めましょう。地道な努力をしている相手をほめることも忘れずに。

相手の面倒見のいいところに素直に甘えることが大事。相手のアドバイスは素直に聞いて「おかげでうまくいきました」とお礼をきっかけにアピールすると、さらに仲よくなれるでしょう。ベタなほめ言葉に弱いので、「すごい、かっこいい」を連呼するのもおすすめ。2人きりになると本来の甘えん坊が出てくるので、甘やかしてあげるといいでしょう。

このタイプは何事も順序が大切。挨拶やお礼や言葉遣いなどを上品にして、清潔感のある服装やナチュラルメイクにするといいでしょう。几帳面なタイプなのでできるだけキッチリしている感じに見せることも大事。仕事や人生の相談をするときには、愚痴や不満を言うのではなく、明るい未来や将来の夢など前向きな話をするようにしましょう。

個性的な性格や芸術的な才能を持っているなど、一般とは違った感じの人に興味を示すので、周囲とは違ったファッションや、専門的な仕事で変わった知識があるなどの特徴が大事。人との関わりが好きでも束縛が嫌いな人なので、適度な距離を保ちながら海外の話や都市伝説的な不思議な話を繰り返しておくとよい関係に発展しやすいでしょう。

仕事や人生の相談をするのがおすすめ。相手のアドバイスのおかげで成長したことを見せるか、素直に言うことを聞く姿を見せるといいでしょう。反論や言い訳はしないこと。相手の頭のよさや知識をほめて「尊敬している」と伝えておくといいでしょう。相手の夢の話や将来の話を楽しく前向きに聞くようにすると、よい関係になるでしょう。

相手が銀の時計座

命数 31〜40 の人を運命の人にする方法

相手の命数を探して読んでください

銀31

　共に頑張り、共に成長できるかどうかが大事。一緒に夢に向かって努力することや、共通の趣味を持ち、目標を決めて頑張っている姿を見せると仲よくなれるでしょう。興味があるときは連絡がマメにくるので、そのチャンスを逃さないように。また、仕事の悩みや恋愛相談などにアドバイスをしてもらうことで、一気に進展しやすくなるでしょう。

銀32

　一緒にライブや旅行を楽しめることが大事なタイプ。この相手はまだ世に出ていない若手のバンドや役者を応援するなど、夢を追いかけている人にハマることが多く、相手と一緒に趣味を楽しんだり、その姿を応援したりすることも大切。苦労を共に楽しく乗り越えられる感じを出すといいので、多少の節約デートや遊びも楽しむようにするといいでしょう。

銀33

　楽しい時間を一緒に過ごせる相手を好きになるタイプ。同じところで笑い、相手の話をおもしろがることが大事。つねに明るく元気で笑顔を絶やさないようにすることと、いつも一緒にいることを心がけ、プレゼントでお揃いの物を渡しておくのもいいでしょう。悩み相談もいいのですが、明るく前向きな話をたくさんできると、よい関係になれるでしょう。

銀34

　情に厚く面倒見もよいタイプなので、人生相談や語り合うことが大事。ネガティブな人、マイナス思考な人、太った人には興味を示さないので気をつけましょう。お金遣いの荒さや、偉そうな態度や言動にも気をつけましょう。相手の話を素直に聞いて、前向きに行動して、結果を出せるようになったことに感謝できると、よい関係に発展するでしょう。

おしゃれな人を好むタイプですが、ブランド品や高級な物で身を固めるのではなく、安い服をおしゃれに着こなす人を好きになるでしょう。情報量が多いタイプなので、相談を含めていろいろ教えてもらう姿勢で話を聞くことが大事。平等な心と世界平和を願うことができるとよい関係に一気に進むので、偉そうな口調や上から目線の言葉は慎みましょう。

優しくて真心を理解している人を好むので、差別や区別をせずに、どんな人にも親切にするように心がけましょう。派手な感じは相手が不安になるだけなので、少しくらいのおしゃれならいいのですが、真面目な感じが伝わる服装や見た目がよいでしょう。あなたのほうから誘い、マメに会い、何度も押してみると関係が進展するでしょう。

面倒見のよい相手に素直に甘え、上手にサポートすること。ただし、おとなしくついていくのではなく、自分でも活動できて前向きでパワフルな姿を見せておくことも必要。相手をベタぼめすることも大事なので、どんどんほめてどんどんおだてて、好きなことをアピールして押し切ってみるといいでしょう。2人のときは相手が甘えてくるのも認めましょう。

精神的に互いを支え合う存在になる必要があるタイプ。相手の心はつねに不安定なので、まずはあなたのことを安心できる人と思わせるためにも、挨拶やお礼などはきちんとして、否定的なことやマイナスな言葉を簡単に口に出さないようにしましょう。「人類皆兄弟」と思えるくらいの優しさや品格を見せ、あなたからひと押しするといいでしょう。

不思議な才能に惹かれるタイプなため、一般的なファッションではなく個性をしっかり表した感じやマニアックな趣味や専門知識があることが大事。頭がよくても上から目線の言葉や知識のひけらかしはダメ。謙虚な感じでどんな人とでも仲よくなれるフレンドリーな人柄でいることが大切。相手を束縛せずに互いの世界観を大切にするといいでしょう。

一緒にいると安らげる母のような人に弱いタイプ。家庭のことがしっかりできて、厳しいことも言うけれど愛のある感じが大切。相手のお尻をたたきながらも応援することも大事です。ただし、偉そうな言葉や他人を小馬鹿にするような話は嫌いなので、余計なことを言わないで、相手の知性や才能をほめるようにすると、よい関係に進むでしょう。

相手が金の

カメレオン座

命数 41～50 の人を 運命の人にする方法

相手の命数を探して読んでください

金41

恋の駆け引きは苦手なタイプ。共通の趣味を持ち、対等に話せるように仲よくなることが大事。身近なところで恋をする人なので、同じ職場や学校など、つねに近くにいる必要があります。行きつけのお店が一緒で何度も顔を合わせるうちに仲よくなり、それがきっかけで付き合う場合もあるでしょう。スポーツの趣味が合うと進展は自然と早くなりそう。

金42

偶然の出会いを演出することが大事。たまたま同じお店で飲んでいる、出勤時間にばったり会うなどがよいきっかけになるので、相手の行動を少しリサーチしておくといいかも。簡単に手に入るような人には興味が湧かないので、他に好きな人がいるふりや、興味のないそぶりもいいでしょう。外見は少し派手な感じを好むのでセクシーな服装がおすすめ。

金43

手料理に心をつかまれるタイプなので、料理の腕をしっかり上げておくことが大事。多少まずくてもいいか……などと思っているとこの相手とはうまくいかなくなってしまうので、プロに負けないくらいの腕前が欲しいところ。明るく元気で笑顔が魅力的でよく笑う人を好むので、相手の話は何でも楽しく聞くようにすると、よい関係になれるでしょう。

金44

スリムな美形を好み、第一印象で決めてしまうことが多いので、まずはスリムになること。また、頭の回転や機転の利くところを好きになるので、この相手の前では判断をなるべく速くすること。おしゃべりが好きなので聞き役ばかりにならず、相手の話を上手に盛り上げ、相槌をしっかり打つことも大事。話の腰を折るようなことをしないように気をつけて。

この相手は情報に敏感で、同じような感じで話せるおしゃれで都会的な人に弱いタイプ。年齢に見合うおしゃれを心がけることや、大人な雰囲気を出すことも大事。一緒にいることで得だと思わせる必要もあるので、収入面がしっかりしているところ、家庭的なところもアピールしておくといいでしょう。相手の古風な考えに合わせることも忘れないように。

時間をかけてくるタイプなので、あなたからの押しが必要な相手。デートや遊びに誘うときは強気になることが大事。派手な感じが苦手なので、黒髪で白い肌、ナチュラルメイクを好みます。節約の観念があってお金にしっかりしている人だと安心するので、高級店でのデートは避け、庶民的でおいしいお店で割り勘にするとよい関係に進められるでしょう。

上下関係をしっかり心得ているところを見せて、年上の人にはきちんと敬語を使うなど、やや体育会系の雰囲気を出しながら、相手をよくほめることが大事。ベタに「かっこいい」などの言葉に弱いので、わかりやすくほめるといいでしょう。甘えると面倒を見てくれますが、相手も突然甘えてくるので、そのときはテキパキ仕切るとうまく関係が進むでしょう。

相手は、チェックが厳しいタイプ。挨拶やお礼などをしっかりして、上品な言葉遣いを意識すること。古風な考えを持っているので、料理や掃除、洗濯などもきちんとしている話をアピールすると、「家庭的でいいな」と思われていい感じになれます。臆病なところがあるので好意をハッキリ伝え「告白しても大丈夫」という空気を出しましょう。

家庭的で古風なタイプを好みながらも、普通の人とは違った才能や美的センスを持った人に惹かれるタイプ。異性の前ではあまのじゃくですが、根は子どもなので上手に甘やかすことが大事。適度な距離感を保ちながら、相手の才能や知識をほめること。べったりすると逃げられるので、振り回すくらいの気持ちで押し引きを繰り返すといいでしょう。

頭がよく家庭的な人を好むタイプ。学歴や資格、特別な仕事を極めているなど、相手から尊敬されないと心を開いてくれないことが多いでしょう。相手の頭のよさもしっかりほめることが大事ですが、本を読んで知識を増やしておかないと、あっという間に飽きられてしまいそう。料理が上手で、家庭を任せてもいいと思われると関係が一気に進むでしょう。

相手が銀のカメレオン座

命数 41～50 の人を運命の人にする方法

相手の命数を探して読んでください

一緒にいて「楽だな～」と感じさせられるよう、こっそりサポートすることが大事。甘え過ぎず、引っ張り過ぎず、ときにはぶつかることがあっても、最後はあっさりした感じにするのがいいでしょう。ファッションセンスなどのチェックも厳しいので、流行や年齢に見合うスタイルにすること。センスのなさが伝わると興味が薄れてしまうでしょう。

このタイプを振り向かせるのは難しく、仕事が充実していて収入も多く、簡単に手が届かないような存在になっておく必要があります。大人の色気があって刺激的で危険な感じのする人に興味を示すので、簡単にいい感じにならないようにすることも大事でしょう。独占しようと考えるより、この相手をもてあそぶくらいの気持ちがちょうどいいでしょう。

明るく陽気でサービス上手な人を選ぶタイプ。話を楽しく聞いてくれ、いつもニコニコしていてサービス精神も豊富でよく笑う人を選ぶでしょう。ノリのよさは大事ですが、バカな感じを出し過ぎると扱いが悪くなるので、知的な感じや賢さを忘れないように。少し露出の多い服やスタイルがわかりやすい明るい色の服を着るのもおすすめです。

知的で頭の回転が速く、美的センスやトークセンスがある人を好むタイプ。外見もスリムな人を好むことが多く、スタイルをよくしてから近づくよう心がけて。おしゃべりな人なので、相手の話を盛り上げて、ときにはハッキリと突っ込むなど、会話を楽しむことができるといいでしょう。こだわりのアクセサリーや腕時計をつけていると好印象に。

一緒にいることで得にならない相手には見向きもしないタイプ。外見はおしゃれで旬の芸能人に似ているような華やかさが必要です。自分のことを大好きになってくれる、美的センスやプレゼントセンスのある人に弱いでしょう。ダサい感じやセンスの悪いところを見ると突然冷めてしまうことがあるので要注意。この相手を落とすにはお金もかかりそうです。

美形な人や美的センスのいい人を好みながらも、「自分とは不釣り合いだな」と思っているタイプ。誕生日やバレンタインなど、記念日にセンスのいいプレゼントを渡すとよいきっかけになるでしょう。優柔不断で甘えん坊なので、押し切る度胸や引っ張っていく覚悟は大事。相手の地道な努力を認めてほめてあげると、自然とよい関係になれるでしょう。

おしゃれで都会的なお姉さん系にほめられるとコロッと落ちてしまうタイプ。仕切りたがり屋なモードのときは相手を上手にサポートする役になり、2人きりのときはあなたが思いっきり甘やかしてあげるとよいでしょう。「あなたにはこれが似合う」とセンスのいいプレゼントを渡されると弱いので、好きな気持ちをわかりやすくアピールしてみて。

清潔感のある服装と清楚で上品な空気をまとい、挨拶やお礼、マナーなどをきちんとすることが大事。お嬢様の雰囲気を出すと興味を示してくるでしょう。高級店やおいしいお店の情報を入手しておくと会話が盛り上がり、よい流れに持ち込めそう。このタイプは、臆病で優柔不断なので告白までに時間がかかりますが、しびれを切らさず慎重に待つのが大切。

独自の美的センスや個性的なファッションなど他の人とは違う雰囲気や、マニアックでもいいので専門的な知識を持つことが必要な相手。相手の世界観を認めながら、束縛や支配をしないで自由な感じにすることが大事。気持ちをつかもうとしないで、互いの気分やノリの合うときだけ会うようにすると、よい関係が続くでしょう。

頭がよく尊敬できて、家庭的で母親のような存在を求めるタイプ。相手の個性や才能をほめて尊敬することでよい関係になれますが、あなたに知識や知性がないと小馬鹿にされるだけになってしまうので、専門知識や資格、極めた趣味を持つことが必要です。束縛をせずに距離感の保てる交際をアピールしたほうがよい関係が続くでしょう。

相手が金のイルカ座

命数51～60の人を運命の人にする方法

相手の命数を探して読んでください

金 51

このタイプとは定期的に会えるようにすることが大事。同じ学校や職場ならチャンスがありますが、あなたが相手に引っ張ってほしいと思うと関係を作ることは難しくなるでしょう。仕事も勉強も一生懸命に頑張っていて対等に付き合える、少し生意気なくらいの異性を選ぶことが多いので、挨拶やお礼以外はフレンドリーに話してみるとよいでしょう。

金 52

このタイプは相手に惚れさせないといけないので、好きになってしまったことを悟られないようにします。好意を伝えてしまった場合は、突然引いてみたり無視してみたりして相手を困惑させると、逆に相手から近寄ってくるでしょう。交際できても「好き」と絶対に言わないことがよい関係を続ける秘訣です。尽くすことも避けるようにしましょう。

金 53

明るい色の服を着て、髪型も華やかにするといい相手。暗い感じや真面目な雰囲気には惹かれないので、ノリのよさを出してテンションは少し高めにすること。笑顔に弱いので、相手の前ではなるべく笑って、相手のことを「おもしろい！」と言うといいでしょう。不機嫌なときは空腹の場合が多いので、お菓子をプレゼントするとよいきっかけになります。

金 54

第一印象でほぼ決めてしまうタイプですが、スリムで頭の回転の速い人を好むので、外見に自信がない場合は、情報処理の速さや判断力のあるところを見せておくといいでしょう。ほめ言葉に非常に弱いので、相手のよい部分をほめまくることが大事。また、生活力のない人は好まないので、仕事や勉強に一生懸命になっておくといいでしょう。

年齢に見合った今風のおしゃれをすることが大切。ダサい人は好きにならないのでファッションや髪型は最新でいるようにすることと、「お金を稼がない人に興味がない」ところもあるので収入が安定していることも重要です。依存されるのが嫌なので、自分の趣味や仕事に燃えていることが大事。お酒の席が好きなので定期的に誘うといいでしょう。

真面目で気が弱いところがあるので、このタイプは押し切ることが必要です。また、相手の地道に頑張っている部分をしっかりほめることも大事。適当なほめ言葉は信用を失うどころか警戒されてしまうので気をつけましょう。お金の節約をしているところをアピールするのもよい関係になれるコツ。結婚や将来の話も真剣にしておくといいでしょう。

仕切りたがり屋で面倒見がよさそうですが、じつはかなりの甘えん坊。仕切りたいモードのときは相手にお任せでいいのですが、急に甘えてくるときはぐいぐい引っ張ってあげるとよいでしょう。嘘だと思うくらいのほめ言葉とおだてに極端に弱いので、外見や内面も含め、どんなところでもほめまくるとあっという間によい関係に進めるでしょう。

このタイプは、相手に対する細かなチェックが多いため、まずは挨拶やお礼、清潔感や品格をしっかりと身につけること。雑な部分を見せてしまうと関係を進めることが難しくなります。言葉遣いも丁寧にすることを忘れないようにしましょう。２人の関係を進展させるには順序が大切なので、相手の状況を確認しながらゆっくり進めるとよいでしょう。

不思議な才能の持ち主を好む人なので、何でもいいので１つのことに詳しくなるか、マニアックな趣味を持つことが大事。「才能」という言葉に弱いので、相手のすぐれた能力を見つけて、その才能やセンスをほめるといいでしょう。また、相手のあまのじゃくな性格を逆手に取って「本当は好きなんでしょ？（笑）」とあしらってみるのもいいでしょう。

まずは相手から尊敬されることが大事なので、仕事や勉強を極める努力が必要。そして、何よりも相手のことを尊敬していると伝え、頭のよさやアイデアの豊富さにつねに感動するくらいがいいでしょう。プライドが高いのでなかなか向こうからは告白しませんが、イライラしないこと。感情的になるのはマイナスなだけ。ゆっくり関係を作りましょう。

相手が銀の

イルカ座

命数51〜60の人を運命の人にする方法

相手の命数を探して読んでください

会話のノリが合う人を選ぶタイプ。共通の趣味や環境が似ているところがポイントになるので、相手のよき理解者になることが大事。上から目線の言葉が嫌いなので、対等に話すようにすることと、相手にとって都合のいい相手だと思わせるくらいの関係のほうがよいでしょう。告白は仲よくなったと確信できたときに、あなたからするのがいいでしょう。

ノリはいいけれど簡単には落ちない相手を追いかけるタイプ。まずは惚れてもらわないと何も始まらないので、華やかな服装や髪型、セクシーな感じをアピールすることが大事。仲よくはするけれど少し突き放した感じにされると火がつくので、べったりした態度や好意を自分から伝えるようなことはしないように。相手を振り回すくらいがいいでしょう。

一緒にいるとノリの合う明るく陽気な人を好むタイプ。サービス精神も豊富なので、いろいろな話を楽しそうに聞きながらよく笑うことが大事。ピンクやオレンジなどの明るめの服を着て、髪型も明るい感じにするといいでしょう。露出の多い服にも弱いので、恥ずかしがらずに自分の魅力や女性らしさを見せると、すぐにいい関係になれるでしょう。

相手のおしゃべりを聞くだけではなく、上手にのせて話しやすい雰囲気にして、よいリアクションをすると相手の心をつかむことができるでしょう。ときには会話に突っ込んでみるなど、頭の回転の速さをアピールできるとよい関係になれます。ただし、デブが嫌いな人なので、まずはスリムな体型になっておくことを忘れないように。

あなたと一緒にいることがお得だと感じると、一気に振り向いてくるタイプ。時代と年齢に見合うおしゃれができて、華やかで、収入が安定していることが大切。さらにノリがよく、一緒にお酒を楽しめる人を好みますが、どこかあなたが一枚上手に出ることが大事なので、会話でも返しが上手なところを見せたり、おもしろい話をしたりするといいでしょう。

明るくイキイキした優しい人に自然と心惹かれるタイプ。押しに弱いので遊びや食事に誘うといいですが、進展が遅いので、あなたのほうから積極的にならないといつまでも関係が進まないことが多いでしょう。自分に自信のないところがあるので、相手のよい部分をほめて、これまでの頑張りを認めてあげると、一気に心を開いてよい関係になれるでしょう。

ノリと勢いが合う明るく元気な人に興味を示すタイプ。パワフルで面倒見がいいので素直に甘えることと、ほめ言葉に弱いので些細なことでもほめることが大事。相手の考えや意見に反抗すると関係が崩れてしまうので、同意や賛同をしておくことも必要です。根は甘えん坊なので、積極的に遊びに誘ったりマメに連絡をするように心がけましょう。

ノリは大切ですが、品を忘れずに。楽しいからといって雑な言葉や態度を見せると一気に冷めてしまい、その後が難しくなるタイプです。挨拶やお礼をしっかりとして几帳面さと清潔感を見せることが大事。遊んだ後やデートの後はお礼を言い、次の日もお礼を言ってマメなところをアピールしましょう。告白はあなたからハッキリ言うといいでしょう。

華やかでノリの合う不思議な異性に興味を示すタイプ。まずは自分の才能や個性を磨き、他の人とは違うような生き方を見せることが大事。ファッションも他の人とは違った感じにして色使いなどにこだわりを見せましょう。相手の才能を楽しめて、相手の世界を邪魔したり束縛したりせずに適度な距離を保つことが大切です。好意だけは伝えておきましょう。

学歴や頭のよさ、資格や趣味でもいいので、この相手より少しでも秀でたところがあることが大事。歴史や芸術、文化に詳しくなっておくのもいいでしょう。相手から尊敬されるようになってから、相手をほめるのがポイントです。謙遜しながらも相手を上手に立てると心を開いてくるでしょう。とにかく才能や能力をしっかりほめるようにしてください。

命数表

五星三心占い

命数表

五星三心占いは、生年月日から「命数」を導き出し、占います。
まずは、「生まれた年」のページを探し、あなたの「命数」を見つけましょう。
「命数」から6つのタイプ(三心)のどれにあたるかわかります。
さらに「命数の下ひとケタ」からあなたの欲望タイプ(五星)もわかります。
「命数」「三心」「五星」は、セットで覚えておくのがおすすめです!

「命数」の調べ方

1 P.339～の「命数表」で、「生まれた西暦年」を探します。

2 ヨコ軸で「生まれた月」を探します。

3 タテ軸で「生まれた日」を探します。

日＼月	1	2	3	4
1	47	12	49	19
2	46	11	50	18
3	45	20	47	17
4	44	20	48	16

4 2と3が交差したマスにある数字が、その人の「命数」です。

5 「生まれた西暦年」が偶数なら「金」、奇数なら「銀」タイプです。

命数が偶数か奇数かではありませんので、お間違えなく!

「三心」の調べ方

「三心」は、命数により6つのタイプに分かれます

※6タイプのなかで生まれた西暦年が偶数の人は「金」、奇数の人は「銀」です。
「金」「銀」を分けると、全部で12種類あります。
下の表で、「命数」と「金・銀」を確かめて、当てはまるタイプを探してください。

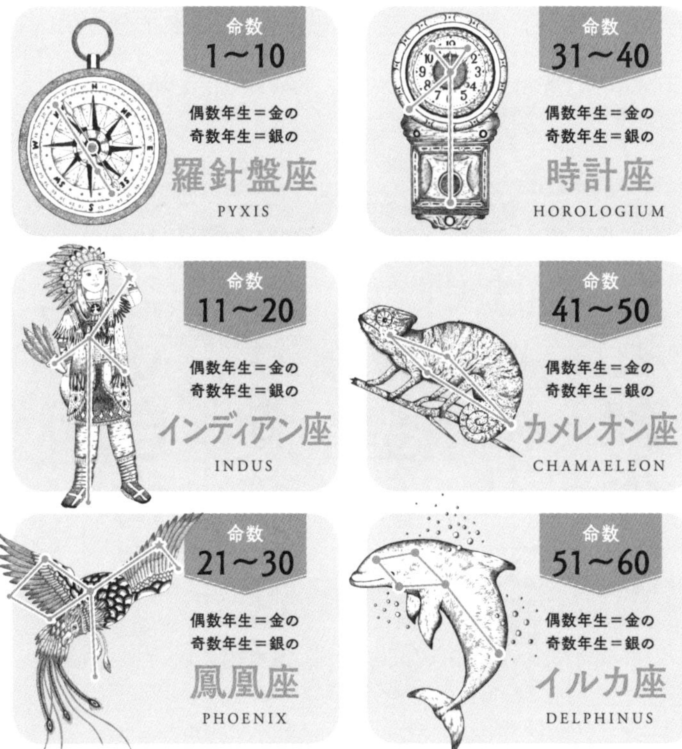

例 1983年3月3日生まれの場合、「三心」は何になる?

❶ 命数表で「命数」を調べる →25
❷ 生まれた年（西暦1983年）は奇数 →銀
❸「三心」のタイプは、「銀の鳳凰座」です

「五星」の調べ方

「五星」は、命数の「下ひとケタ」で分かれます

※「下ひとケタ」は、1～0まで全部で10種類あります。
「三心」の「金」タイプ、「銀」タイプの区分けはなくなり、
命数の下ひとケタが「奇数」の人は「陽タイプ」、「偶数」の人は「陰タイプ」となります。
下の表で、命数の「下ひとケタ」を確かめて、当てはまる欲望タイプを探してください。

命数の下ひとケタが 9	命数の下ひとケタが 7	命数の下ひとケタが 5	命数の下ひとケタが 3	命数の下ひとケタが 1	陽タイプ
命数の下ひとケタが 0	命数の下ひとケタが 8	命数の下ひとケタが 6	命数の下ひとケタが 4	命数の下ひとケタが 2	陰タイプ
創作欲タイプ	権力・支配欲タイプ	金欲・財欲タイプ	食欲・性欲タイプ	自我欲タイプ	五星（欲望）のタイプ

例 1983年3月3日生まれの場合、「五星」は何になる?

1. 命数表で「命数」を調べる →25
2. 命数の「下ひとケタ」は? →5
3. 「五星」は、「下ひとケタ5」で「金欲・財欲」の「陽タイプ」です。

※命数が「1」～「9」のようにひとケタの人は、命数がそのまま「下ひとケタ（五星）」になります

1944 昭和19年生

日＼月	1	2	3	4	5	6	7	8	9	10	11	12
1	10	35	1	31	6	31	2	33	3	34	2	36
2	9	34	2	38	3	32	1	32	4	33	9	33
3	8	33	9	39	4	39	10	31	1	32	10	34
4	7	32	10	38	1	40	9	40	2	31	7	31
5	6	32	7	37	2	37	8	39	9	40	8	32
6	5	39	8	36	9	38	8	38	10	39	15	49
7	4	40	5	35	10	35	6	35	17	48	16	50
8	3	37	6	34	7	36	5	45	18	47	13	47
9	2	38	3	33	8	43	14	46	15	46	14	48
10	2	45	4	42	15	44	13	43	16	45	11	45
11	19	46	11	41	16	41	12	44	13	44	12	46
12	19	43	12	50	13	42	11	41	14	43	19	43
13	18	42	19	49	14	49	20	42	11	42	20	44
14	17	49	20	48	13	50	19	49	12	41	17	41
15	16	50	17	45	14	47	18	50	19	50	14	42
16	13	47	18	44	11	48	17	41	20	49	21	59
17	15	48	16	43	12	48	14	42	27	58	22	60
18	11	45	15	47	19	47	13	59	28	53	29	58
19	18	46	14	45	19	56	22	60	26	52	30	57
20	17	51	13	55	27	55	25	57	25	51	27	56
21	26	52	22	56	24	54	24	58	27	51	28	55
22	25	59	21	53	21	53	23	55	23	52	23	54
23	24	60	28	54	22	52	22	54	22	59	24	53
24	23	57	29	51	29	51	21	51	21	60	21	52
25	22	58	28	52	30	60	30	52	30	57	22	51
26	21	55	27	59	27	59	29	59	29	58	39	10
27	30	56	26	60	28	56	28	60	38	5	40	9
28	29	53	25	57	25	55	27	7	37	6	37	8
29	28	54	24	58	26	4	36	8	36	3	38	7
30	27		23	5	33	3	35	5	35	4	35	6
31	36		32		34		34	6		1		5

銀

1945 昭和20年生

日＼月	1	2	3	4	5	6	7	8	9	10	11	12
1	4	39	8	36	9	38	7	38	10	39	15	49
2	3	38	5	35	10	35	6	37	17	48	16	50
3	2	37	6	34	7	36	5	46	18	47	13	47
4	1	45	3	33	8	43	14	45	15	46	14	48
5	20	46	8	42	15	44	13	44	16	45	11	45
6	19	43	11	41	16	41	12	43	13	44	12	46
7	18	44	12	50	13	42	11	42	14	43	19	43
8	17	41	19	49	14	49	20	42	11	42	20	44
9	16	42	20	48	11	50	19	49	12	41	17	41
10	15	49	17	47	12	47	18	50	19	50	18	42
11	14	50	18	46	19	48	17	47	20	49	25	59
12	13	45	15	45	20	45	16	48	27	58	26	60
13	12	46	16	44	17	46	15	55	28	57	23	57
14	11	53	13	43	20	53	24	56	25	56	24	58
15	30	54	14	60	27	54	23	53	26	55	21	55
16	27	51	21	59	28	51	22	58	23	54	28	56
17	26	52	21	58	25	53	29	55	24	53	25	53
18	25	59	30	54	26	52	28	56	21	52	26	53
19	22	58	29	51	23	51	27	53	21	57	23	52
20	21	55	28	52	24	60	30	54	30	56	24	51
21	30	56	27	59	27	59	29	51	29	55	31	10
22	29	53	26	60	28	58	28	52	38	5	32	9
23	28	54	25	57	25	57	27	7	37	6	37	8
24	27	1	24	58	26	6	36	8	36	3	38	7
25	36	2	23	5	33	5	35	5	35	4	35	6
26	35	9	32	6	34	4	34	6	34	1	36	5
27	34	10	31	3	31	1	33	3	33	2	33	4
28	33	7	40	4	32	10	32	4	32	9	34	3
29	32		39	1	39	9	31	1	31	10	31	2
30	31		38	2	40	8	40	2	40	7	32	1
31	40		37		37		39	9		8		20

命数が… 1〜10 羅針盤座 11〜20 インディアン座 21〜30 鳳凰座 31〜40 時計座 41〜50 カメレオン座 51〜60 イルカ座

1946 昭和21年生

日＼月	1	2	3	4	5	6	7	8	9	10	11	12
1	19	44	11	41	16	41	12	43	13	44	12	46
2	18	43	12	50	13	42	11	42	14	43	19	43
3	17	42	19	49	14	49	20	41	11	42	20	44
4	16	42	20	48	11	50	19	50	12	41	17	41
5	15	49	11	47	12	47	18	49	19	50	18	42
6	14	50	18	46	19	48	17	48	20	49	25	59
7	13	47	15	45	20	45	15	47	27	58	26	60
8	12	48	16	44	17	46	15	55	28	57	23	57
9	11	55	13	43	18	53	24	56	25	56	24	58
10	30	56	14	52	25	54	23	53	26	55	21	55
11	29	53	21	51	26	51	22	54	23	54	22	56
12	28	52	22	60	23	52	21	51	24	53	29	53
13	27	59	29	59	24	59	30	52	21	52	30	54
14	26	60	30	58	23	60	29	59	22	51	27	51
15	25	57	27	55	24	57	28	60	29	60	28	52
16	22	58	28	54	21	58	27	51	30	59	31	9
17	21	55	26	53	22	58	26	52	37	8	32	10
18	30	56	25	57	29	57	23	9	38	7	39	7
19	27	1	24	58	30	6	32	10	36	2	40	7
20	36	2	23	5	37	5	31	7	35	1	37	6
21	35	9	32	6	34	4	34	8	34	10	38	5
22	34	10	31	3	31	3	33	5	33	2	35	4
23	33	7	40	4	32	2	32	4	32	9	34	3
24	32	8	39	1	39	1	31	1	31	10	31	2
25	31	5	38	2	40	10	40	2	40	7	32	1
26	40	6	37	9	37	9	39	9	39	8	49	20
27	39	3	36	10	38	6	38	10	48	15	50	19
28	38	4	35	7	35	5	37	17	47	16	47	18
29	37		34	8	36	14	46	18	46	13	48	17
30	46		33	15	43	13	45	15	45	14	45	16
31	45		42		44		44	16		11		15

1947 昭和22年生

日＼月	1	2	3	4	5	6	7	8	9	10	11	12
1	14	49	18	46	19	48	17	48	20	49	25	59
2	13	48	15	45	20	45	16	47	27	58	26	60
3	12	47	16	44	17	46	15	56	28	57	23	57
4	11	56	13	43	18	53	24	55	25	56	24	58
5	30	56	14	52	25	54	23	54	26	55	21	55
6	29	53	21	51	26	51	22	53	23	54	22	56
7	28	54	22	60	23	52	21	52	24	53	29	53
8	27	51	29	59	24	59	30	52	21	52	30	54
9	26	52	30	58	21	60	29	59	22	51	27	51
10	25	59	27	57	22	57	28	60	29	60	28	52
11	24	60	28	56	29	58	27	57	30	59	35	9
12	23	57	25	55	30	55	26	58	37	8	36	10
13	22	56	26	54	27	56	25	5	38	7	33	7
14	21	3	23	53	30	3	34	6	35	6	34	8
15	40	4	24	2	37	4	33	3	36	5	31	5
16	37	1	31	9	38	1	32	8	33	4	38	6
17	36	2	31	8	35	3	31	5	34	3	35	3
18	35	9	40	7	36	2	38	6	31	2	36	4
19	32	10	39	1	33	1	37	3	31	7	33	2
20	31	5	38	2	34	10	36	4	40	6	34	1
21	40	6	37	9	37	9	39	1	39	5	41	20
22	39	3	36	10	38	8	38	2	48	15	42	19
23	38	4	35	7	35	7	37	17	47	16	47	18
24	37	11	34	8	36	16	46	18	46	13	48	17
25	46	12	33	15	43	15	45	15	45	14	45	16
26	45	19	42	16	44	14	44	16	44	11	46	15
27	44	20	41	13	41	11	43	13	43	12	43	14
28	43	17	50	14	42	20	42	14	42	19	44	13
29	42		49	11	49	19	41	11	41	20	41	12
30	41		48	12	50	18	50	12	50	17	42	11
31	50		47		47		49	19		18		30

下ひとケタが… 1·2 自我欲 3·4 食欲・性欲 5·6 金欲・財欲 7·8 権力・支配欲 9·0 創作欲

金 1948 昭和23年生

日＼月	1	2	3	4	5	6	7	8	9	10	11	12
1	29	54	22	60	23	52	21	52	24	53	29	53
2	28	53	29	59	24	59	30	51	21	52	30	54
3	27	52	30	58	21	60	29	60	22	51	27	51
4	26	51	27	57	22	57	28	59	29	60	28	52
5	25	59	28	56	29	58	27	58	30	59	35	9
6	24	60	25	55	30	55	26	57	37	8	36	10
7	23	57	26	54	27	56	25	6	38	7	33	7
8	22	58	23	53	28	3	34	6	35	6	34	8
9	21	5	24	2	35	4	33	3	36	5	31	5
10	40	6	31	1	36	1	32	4	33	4	32	6
11	39	3	32	10	33	2	31	1	34	3	39	3
12	38	4	39	9	34	9	40	2	31	2	40	4
13	37	9	40	8	33	10	39	9	32	1	37	1
14	36	10	37	7	34	7	38	10	39	10	38	2
15	35	7	38	4	31	8	37	7	40	9	41	19
16	32	8	35	3	32	5	36	2	47	18	42	20
17	31	5	35	2	39	7	33	19	48	17	49	17
18	40	6	34	8	40	16	42	20	45	12	50	17
19	37	13	33	15	47	15	41	17	45	11	47	16
20	46	12	42	16	44	14	44	18	44	20	48	15
21	45	19	41	13	41	13	43	15	43	12	45	14
22	44	20	50	14	42	12	42	16	42	19	44	13
23	43	17	49	11	49	11	41	11	41	20	41	12
24	42	18	48	12	50	20	50	12	50	17	42	11
25	41	15	47	19	47	19	49	19	49	18	59	30
26	50	16	46	20	48	18	48	20	58	25	60	29
27	49	13	45	17	45	15	47	27	57	26	57	28
28	48	14	44	18	46	24	56	28	56	23	58	27
29	47	21	43	25	55	23	55	26	55	24	55	26
30	56		52	26	53	22	54	25	54	21	56	25
31	55		51		54		53	23		22		24

銀 1949 昭和24年生

日＼月	1	2	3	4	5	6	7	8	9	10	11	12
1	23	58	25	55	30	55	26	57	37	8	36	10
2	22	57	26	54	27	56	25	6	38	7	33	7
3	21	6	23	53	28	3	34	5	35	6	34	8
4	40	6	24	2	35	4	33	4	36	5	31	5
5	39	3	31	1	36	1	32	3	33	4	32	6
6	38	4	32	10	33	2	31	2	34	3	39	3
7	37	1	39	9	34	9	40	1	31	2	40	4
8	36	2	40	8	31	10	39	9	32	1	37	1
9	35	9	37	7	32	7	38	10	39	10	38	2
10	34	10	38	6	39	8	37	7	40	9	45	19
11	33	7	35	5	40	5	36	8	47	18	46	20
12	32	6	36	4	37	6	35	15	48	17	43	17
13	31	13	33	3	38	13	44	16	45	16	44	18
14	50	14	34	12	47	14	43	13	46	15	41	15
15	49	11	41	19	48	11	42	14	43	14	42	16
16	46	12	42	18	45	12	41	15	44	13	45	13
17	45	19	50	17	46	12	48	16	41	12	46	14
18	44	20	49	11	43	11	47	13	42	11	43	12
19	41	15	48	12	44	20	46	14	50	16	44	11
20	50	16	47	19	41	19	49	11	49	15	51	30
21	49	13	46	20	48	18	48	12	58	24	52	29
22	48	14	45	17	45	17	47	29	57	26	59	28
23	47	21	44	18	46	26	56	28	56	23	58	27
24	56	22	43	25	53	25	55	25	55	24	55	26
25	55	29	52	26	54	24	54	26	54	21	56	25
26	54	30	51	23	51	21	53	23	53	22	53	24
27	53	27	60	24	52	30	52	24	52	29	54	23
28	52	28	59	21	59	29	51	21	51	30	51	22
29	51		58	22	60	28	60	22	60	27	52	21
30	60		57	29	57	27	59	29	59	28	9	40
31	59		56		58		58	30		35		39

命数が… 1〜10 羅針盤座　11〜20 インディアン座　21〜30 鳳凰座　31〜40 時計座　41〜50 カメレオン座　51〜60 イルカ座

金 1950 昭和25年生

日＼月	1	2	3	4	5	6	7	8	9	10	11	12
1	38	3	32	10	33	2	31	2	34	3	39	3
2	37	2	39	9	34	9	40	1	31	2	40	4
3	36	1	40	8	31	10	39	10	32	1	37	1
4	35	9	37	7	32	7	38	9	39	10	38	2
5	34	10	38	6	39	8	37	8	40	9	45	19
6	33	7	35	5	40	5	36	7	47	18	46	20
7	32	8	36	4	37	6	35	16	48	17	43	17
8	31	15	33	3	38	13	44	16	45	16	44	18
9	50	16	34	12	45	14	43	13	46	15	41	15
10	49	13	41	11	46	11	42	14	43	14	42	16
11	48	14	42	20	43	12	41	11	44	13	49	13
12	47	19	49	19	44	19	50	12	41	12	50	14
13	46	20	50	18	41	20	49	19	42	11	47	11
14	45	17	47	17	44	17	48	20	49	20	48	12
15	44	18	48	14	41	18	47	17	50	19	55	29
16	41	15	45	13	42	15	46	12	57	28	52	30
17	50	16	45	12	49	17	45	29	58	27	59	27
18	49	23	44	18	50	26	52	30	55	26	60	28
19	56	22	43	25	57	25	51	27	55	21	57	26
20	55	29	52	26	58	24	60	28	54	30	58	25
21	54	30	51	23	51	23	53	25	53	29	55	24
22	53	27	60	24	52	22	52	26	52	29	56	23
23	52	28	59	21	59	21	51	21	51	30	51	22
24	51	25	58	22	60	30	60	22	60	27	52	21
25	60	26	57	29	57	29	59	29	59	28	9	40
26	59	23	56	30	58	28	58	30	8	35	10	39
27	58	24	55	27	55	25	57	37	7	36	7	38
28	57	31	54	28	56	34	6	38	6	33	8	37
29	6		53	35	3	33	5	35	5	34	5	36
30	5		2	36	4	32	4	36	4	31	6	35
31	4		1		1		3	33		32		34

銀 1951 昭和26年生

日＼月	1	2	3	4	5	6	7	8	9	10	11	12
1	33	8	35	5	40	5	36	7	47	18	46	20
2	32	7	36	4	37	6	35	16	48	17	43	17
3	31	16	33	3	38	13	44	15	45	16	44	18
4	50	15	34	12	45	14	43	14	46	15	41	15
5	49	13	41	11	46	11	42	13	43	14	42	16
6	48	14	42	20	43	12	41	12	44	13	49	13
7	47	11	49	19	44	19	50	11	41	12	50	14
8	46	12	50	18	41	20	49	19	42	11	47	11
9	45	19	47	17	42	17	48	20	49	20	48	12
10	44	20	48	16	49	18	47	17	50	19	55	29
11	43	17	45	15	50	15	46	18	57	28	56	30
12	42	18	46	14	47	16	45	25	58	27	53	27
13	41	23	43	13	48	23	54	26	55	26	54	28
14	60	24	44	22	57	24	53	23	56	25	51	25
15	59	21	51	21	58	21	52	24	53	24	52	26
16	56	22	52	28	55	22	51	25	54	23	55	23
17	55	29	60	27	56	22	60	26	51	22	56	24
18	54	30	59	26	53	21	57	23	52	21	53	21
19	51	27	58	22	54	30	56	24	60	26	54	21
20	60	26	57	29	51	29	55	21	59	25	1	40
21	59	23	56	30	58	28	58	22	8	34	2	39
22	58	24	55	27	55	27	57	39	7	36	9	38
23	57	31	54	28	56	36	6	38	6	33	8	37
24	6	32	53	35	3	35	5	35	5	34	5	36
25	5	39	2	36	4	34	4	36	4	31	6	35
26	4	40	1	33	1	33	3	33	3	32	3	34
27	3	37	10	34	2	40	2	34	2	39	4	33
28	2	38	9	31	9	39	1	31	1	40	1	32
29	1		8	32	10	38	10	32	10	37	2	31
30	10		7	39	7	37	9	39	9	38	19	50
31	9		6		8		8	40		45		49

下ひとケタが… 1·2 自我欲　3·4 食欲・性欲　5·6 金欲・財欲　7·8 権力・支配欲　9·0 創作欲

金 1952 昭和27年生

日＼月	1	2	3	4	5	6	7	8	9	10	11	12
1	48	13	49	19	44	19	50	11	41	12	50	14
2	47	12	50	18	41	20	49	20	42	11	47	11
3	46	11	47	17	42	17	48	19	49	20	48	12
4	45	20	48	16	49	18	47	18	50	19	55	29
5	44	20	45	15	50	15	46	17	57	28	56	30
6	43	17	46	14	47	16	45	26	58	27	53	27
7	42	18	43	13	48	23	54	26	55	26	54	28
8	41	25	44	22	55	24	53	23	56	25	51	25
9	60	26	51	21	56	21	52	24	53	24	52	26
10	59	23	52	30	53	22	51	21	54	23	59	23
11	58	24	59	29	54	29	60	22	51	22	60	24
12	57	21	60	28	51	30	59	29	52	21	57	21
13	56	30	57	27	54	27	58	30	59	30	58	22
14	55	27	58	26	51	28	57	27	60	29	5	39
15	54	28	55	23	52	25	56	22	7	38	2	40
16	51	25	56	22	59	26	55	39	8	37	9	37
17	60	26	54	21	60	36	2	40	5	36	10	38
18	59	33	53	35	7	35	1	37	6	31	7	36
19	6	34	2	36	8	34	10	38	4	40	8	35
20	5	39	1	33	1	33	3	35	3	39	5	34
21	4	40	10	34	2	32	2	36	2	39	6	33
22	3	37	9	31	9	31	1	31	1	40	1	32
23	2	38	8	32	10	40	10	32	10	37	2	31
24	1	35	7	39	7	39	9	39	9	38	19	50
25	10	36	6	40	8	38	8	40	18	45	20	49
26	9	33	5	37	5	37	7	47	17	46	17	48
27	8	34	4	38	6	44	16	48	16	43	18	47
28	7	41	3	45	13	43	15	45	15	44	15	46
29	16	42	12	46	14	42	14	46	14	41	16	45
30	15		11	43	11	41	13	43	13	42	13	44
31	14		20		12		12	44		49		43

銀 1953 昭和28年生

日＼月	1	2	3	4	5	6	7	8	9	10	11	12
1	42	17	46	14	47	16	45	26	58	27	53	27
2	41	26	43	13	48	23	54	25	55	26	54	28
3	60	25	44	22	55	24	53	24	56	25	51	25
4	59	23	51	21	56	21	52	23	53	24	52	26
5	58	24	52	30	53	22	51	22	54	23	59	23
6	57	21	59	29	54	29	60	21	51	22	60	24
7	56	22	60	28	51	30	59	30	52	21	57	21
8	55	29	57	27	52	27	58	30	59	30	58	22
9	54	30	58	26	59	28	57	27	60	29	5	39
10	53	27	55	25	60	25	56	28	7	38	6	40
11	52	28	56	24	57	26	55	35	8	37	3	37
12	51	33	53	23	58	33	4	36	5	36	4	38
13	10	34	54	32	5	34	3	33	6	35	1	35
14	9	31	1	31	8	31	2	34	3	34	2	36
15	8	32	2	38	5	32	1	31	4	33	9	33
16	5	39	9	37	6	39	10	36	1	32	6	34
17	4	40	9	36	3	31	7	33	2	31	3	31
18	3	37	8	32	4	40	6	34	9	36	4	31
19	10	36	7	39	1	39	5	31	9	35	11	50
20	9	33	6	40	2	38	8	32	18	44	12	49
21	8	34	5	37	5	37	7	49	17	46	19	48
22	7	41	4	38	6	46	16	50	16	43	20	47
23	16	42	3	45	13	45	15	45	15	44	15	46
24	15	49	12	46	14	44	14	46	14	41	16	45
25	14	50	11	43	11	43	13	43	13	42	13	44
26	13	47	20	44	12	42	12	44	12	49	14	43
27	12	48	19	41	19	49	11	41	11	50	11	42
28	11	45	18	42	20	48	20	42	20	47	12	41
29	20		17	49	17	47	19	49	19	48	29	60
30	19		16	50	18	46	18	50	28	55	30	59
31	18		15		15		17	57		56		58

命数が… 1〜10 羅針盤座 11〜20 インディアン座 21〜30 鳳凰座 31〜40 時計座 41〜50 カメレオン座 51〜60 イルカ座

金 1954 昭和29年生

日＼月	1	2	3	4	5	6	7	8	9	10	11	12
1	57	22	59	29	54	29	60	21	51	22	60	24
2	56	21	60	28	51	30	59	30	52	21	57	21
3	55	30	57	27	52	27	58	29	59	30	58	22
4	54	30	58	26	59	28	57	28	60	29	5	39
5	53	27	55	25	60	25	56	27	7	38	6	40
6	52	28	56	24	57	26	57	36	8	37	3	37
7	51	35	53	23	58	33	4	35	5	36	4	38
8	10	36	54	32	5	34	3	33	6	35	1	35
9	9	33	1	31	6	31	2	34	3	34	2	36
10	8	34	2	40	3	32	1	31	4	33	9	33
11	7	31	9	39	4	39	10	32	1	32	10	34
12	6	40	10	38	1	40	9	39	2	31	7	31
13	5	37	7	37	2	37	8	40	9	40	8	32
14	4	38	8	36	1	38	7	37	10	39	15	49
15	3	35	5	33	2	35	6	38	17	48	16	50
16	10	36	6	32	9	36	5	49	18	47	19	47
17	9	43	4	31	10	46	14	50	15	46	20	48
18	18	44	3	45	17	45	11	47	16	45	17	45
19	15	49	12	46	18	44	20	48	14	50	18	45
20	14	50	11	43	15	43	19	45	13	49	15	44
21	13	47	20	44	12	42	12	46	12	48	16	43
22	12	48	19	41	19	41	11	43	11	50	13	42
23	11	45	18	42	20	50	20	42	20	47	12	41
24	20	46	17	49	17	49	19	49	19	48	29	60
25	19	43	16	50	18	48	18	50	28	55	30	59
26	18	44	15	47	15	47	17	57	27	56	27	58
27	17	51	14	48	16	54	26	58	26	53	28	57
28	26	52	13	55	23	53	25	55	25	54	25	56
29	25		22	56	24	52	24	56	24	51	26	55
30	24		21	53	21	51	23	53	23	52	23	54
31	23		30		22		22	54		59		53

銀 1955 昭和30年生

日＼月	1	2	3	4	5	6	7	8	9	10	11	12
1	52	27	56	24	57	26	55	36	8	37	3	37
2	51	36	53	23	58	33	4	35	5	36	4	38
3	10	35	54	32	5	34	3	34	6	35	1	35
4	9	33	1	31	6	31	2	33	3	34	2	36
5	8	34	2	40	3	32	1	32	4	33	9	33
6	7	31	9	39	4	39	10	31	1	32	10	34
7	6	32	10	38	1	40	9	40	2	31	7	31
8	5	39	7	37	2	37	8	40	9	40	8	32
9	4	40	8	36	9	38	7	37	10	39	15	49
10	3	37	5	35	10	35	6	38	17	48	16	50
11	2	38	6	34	7	36	5	45	18	47	13	47
12	1	43	3	33	8	43	14	46	15	46	14	48
13	20	44	4	42	15	44	13	43	16	45	11	45
14	19	41	11	41	18	41	12	44	13	44	12	46
15	18	42	12	48	15	42	11	41	14	43	19	43
16	15	49	19	47	16	49	20	46	11	42	16	44
17	14	50	19	46	13	41	19	43	12	41	13	41
18	13	47	18	42	14	50	16	44	19	50	14	42
19	20	46	17	49	11	49	15	41	19	45	21	60
20	19	43	16	50	12	48	14	42	28	54	22	59
21	18	44	15	47	15	47	17	59	27	53	29	58
22	17	51	14	48	16	56	26	60	26	53	30	57
23	26	52	13	55	23	55	25	55	25	54	25	56
24	25	59	22	56	24	54	24	56	24	51	26	55
25	24	60	21	53	21	53	23	53	23	52	23	54
26	23	57	30	54	22	52	22	54	22	59	24	53
27	22	58	29	51	29	59	21	51	21	60	21	52
28	21	55	28	52	30	58	30	52	30	57	22	51
29	30		27	59	27	57	29	59	29	58	39	10
30	29		26	60	28	56	28	60	38	5	40	9
31	28		25		25		27	7		6		8

下ひとケタが… **1·2** 自我欲 **3·4** 食欲・性欲 **5·6** 金欲・財欲 **7·8** 権力・支配欲 **9·0** 創作欲

金 1956 昭和31年生

日＼月	1	2	3	4	5	6	7	8	9	10	11	12
1	7	32	10	38	1	40	9	40	2	31	7	31
2	6	31	7	37	2	37	8	39	9	40	8	32
3	5	40	8	36	9	38	7	38	10	39	15	49
4	4	39	5	35	10	35	6	37	17	48	16	50
5	3	37	6	34	7	36	5	46	18	47	13	47
6	2	38	3	33	8	43	14	45	15	46	14	48
7	1	45	4	42	15	44	13	43	16	45	11	45
8	20	46	11	41	16	41	12	44	13	44	12	46
9	19	43	12	50	13	42	11	41	14	43	19	43
10	18	44	19	49	14	49	20	42	11	42	20	44
11	17	41	20	48	11	50	19	49	12	41	17	41
12	16	42	17	47	12	47	18	50	19	50	18	42
13	15	47	18	46	11	48	17	47	20	49	25	59
14	14	48	15	45	12	45	16	48	27	58	26	60
15	13	45	16	42	19	46	15	59	28	57	29	57
16	20	46	14	41	20	53	24	60	25	56	30	58
17	19	53	13	60	27	55	21	57	26	55	27	55
18	28	54	22	56	28	54	30	58	23	60	28	55
19	25	51	21	53	25	53	29	55	23	59	25	54
20	24	60	30	54	22	52	22	56	22	58	26	53
21	23	57	29	51	29	51	21	53	21	60	23	52
22	22	58	28	52	30	60	30	52	30	57	22	51
23	21	55	27	59	27	59	30	59	29	58	39	10
24	30	56	26	60	28	58	28	60	38	5	40	9
25	29	53	25	57	25	57	27	7	37	6	37	8
26	28	54	24	58	26	6	36	8	36	3	38	7
27	27	1	23	5	33	3	35	5	35	4	35	6
28	36	2	32	6	34	2	34	6	34	1	36	5
29	35	9	31	3	31	1	33	3	33	2	33	4
30	34		40	4	32	10	32	4	32	9	34	3
31	33		39		39		31	1		10		2

銀 1957 昭和32年生

日＼月	1	2	3	4	5	6	7	8	9	10	11	12
1	1	46	3	33	8	43	14	45	15	46	14	48
2	20	45	4	42	15	44	13	44	16	45	11	45
3	19	44	11	41	16	41	12	43	13	44	12	46
4	18	44	12	50	13	42	11	42	14	43	19	43
5	17	41	19	49	14	49	20	41	11	42	20	44
6	16	42	20	48	11	50	19	50	12	41	17	41
7	15	49	17	47	12	47	18	49	19	50	18	42
8	14	50	18	46	19	48	17	47	20	49	25	59
9	13	47	15	45	20	45	16	48	27	58	26	60
10	12	48	16	44	17	46	15	55	28	57	23	57
11	11	55	13	43	18	53	24	56	25	56	24	58
12	30	54	14	52	25	54	23	53	26	55	21	55
13	29	51	21	51	26	51	22	54	23	54	22	56
14	28	52	22	60	25	52	21	51	24	53	29	53
15	25	59	29	57	26	59	30	52	21	52	30	54
16	24	60	30	56	23	60	29	53	22	51	23	51
17	23	57	28	55	24	60	26	54	29	60	24	52
18	30	58	27	59	21	59	25	51	30	55	31	10
19	29	53	26	60	22	58	24	52	38	4	32	9
20	28	54	25	57	29	57	27	9	37	3	39	8
21	27	1	24	58	26	6	36	10	36	3	40	7
22	36	2	23	5	33	5	35	7	35	4	37	6
23	35	9	32	6	34	4	34	6	34	1	36	5
24	34	10	31	3	31	3	33	3	33	2	33	4
25	33	7	40	4	32	2	32	4	32	9	34	3
26	32	8	39	1	39	1	31	1	31	10	31	2
27	31	5	38	2	40	8	40	2	40	7	32	1
28	40	6	37	9	37	7	39	9	39	8	49	20
29	39		36	10	38	6	38	10	48	15	50	19
30	38		35	7	35	5	37	17	47	16	47	18
31	37		34		36		46	18		13		17

命数が… 1〜10 羅針盤座 11〜20 インディアン座 21〜30 鳳凰座 31〜40 時計座 41〜50 カメレオン座 51〜60 イルカ座

金

1958

昭和33年生

日＼月	1	2	3	4	5	6	7	8	9	10	11	12
1	16	41	20	48	11	50	19	50	12	41	17	41
2	15	50	17	47	12	47	18	49	19	50	18	42
3	14	49	18	46	19	48	17	48	20	49	25	59
4	13	47	15	45	20	45	16	47	27	58	26	60
5	12	48	16	44	17	46	15	56	28	57	23	57
6	11	55	13	43	18	53	24	55	25	56	24	58
7	30	56	14	52	25	54	23	54	26	55	21	55
8	29	53	21	51	26	51	22	54	23	54	22	56
9	28	54	22	60	23	52	21	51	24	53	29	53
10	27	51	29	59	24	59	30	52	21	52	30	54
11	26	52	30	58	21	60	29	59	22	51	27	51
12	25	57	27	57	22	57	28	60	29	60	28	52
13	24	58	28	56	29	58	27	57	30	59	35	9
14	23	55	25	55	22	55	26	58	37	8	36	10
15	22	56	26	52	29	56	25	5	38	7	33	7
16	29	3	23	51	30	3	34	10	35	6	40	8
17	38	4	23	10	37	5	33	7	36	5	37	5
18	37	1	32	6	38	4	40	8	33	4	38	5
19	34	10	31	3	35	3	39	5	33	9	35	4
20	33	7	40	4	36	2	38	6	32	8	36	3
21	32	8	39	1	39	1	31	3	31	7	33	2
22	31	5	38	2	40	10	40	4	40	7	34	1
23	40	6	37	9	37	9	39	9	39	8	49	20
24	39	3	36	10	38	8	38	10	48	15	50	19
25	38	4	35	7	35	7	37	17	47	16	47	18
26	37	11	34	8	36	16	46	18	46	13	48	17
27	46	12	33	15	43	13	45	15	45	14	45	16
28	45	19	42	16	44	12	44	16	44	11	46	15
29	44		41	13	41	11	43	13	43	12	43	14
30	43		50	14	42	20	42	14	42	19	44	13
31	42		49		49		41	11		20		12

1959

昭和34年生

日＼月	1	2	3	4	5	6	7	8	9	10	11	12
1	11	56	13	43	18	53	24	55	25	56	24	58
2	30	55	14	52	25	54	23	54	26	55	21	55
3	29	54	21	51	26	51	22	53	23	54	22	56
4	28	54	22	60	23	52	21	52	24	53	29	53
5	27	51	29	59	24	59	30	51	21	52	30	54
6	26	52	30	58	21	60	29	60	22	51	27	51
7	25	59	27	57	22	57	28	59	29	60	28	52
8	24	60	28	56	29	58	27	57	30	59	35	9
9	23	57	25	55	30	55	26	58	37	8	36	10
10	22	58	26	54	27	56	25	5	38	7	33	7
11	21	5	23	53	28	3	34	6	35	6	34	8
12	40	4	24	2	35	4	33	3	36	5	31	5
13	39	1	31	1	36	1	32	4	33	4	32	6
14	38	2	32	10	35	2	31	1	34	3	39	3
15	37	9	39	7	36	9	40	2	31	2	40	4
16	34	10	40	6	33	10	39	3	32	1	33	1
17	33	7	38	5	34	10	38	4	39	10	34	2
18	32	8	37	9	31	9	35	1	40	9	41	19
19	39	3	36	10	32	8	34	2	48	14	42	19
20	38	4	35	7	39	7	33	19	47	13	49	18
21	37	11	34	8	36	16	46	20	46	12	50	17
22	46	12	33	15	43	15	45	17	45	14	47	16
23	45	19	42	16	44	14	44	16	44	11	46	15
24	44	20	41	13	41	13	43	13	43	12	43	14
25	43	17	50	14	42	12	42	14	42	19	44	13
26	42	18	49	11	49	11	41	11	41	20	41	12
27	41	15	48	12	50	18	50	12	50	17	42	11
28	50	16	47	19	47	17	49	19	49	18	59	30
29	49		46	20	48	16	48	20	58	25	60	29
30	48		45	17	45	15	47	27	57	26	57	28
31	47		44		46		56	28		23		27

下ひとケタが… **1·2** 自我欲　**3·4** 食欲・性欲　**5·6** 金欲・財欲　**7·8** 権力・支配欲　**9·0** 創作欲

金 1960 昭和35年生

日＼月	1	2	3	4	5	6	7	8	9	10	11	12
1	26	51	27	57	22	57	28	59	29	60	28	52
2	25	60	28	56	29	58	27	58	30	59	35	9
3	24	59	25	55	30	55	26	57	37	8	36	10
4	23	58	26	54	27	56	25	6	38	7	33	7
5	22	58	23	53	28	3	34	5	35	6	34	8
6	21	5	24	2	35	4	33	4	36	5	31	5
7	40	6	31	1	36	1	32	4	33	4	32	6
8	39	3	32	10	33	2	31	1	34	3	39	3
9	38	4	39	9	34	9	40	2	31	2	40	4
10	37	1	40	8	31	10	39	9	32	1	37	1
11	36	2	37	7	32	7	38	10	39	10	38	2
12	35	9	38	6	39	8	37	7	40	9	45	19
13	34	8	35	5	32	5	36	8	47	18	46	20
14	33	5	36	4	39	6	35	15	48	17	43	17
15	32	6	33	1	40	13	44	20	45	16	50	18
16	39	13	33	20	47	14	43	17	46	15	47	15
17	48	14	42	19	48	14	50	18	43	14	48	16
18	47	11	41	13	45	13	49	15	44	19	45	14
19	44	12	50	14	46	12	48	16	42	18	46	13
20	43	17	49	11	49	11	41	13	41	17	43	12
21	42	18	48	12	50	20	50	14	50	17	44	11
22	41	15	47	19	47	19	49	19	49	18	59	30
23	50	16	46	20	48	18	48	20	58	25	60	29
24	49	13	45	17	45	17	47	27	57	26	57	28
25	48	14	44	18	46	26	56	28	56	23	58	27
26	47	21	43	25	53	25	55	25	55	24	55	26
27	56	22	52	26	54	22	54	26	54	21	56	25
28	55	29	51	23	51	21	53	23	53	22	53	24
29	54	30	60	24	52	30	52	24	52	29	54	23
30	53		59	21	59	29	51	21	51	30	51	22
31	52		58		60		60	22		27		21

銀 1961 昭和36年生

日＼月	1	2	3	4	5	6	7	8	9	10	11	12
1	40	5	24	2	35	4	33	4	36	5	31	5
2	39	4	31	1	36	1	32	3	33	4	32	6
3	38	3	32	10	33	2	31	2	34	3	39	3
4	37	1	39	9	34	9	40	1	31	2	40	4
5	36	2	34	8	31	10	39	10	32	1	37	1
6	35	9	37	7	32	7	38	9	39	10	38	2
7	34	10	38	6	39	8	37	8	40	9	45	19
8	33	7	35	5	40	5	36	8	47	18	46	20
9	32	8	36	4	37	6	35	15	48	17	43	17
10	31	15	33	3	38	13	44	16	45	16	44	18
11	50	16	34	12	45	14	43	13	46	15	41	15
12	49	11	41	11	46	11	42	14	43	14	42	16
13	48	12	42	20	43	12	41	11	44	13	49	13
14	47	19	49	19	46	19	50	12	41	12	50	14
15	44	20	50	16	43	20	49	19	42	11	47	11
16	43	17	47	15	44	17	48	14	49	20	44	12
17	42	18	47	14	41	19	45	11	50	19	51	29
18	49	15	46	20	42	18	44	12	57	24	52	29
19	48	14	45	17	49	17	43	29	57	23	59	28
20	47	21	44	18	50	26	56	30	56	22	60	27
21	56	22	43	25	53	25	55	27	55	24	57	26
22	55	29	52	26	54	24	54	28	54	21	58	25
23	54	30	51	23	51	23	53	23	53	22	53	24
24	53	27	60	24	52	22	52	24	52	29	54	23
25	52	28	59	21	59	21	51	21	51	30	51	22
26	51	25	58	22	60	30	60	22	60	27	52	21
27	60	26	57	29	57	27	59	29	59	28	9	40
28	59	23	56	30	58	26	58	30	8	35	10	39
29	58		55	27	55	25	57	37	7	36	7	38
30	57		54	28	56	34	6	38	6	33	8	37
31	6		53		3		5	35		34		36

命数が…1～10 羅針盤座　11～20 インディアン座　21～30 鳳凰座　31～40 時計座　41～50 カメレオン座　51～60 イルカ座

1962 昭和37年生

日＼月	1	2	3	4	5	6	7	8	9	10	11	12
1	35	10	37	7	32	7	38	9	39	10	38	2
2	34	9	38	6	39	8	37	8	40	9	45	19
3	33	8	35	5	40	5	36	7	47	18	46	20
4	32	8	36	4	37	6	35	16	48	17	43	17
5	31	15	33	3	38	13	44	15	45	16	44	18
6	50	16	34	12	45	14	43	14	46	15	41	15
7	49	13	41	11	46	11	42	13	43	14	42	16
8	48	14	42	20	43	12	41	11	44	13	49	13
9	47	11	49	19	44	19	50	12	41	12	50	14
10	46	12	50	18	41	20	49	19	42	11	47	11
11	45	19	47	17	42	17	48	20	49	20	48	12
12	44	18	48	16	49	18	47	17	50	19	55	29
13	43	15	45	15	50	15	46	18	57	28	56	30
14	42	16	46	14	49	16	45	25	58	27	53	27
15	41	23	43	11	50	23	54	26	55	26	54	28
16	58	24	44	30	57	24	53	27	56	25	57	25
17	57	21	52	29	58	24	60	28	53	24	58	26
18	56	22	51	23	55	23	59	25	54	23	55	24
19	53	27	60	24	56	22	58	26	52	28	56	23
20	52	28	59	21	53	21	51	23	51	27	53	22
21	51	25	58	22	60	30	60	24	60	26	54	21
22	60	26	57	29	57	29	59	21	59	28	1	40
23	59	23	56	30	58	28	58	30	8	35	10	39
24	58	24	55	27	55	27	57	37	7	36	7	38
25	57	31	54	28	56	36	6	38	6	33	8	37
26	6	32	53	35	3	35	5	35	5	34	5	36
27	5	39	2	36	4	32	4	36	4	31	6	35
28	4	40	1	33	1	31	3	33	3	32	3	34
29	3		10	34	2	40	2	34	2	39	4	33
30	2		9	31	9	39	1	31	1	40	1	32
31	1		8		10		10	32		37		31

1963 昭和38年生

日＼月	1	2	3	4	5	6	7	8	9	10	11	12
1	50	15	34	12	45	14	43	14	46	15	41	15
2	49	14	41	11	46	11	42	13	43	14	42	16
3	48	13	42	20	43	12	41	12	44	13	49	13
4	47	11	49	19	44	19	50	11	41	12	50	14
5	46	12	50	18	41	20	49	20	42	11	47	11
6	45	19	47	17	42	17	48	19	49	20	48	12
7	44	20	48	16	49	18	47	18	50	19	55	29
8	43	17	45	15	50	15	46	18	57	28	56	30
9	42	18	46	14	47	16	45	25	58	27	53	27
10	41	25	43	13	48	23	54	26	55	26	54	28
11	60	26	44	22	55	24	53	23	56	25	51	25
12	59	21	51	21	56	21	52	24	53	24	52	26
13	58	22	52	30	53	22	51	21	54	23	59	23
14	57	29	59	29	56	29	60	22	51	22	60	24
15	56	30	60	26	53	30	59	29	52	21	57	21
16	53	27	57	25	54	27	58	24	59	30	54	22
17	52	28	57	24	51	29	57	21	60	29	1	39
18	51	25	56	30	52	28	54	22	7	38	2	40
19	58	24	55	27	59	27	53	39	7	33	9	38
20	57	31	54	28	60	36	2	40	6	32	10	37
21	6	32	53	35	3	35	5	37	5	31	7	36
22	5	39	2	36	4	34	4	38	4	31	8	35
23	4	40	1	33	1	33	3	33	3	32	3	34
24	3	37	10	34	2	32	2	34	2	39	4	33
25	2	38	9	31	9	31	1	31	1	40	1	32
26	1	35	8	32	10	40	10	32	10	37	2	31
27	10	36	7	39	7	37	9	39	9	38	19	50
28	9	33	6	40	8	36	8	40	18	45	20	49
29	8		5	37	5	35	7	47	17	46	17	48
30	7		4	38	6	44	16	48	16	43	18	47
31	16		3		13		15	45		44		46

下ひとケタが… **1·2** 自我欲 **3·4** 食欲・性欲 **5·6** 金欲・財欲 **7·8** 権力・支配欲 **9·0** 創作欲

金 1964 昭和39年生

日＼月	1	2	3	4	5	6	7	8	9	10	11	12
1	45	20	48	16	49	18	47	18	50	19	55	29
2	44	19	45	15	50	15	46	17	57	28	56	30
3	43	18	46	14	47	16	45	26	58	27	53	27
4	42	17	43	13	48	23	54	25	55	26	54	28
5	41	25	44	22	55	24	53	24	56	25	51	25
6	60	26	51	21	56	21	52	23	53	24	52	26
7	59	23	52	30	53	22	51	21	54	23	59	23
8	58	24	59	29	54	29	60	22	51	22	60	24
9	57	21	60	28	51	30	59	29	52	21	57	21
10	56	22	57	27	52	27	58	30	59	30	58	22
11	55	29	58	26	59	28	57	27	60	29	5	39
12	54	30	55	25	60	25	56	28	7	38	6	40
13	53	25	56	24	59	26	55	35	8	37	3	37
14	52	26	53	23	60	33	4	36	5	36	4	38
15	51	33	54	40	7	34	3	37	6	35	7	35
16	8	34	2	39	8	31	2	38	3	34	8	36
17	7	31	1	38	5	33	9	35	4	33	5	33
18	6	32	10	34	6	32	8	36	2	38	6	33
19	3	39	9	31	3	31	7	33	1	37	3	32
20	2	38	8	32	10	40	10	34	10	36	4	31
21	1	35	7	39	7	39	9	31	9	38	11	50
22	10	36	6	40	8	38	8	40	18	45	20	49
23	9	33	5	37	5	37	7	47	17	46	17	48
24	8	34	4	38	6	46	16	48	16	43	18	47
25	7	41	3	45	13	45	15	45	15	44	15	46
26	16	42	12	46	14	44	14	46	14	41	16	45
27	15	49	11	43	11	41	13	43	13	42	13	44
28	14	50	20	44	12	50	12	44	12	49	14	43
29	13	47	19	41	19	49	11	41	11	50	11	42
30	12		18	42	20	48	20	42	20	47	12	41
31	11		17		17		19	49		48		60

銀 1965 昭和40年生

日＼月	1	2	3	4	5	6	7	8	9	10	11	12
1	59	24	51	21	56	21	52	23	53	24	52	26
2	58	23	52	30	53	22	51	22	54	23	59	23
3	57	22	59	29	54	29	60	21	51	22	60	24
4	56	22	60	28	51	30	59	30	52	21	57	21
5	55	29	57	27	52	27	58	29	59	30	58	22
6	54	30	58	26	59	28	57	28	60	29	5	39
7	53	27	55	25	60	25	56	27	7	38	6	40
8	52	28	56	24	57	26	55	35	8	37	3	37
9	51	35	53	23	58	33	4	36	5	36	4	38
10	10	36	54	32	5	34	3	33	6	35	1	35
11	9	33	1	31	6	31	2	34	3	34	2	36
12	8	32	2	40	3	32	1	31	4	33	9	33
13	7	39	9	39	4	39	10	32	1	32	10	34
14	6	40	10	38	3	40	9	39	2	31	7	31
15	3	37	7	35	4	37	8	40	9	40	4	32
16	2	38	8	34	1	38	7	31	10	39	11	49
17	1	35	6	33	2	38	4	32	17	48	12	50
18	8	36	5	37	9	37	3	49	18	43	19	48
19	7	41	4	38	10	46	12	50	16	42	20	47
20	16	42	3	45	17	45	15	47	15	41	17	46
21	15	49	12	46	14	44	14	48	14	41	18	45
22	14	50	11	43	11	43	13	45	13	42	15	44
23	13	47	20	44	12	42	12	44	12	49	14	43
24	12	48	19	41	19	41	11	41	11	50	11	42
25	11	45	18	42	20	50	20	42	20	47	12	41
26	20	46	17	49	17	49	19	49	19	48	29	60
27	19	43	16	50	18	46	18	50	28	55	30	59
28	18	44	15	47	15	45	17	57	27	56	27	58
29	17		14	48	16	54	26	58	26	53	28	57
30	26		13	55	23	53	25	55	25	54	25	56
31	25		22		24		24	56		51		55

命数が… 1〜10 羅針盤座 11〜20 インディアン座 21〜30 鳳凰座 31〜40 時計座 41〜50 カメレオン座 51〜60 イルカ座

金 1966 昭和41年生

日＼月	1	2	3	4	5	6	7	8	9	10	11	12
1	54	29	58	26	59	28	57	28	60	29	5	39
2	53	28	55	25	60	25	56	27	7	38	6	40
3	52	27	56	24	57	26	55	36	8	37	3	37
4	51	35	53	23	58	33	4	35	5	36	4	38
5	10	36	54	32	5	34	3	34	6	35	1	35
6	9	33	1	31	6	31	2	33	3	34	2	36
7	8	34	2	40	3	32	1	32	4	33	9	33
8	7	31	9	39	4	39	10	32	1	32	10	34
9	6	32	10	38	1	40	9	39	2	31	7	31
10	5	39	7	37	2	37	8	40	9	40	8	32
11	4	40	8	36	9	38	7	37	10	39	15	49
12	3	35	5	35	10	35	6	38	17	48	16	50
13	2	36	6	34	7	36	5	45	18	47	13	47
14	1	43	3	33	10	43	14	46	15	46	14	48
15	20	44	4	50	17	44	13	43	16	45	11	45
16	17	41	11	49	18	41	12	48	13	44	18	46
17	16	42	11	48	15	43	19	45	14	43	15	43
18	15	49	20	44	16	42	18	46	11	42	16	43
19	12	48	19	41	13	41	17	43	11	47	13	42
20	11	45	18	42	14	50	20	44	20	46	14	41
21	20	46	17	49	17	49	19	41	19	45	21	60
22	19	43	16	50	18	48	18	42	28	55	22	59
23	18	44	15	47	15	47	17	57	27	56	27	58
24	17	51	14	48	16	56	26	58	26	53	28	57
25	26	52	13	55	23	55	25	55	25	54	25	56
26	25	59	22	56	24	54	24	56	24	51	26	55
27	24	60	21	53	21	51	23	53	23	52	23	54
28	23	57	30	54	22	60	22	54	22	59	24	53
29	22		29	51	29	59	21	51	21	60	21	52
30	21		28	52	30	58	30	52	30	57	22	51
31	30		27		27		29	59		58		10

銀 1967 昭和42年生

日＼月	1	2	3	4	5	6	7	8	9	10	11	12
1	9	34	1	31	6	31	2	33	3	34	2	36
2	8	33	2	40	3	32	1	32	4	33	9	33
3	7	32	9	39	4	39	10	31	1	32	10	34
4	6	32	10	38	1	40	9	40	2	31	7	31
5	5	39	7	37	2	37	8	39	9	40	8	32
6	4	40	8	36	9	38	7	38	10	39	15	49
7	3	37	5	35	10	35	6	37	17	48	16	50
8	2	38	6	34	7	36	5	45	18	47	13	47
9	1	45	3	33	8	43	14	46	15	46	14	48
10	20	46	4	42	15	44	13	43	16	45	11	45
11	19	43	11	41	16	41	12	44	13	44	12	46
12	18	42	12	50	13	42	11	41	14	43	19	43
13	17	49	19	49	14	49	20	42	11	42	20	44
14	16	50	20	48	13	50	19	49	12	41	17	41
15	15	47	17	45	14	47	18	50	19	50	18	42
16	12	48	18	44	11	48	17	41	20	49	21	59
17	11	45	16	43	12	48	16	42	27	58	22	60
18	20	46	15	47	19	47	13	59	28	57	29	57
19	17	51	14	48	20	56	22	60	26	52	30	57
20	26	52	13	55	27	55	21	57	25	51	27	56
21	25	59	22	56	24	54	24	58	24	60	28	55
22	24	60	21	53	21	53	23	55	23	52	25	54
23	23	57	30	54	22	52	22	54	22	59	24	53
24	22	58	29	51	29	51	21	51	21	60	21	52
25	21	55	28	52	30	60	30	52	30	57	22	51
26	30	56	27	59	27	57	29	59	29	58	39	10
27	29	53	26	60	28	56	28	60	38	5	40	9
28	28	54	25	57	25	55	27	7	37	6	37	8
29	27		24	58	26	4	36	8	36	3	38	7
30	36		23	5	33	3	35	5	35	4	35	6
31	35		32		34		34	6		1		5

下ひとケタが… 1·2 自我欲　3·4 食欲・性欲　5·6 金欲・財欲　7·8 権力・支配欲　9·0 創作欲

金 1968 昭和43年生

日＼月	1	2	3	4	5	6	7	8	9	10	11	12
1	4	39	5	35	10	35	6	37	17	48	16	50
2	3	38	6	34	7	36	5	46	18	47	13	47
3	2	37	3	33	8	43	14	45	15	46	14	48
4	1	46	4	42	15	44	13	44	16	45	11	45
5	20	46	11	41	16	41	12	43	13	44	12	46
6	19	43	12	50	13	42	11	42	14	43	19	43
7	18	44	19	49	14	49	20	42	11	42	20	44
8	17	41	20	48	11	50	19	49	12	41	17	41
9	16	42	17	47	12	47	18	50	19	50	18	42
10	15	49	18	46	19	48	17	47	20	49	25	59
11	14	50	15	45	20	45	16	48	27	58	26	60
12	13	47	16	44	17	46	15	55	28	57	23	57
13	12	46	13	43	20	53	24	56	25	56	24	58
14	11	53	14	52	27	54	23	53	26	55	21	55
15	30	54	21	59	28	51	22	58	23	54	28	56
16	27	51	21	58	25	52	21	55	24	53	25	53
17	26	52	30	57	26	52	28	56	21	52	26	54
18	25	59	29	51	23	51	27	53	21	57	23	52
19	22	60	28	52	24	60	26	54	30	56	24	51
20	21	55	27	59	27	59	29	51	29	55	31	10
21	30	56	26	60	28	58	28	52	38	5	32	9
22	29	53	25	57	25	57	27	7	37	6	37	8
23	28	54	24	58	26	6	36	8	36	3	38	7
24	27	1	23	5	33	5	35	5	35	4	35	6
25	36	2	32	6	34	4	34	6	34	1	36	5
26	35	9	31	3	31	3	33	3	33	2	33	4
27	34	10	40	4	32	10	32	4	32	9	34	3
28	33	7	39	1	39	9	31	1	31	10	31	2
29	32	8	38	2	40	8	40	2	40	7	32	1
30	31		37	9	37	7	39	9	39	8	49	20
31	40		36		38		38	10		15		19

銀 1969 昭和44年生

日＼月	1	2	3	4	5	6	7	8	9	10	11	12
1	18	43	12	50	13	42	11	42	14	43	19	43
2	17	42	19	49	14	49	20	41	11	42	20	44
3	16	41	20	48	11	50	19	50	12	41	17	41
4	15	49	17	47	12	47	18	49	19	50	18	42
5	14	50	18	46	19	48	17	48	20	49	25	59
6	13	47	15	45	20	45	16	47	27	58	26	60
7	12	48	16	44	17	46	15	56	28	57	23	57
8	11	55	13	43	18	53	24	56	25	56	24	58
9	30	56	14	52	25	54	23	53	26	55	21	55
10	29	53	21	51	26	51	22	54	23	54	22	56
11	28	54	22	60	23	52	21	51	24	53	29	53
12	27	59	29	59	24	59	30	52	21	52	30	54
13	26	60	30	58	21	60	29	59	22	51	27	51
14	25	57	27	57	24	57	28	60	29	60	28	52
15	22	58	28	54	21	58	27	57	30	59	31	9
16	21	55	25	53	22	55	26	52	37	8	32	10
17	30	56	25	52	29	57	23	9	38	7	39	7
18	27	3	24	58	30	6	32	10	35	2	40	7
19	36	2	23	5	37	5	31	7	35	1	37	6
20	35	9	32	6	38	4	34	8	34	10	38	5
21	34	10	31	3	31	3	33	5	33	2	35	4
22	33	7	40	4	32	2	32	6	32	9	34	3
23	32	8	39	1	39	1	31	1	31	10	31	2
24	31	5	38	2	40	10	40	2	40	7	32	1
25	40	6	37	9	37	9	39	9	39	8	49	20
26	39	3	36	10	38	8	38	10	48	15	50	19
27	38	4	35	7	35	5	37	17	47	16	47	18
28	37	11	34	8	36	14	46	18	46	13	48	17
29	46		33	15	43	13	45	15	45	14	45	16
30	45		42	16	44	12	44	16	44	11	46	15
31	44		41		41		43	13		12		14

命数が… 1〜10 羅針盤座 11〜20 インディアン座 21〜30 鳳凰座 31〜40 時計座 41〜50 カメレオン座 51〜60 イルカ座

1970 昭和45年生

日＼月	1	2	3	4	5	6	7	8	9	10	11	12
1	13	48	15	45	20	45	16	47	27	58	26	60
2	12	47	16	44	17	46	15	56	28	57	23	57
3	11	56	13	43	18	53	24	55	25	56	24	58
4	30	56	14	52	25	54	23	54	26	55	21	55
5	29	53	21	51	28	51	22	53	23	54	22	56
6	28	54	22	60	23	52	21	52	24	53	29	53
7	27	51	29	59	24	59	30	51	21	52	30	54
8	26	52	30	58	21	60	29	59	22	51	27	51
9	25	59	27	57	22	57	28	60	29	60	28	52
10	24	60	28	56	29	58	27	57	30	59	35	9
11	23	57	25	55	30	55	26	58	37	8	36	10
12	22	56	26	54	27	56	25	5	38	7	33	7
13	21	3	23	53	28	3	34	6	35	6	34	8
14	40	4	24	2	37	4	33	3	36	5	31	5
15	39	1	31	9	38	1	32	4	33	4	32	6
16	36	2	32	8	35	2	31	5	34	3	35	3
17	35	9	40	7	36	2	38	6	31	2	36	4
18	34	10	39	1	33	1	37	3	32	1	33	2
19	31	5	38	2	34	10	36	4	40	6	34	1
20	40	6	37	9	31	9	39	1	39	5	41	20
21	39	3	36	10	38	8	38	2	48	14	42	19
22	38	4	35	7	35	7	37	19	47	16	49	18
23	37	11	34	8	36	16	46	18	46	13	48	17
24	46	12	33	15	43	15	45	15	45	14	45	16
25	45	19	42	16	44	14	44	16	44	11	46	15
26	44	20	41	13	41	13	43	13	43	12	43	14
27	43	17	50	14	42	20	42	14	42	19	44	13
28	42	18	49	11	49	19	41	11	41	20	41	12
29	41		48	12	50	18	50	12	50	17	42	11
30	50		47	19	47	17	49	19	49	18	59	30
31	49		46		48		48	20		25		29

1971 昭和46年生

日＼月	1	2	3	4	5	6	7	8	9	10	11	12
1	28	53	22	60	23	52	21	52	24	53	29	53
2	27	52	29	59	24	59	30	51	21	52	30	54
3	26	51	30	58	21	60	29	60	22	51	27	51
4	25	59	27	57	22	57	28	59	29	60	28	52
5	24	60	28	56	29	58	27	58	30	59	35	9
6	23	57	25	55	30	55	26	57	37	8	36	10
7	22	58	26	54	27	56	25	6	38	7	33	7
8	21	5	23	53	28	3	34	6	35	6	34	8
9	40	6	24	2	35	4	33	3	36	5	31	5
10	39	3	31	1	36	1	32	4	33	4	32	6
11	38	4	32	10	33	2	31	1	34	3	39	3
12	37	9	39	9	34	9	40	2	31	2	40	4
13	36	10	40	8	31	10	39	9	32	1	37	1
14	35	7	37	7	34	7	38	10	39	10	38	2
15	34	8	38	4	31	8	37	7	40	9	45	19
16	31	5	35	3	32	5	36	2	47	18	42	20
17	40	6	35	2	39	7	35	19	48	17	49	17
18	39	13	34	8	40	16	42	20	45	16	50	18
19	46	12	33	15	47	15	41	17	45	11	47	16
20	45	19	42	16	48	14	50	18	44	20	48	15
21	44	20	41	13	41	13	43	15	43	19	45	14
22	43	17	50	14	42	12	42	16	42	19	46	13
23	42	18	49	11	49	11	41	11	41	20	41	12
24	41	15	48	12	50	20	50	12	50	17	42	11
25	50	16	47	19	47	19	49	19	49	18	59	30
26	49	13	46	20	48	18	48	20	58	25	60	29
27	48	14	45	17	45	15	47	27	57	26	57	28
28	47	21	44	18	46	24	56	28	56	23	58	27
29	56		43	25	53	23	55	25	55	24	55	26
30	55		52	26	54	22	54	26	54	21	56	25
31	54		51		51		53	23		22		24

下ひとケタが… 1·2 自我欲　3·4 食欲・性欲　5·6 金欲・財欲　7·8 権力・支配欲　9·0 創作欲

金 1972 昭和47年生

日＼月	1	2	3	4	5	6	7	8	9	10	11	12
1	23	58	26	54	27	56	25	6	38	7	33	7
2	22	57	23	53	28	3	34	5	35	6	34	8
3	21	6	24	2	35	4	33	4	36	5	31	5
4	40	5	31	1	36	1	32	3	33	4	32	6
5	39	3	32	10	33	2	31	2	34	3	39	3
6	38	4	39	9	34	9	40	1	31	2	33	4
7	37	1	40	8	31	10	39	9	32	1	37	1
8	36	2	37	7	32	7	38	10	39	10	38	2
9	35	9	38	6	39	8	37	7	40	9	45	19
10	34	10	35	5	40	5	36	8	47	18	46	20
11	33	7	36	4	37	6	35	15	48	17	43	17
12	32	8	33	3	38	13	44	16	45	16	44	18
13	31	13	34	12	47	14	43	13	46	15	41	15
14	50	14	41	11	48	11	42	14	43	14	42	16
15	49	11	42	18	45	12	41	15	44	13	45	13
16	46	12	50	17	46	12	50	16	41	12	46	14
17	45	19	49	16	43	11	47	13	42	11	43	11
18	44	20	48	12	44	20	46	14	50	16	44	11
19	41	17	47	19	41	19	45	11	49	15	51	30
20	50	16	46	20	48	18	48	12	58	24	52	29
21	49	13	45	17	45	17	47	29	57	26	59	28
22	48	14	44	18	46	26	56	28	56	23	58	27
23	47	21	43	25	53	25	55	25	55	24	55	26
24	56	22	52	26	54	24	54	26	54	21	56	25
25	55	29	51	23	51	23	53	23	53	22	53	24
26	54	30	60	24	52	30	52	24	52	29	54	23
27	53	27	59	21	59	29	51	21	51	30	51	22
28	52	28	58	22	60	28	60	22	60	27	52	21
29	51	25	57	29	57	27	59	29	59	28	9	40
30	60		56	30	58	26	58	30	8	35	10	39
31	59		55		55		57	37		36		38

銀 1973 昭和48年生

日＼月	1	2	3	4	5	6	7	8	9	10	11	12
1	37	2	39	9	34	9	40	1	31	2	40	4
2	36	1	40	8	31	10	39	10	32	1	37	1
3	35	10	37	7	32	7	38	9	39	10	38	2
4	34	10	38	6	39	8	37	8	40	9	45	19
5	33	7	35	5	40	5	36	7	47	18	46	20
6	32	8	36	4	37	6	35	16	48	17	43	17
7	31	15	33	3	38	13	44	15	45	16	44	18
8	50	16	34	12	45	14	43	13	46	15	41	15
9	49	13	41	11	46	11	42	14	43	14	42	16
10	48	14	42	20	43	12	41	11	44	13	49	13
11	47	11	49	19	44	19	50	12	41	12	50	14
12	46	20	50	18	41	20	49	19	42	11	47	11
13	45	17	47	17	42	17	48	20	49	20	48	12
14	44	18	48	16	41	18	47	17	50	19	55	29
15	41	15	45	13	42	15	46	18	57	28	52	30
16	50	16	46	12	49	16	45	29	58	27	59	27
17	49	23	44	11	50	26	52	30	55	26	60	28
18	56	24	43	25	57	25	51	27	56	21	57	26
19	55	29	52	26	58	24	60	28	54	30	58	25
20	54	30	51	23	55	23	53	25	53	29	55	24
21	53	27	60	24	52	22	52	26	52	29	56	23
22	52	28	59	21	59	21	51	23	51	30	51	22
23	51	25	58	22	60	30	60	22	60	27	52	21
24	60	26	57	29	57	29	59	29	59	28	9	40
25	59	23	56	30	58	28	58	30	8	35	10	39
26	58	24	55	27	55	25	57	37	7	36	7	38
27	57	31	54	28	56	34	6	38	6	33	8	37
28	6	32	53	35	3	33	5	35	5	34	5	36
29	5		2	36	4	32	4	36	4	31	6	35
30	4		1	33	1	31	3	33	3	32	3	34
31	3		10		2		2	34		39		33

命数が… 1〜10 羅針盤座 11〜20 インディアン座 21〜30 鳳凰座 31〜40 時計座 41〜50 カメレオン座 51〜60 イルカ座

金 1974 昭和49年生

日＼月	1	2	3	4	5	6	7	8	9	10	11	12
1	32	7	36	4	37	6	35	16	48	17	43	17
2	31	16	33	3	38	13	44	15	45	16	44	18
3	50	15	34	12	45	14	43	14	46	15	41	15
4	49	13	41	11	46	11	42	13	43	14	42	16
5	48	14	42	20	43	12	41	12	44	13	49	13
6	47	11	49	19	44	19	50	11	41	12	50	14
7	46	12	50	18	41	20	49	20	42	11	47	11
8	45	19	47	17	42	17	48	20	49	20	48	12
9	44	20	48	16	49	18	47	17	50	19	55	29
10	43	17	45	15	50	15	46	18	57	28	56	30
11	42	18	46	14	47	16	45	25	58	27	53	27
12	41	23	43	13	48	23	54	26	55	26	54	28
13	60	24	44	22	55	24	53	23	56	25	51	25
14	59	21	51	21	58	21	52	24	53	24	52	26
15	58	22	52	28	55	22	51	21	54	23	59	23
16	55	29	59	27	56	29	60	26	51	22	56	24
17	54	30	59	26	53	21	57	23	52	21	53	21
18	53	27	58	22	54	30	56	24	59	30	54	21
19	60	26	57	29	51	29	55	21	59	25	1	40
20	59	23	56	30	52	28	58	22	8	34	2	39
21	58	24	55	27	55	27	57	39	7	33	9	38
22	57	31	54	28	56	36	6	40	6	33	10	37
23	6	32	53	35	3	35	5	35	5	34	5	36
24	5	39	2	36	4	34	4	36	4	31	6	35
25	4	40	1	33	1	33	3	33	3	32	3	34
26	3	37	10	34	2	32	2	34	2	39	4	33
27	2	38	9	31	9	39	1	31	1	40	1	32
28	1	35	8	32	10	38	10	32	10	37	2	31
29	10		7	39	7	37	9	39	9	38	19	50
30	9		6	40	8	36	8	40	18	45	20	49
31	8		5		5		7	47		46		48

銀 1975 昭和50年生

日＼月	1	2	3	4	5	6	7	8	9	10	11	12
1	47	12	49	19	44	19	50	11	41	12	50	14
2	46	11	50	18	41	20	49	20	42	11	47	11
3	45	20	47	17	42	17	48	19	49	20	48	12
4	44	20	48	16	49	18	47	18	50	19	55	29
5	43	17	45	15	50	15	46	17	57	28	56	30
6	42	18	46	14	47	16	45	26	58	27	53	27
7	41	25	43	13	48	23	54	25	55	26	54	28
8	60	26	44	22	55	24	53	23	56	25	51	25
9	59	23	51	21	56	21	52	24	53	24	52	26
10	58	24	52	30	53	22	51	21	54	23	59	23
11	57	21	59	29	54	29	60	22	51	22	60	24
12	56	30	60	28	51	30	59	29	52	21	57	21
13	55	27	57	27	52	27	58	30	59	30	58	22
14	54	28	58	26	51	28	57	27	60	29	5	39
15	53	25	55	23	52	25	56	28	7	38	6	40
16	60	26	56	22	59	26	55	39	8	37	9	37
17	59	33	54	21	60	36	4	40	5	36	10	38
18	8	34	53	35	7	35	1	37	6	35	7	35
19	5	39	2	36	8	34	10	38	4	40	8	35
20	4	40	1	33	5	33	9	35	3	39	5	34
21	3	37	10	34	2	32	2	36	2	38	6	33
22	2	38	9	31	9	31	1	33	1	40	3	32
23	1	35	8	32	10	40	10	32	10	37	2	31
24	10	36	7	39	7	39	9	39	9	38	19	50
25	9	33	6	40	8	38	8	40	18	45	20	49
26	8	34	5	37	5	37	7	47	17	46	17	48
27	7	41	4	38	6	44	16	48	16	43	18	47
28	16	42	3	45	13	43	15	45	15	44	15	46
29	15		12	46	14	42	14	46	14	41	16	45
30	14		11	43	11	41	13	43	13	42	13	44
31	13		20		12		12	44		49		43

下ひとケタが… 1·2 自我欲　3·4 食欲・性欲　5·6 金欲・財欲　7·8 権力・支配欲　9·0 創作欲

金

1976 昭和51年生

日＼月	1	2	3	4	5	6	7	8	9	10	11	12
1	42	17	43	13	48	23	54	25	55	26	54	28
2	41	26	44	22	55	24	53	24	56	25	51	25
3	60	25	51	21	56	21	52	23	53	24	52	26
4	59	24	52	30	53	22	51	22	54	23	59	23
5	58	24	59	29	54	29	60	21	51	22	60	24
6	57	21	60	28	51	30	59	30	52	21	57	21
7	56	22	57	27	52	27	58	30	59	30	58	22
8	55	29	58	26	59	28	57	27	60	29	5	39
9	54	30	55	25	60	25	56	28	7	38	6	40
10	53	27	56	24	57	26	55	35	8	37	3	37
11	52	28	53	23	58	33	4	36	5	36	4	38
12	51	35	54	32	5	34	3	33	6	35	1	35
13	10	34	1	31	8	31	2	34	3	34	2	36
14	9	31	2	40	5	32	1	31	4	33	9	33
15	8	32	9	37	6	39	10	36	1	32	6	34
16	5	39	9	36	3	31	9	33	2	31	3	31
17	4	40	8	35	4	40	6	34	9	40	4	32
18	3	37	7	39	1	39	5	31	9	35	11	50
19	10	38	6	40	2	38	4	32	18	44	12	49
20	9	33	5	37	5	37	7	49	17	43	19	48
21	8	34	4	38	6	46	16	50	16	43	20	47
22	7	41	3	45	13	45	15	45	15	44	15	46
23	16	42	12	46	14	44	14	46	14	41	16	45
24	15	49	11	43	11	43	13	43	13	42	13	44
25	14	50	20	44	12	42	12	44	12	49	14	43
26	13	47	19	41	19	49	11	41	11	50	11	42
27	12	48	18	42	20	48	20	42	20	47	12	41
28	11	45	17	49	17	47	19	49	19	48	29	60
29	20	46	16	50	18	46	18	50	28	55	30	59
30	19		15	47	15	45	17	57	27	56	27	58
31	18		14		16		26	58		53		57

銀

1977 昭和52年生

日＼月	1	2	3	4	5	6	7	8	9	10	11	12
1	56	21	60	28	51	30	59	30	52	21	57	21
2	55	30	57	27	52	27	58	29	59	30	58	22
3	54	29	58	26	59	28	57	28	60	29	5	39
4	53	27	55	25	60	25	56	27	7	38	6	40
5	52	28	56	24	57	26	55	36	8	37	3	37
6	51	35	53	23	58	33	4	35	5	36	4	38
7	10	36	54	32	5	34	3	34	6	35	1	35
8	9	33	1	31	6	31	2	34	3	34	2	36
9	8	34	2	40	3	32	1	31	4	33	9	33
10	7	31	9	39	4	39	10	32	1	32	10	34
11	6	32	10	38	1	40	9	39	2	31	7	31
12	5	37	7	37	2	37	8	40	9	40	8	32
13	4	38	8	36	9	38	7	37	10	39	15	49
14	3	35	5	35	2	35	6	38	17	48	16	50
15	10	36	6	32	9	36	5	45	18	47	19	47
16	9	43	3	31	10	43	14	50	15	46	20	48
17	18	44	3	50	17	45	11	47	16	45	17	45
18	15	41	12	46	18	44	20	48	13	50	18	45
19	14	50	11	43	15	43	19	45	13	49	15	44
20	13	47	20	44	16	42	12	46	12	48	16	43
21	12	48	19	41	19	41	11	43	11	50	13	42
22	11	45	18	42	20	50	20	44	20	47	12	41
23	20	46	17	49	17	49	19	49	19	48	29	60
24	19	43	16	50	18	48	18	50	28	55	30	59
25	18	44	15	47	15	47	17	57	27	56	27	58
26	17	51	14	48	16	56	26	58	26	53	28	57
27	26	52	13	55	23	53	25	55	25	54	25	56
28	25	59	22	56	24	52	24	56	24	51	26	55
29	24		21	53	21	51	23	53	23	52	23	54
30	23		30	54	22	60	22	54	22	59	24	53
31	22		29		29		21	51		60		52

命数が… 1〜10 羅針盤座　11〜20 インディアン座　21〜30 鳳凰座　31〜40 時計座　41〜50 カメレオン座　51〜60 イルカ座

金 1978 昭和53年生

日＼月	1	2	3	4	5	6	7	8	9	10	11	12
1	51	36	53	23	58	33	4	35	5	36	4	38
2	10	35	54	32	5	34	3	34	6	35	1	35
3	9	34	1	31	6	31	2	33	3	34	2	36
4	8	34	2	40	3	32	1	32	4	33	9	33
5	7	31	9	39	4	39	10	31	1	32	10	34
6	6	32	10	38	1	40	9	40	2	31	7	31
7	5	39	7	37	2	37	8	39	9	40	8	32
8	4	40	8	36	9	38	7	37	10	39	15	49
9	3	37	5	35	10	35	6	38	17	48	16	50
10	2	38	6	34	7	36	5	45	18	47	13	47
11	1	45	3	33	8	43	14	46	15	46	14	48
12	20	44	4	42	15	44	13	43	16	45	11	45
13	19	41	11	41	16	41	12	44	13	44	12	46
14	18	42	12	50	15	42	11	41	14	43	19	43
15	17	49	19	47	16	49	20	42	11	42	20	44
16	14	50	20	46	13	50	19	43	12	41	13	41
17	13	47	18	45	14	50	16	44	19	50	14	42
18	12	48	17	49	11	49	15	41	20	49	21	60
19	19	43	16	50	12	48	14	42	28	54	22	59
20	18	44	15	47	19	47	17	59	27	53	29	58
21	17	51	14	48	16	56	26	60	26	52	30	57
22	26	52	13	55	23	55	25	57	25	54	27	56
23	25	59	22	56	24	54	24	56	24	51	26	55
24	24	60	21	53	21	53	23	53	23	52	23	54
25	23	57	30	54	22	52	22	54	22	59	24	53
26	22	58	29	51	29	51	21	51	21	60	21	52
27	21	55	28	52	30	58	30	52	30	57	22	51
28	30	56	27	59	27	57	29	59	29	58	39	10
29	29		26	60	28	56	28	60	38	5	40	9
30	28		25	57	25	55	27	7	37	6	37	8
31	27		24		26		36	8		3		7

銀 1979 昭和54年生

日＼月	1	2	3	4	5	6	7	8	9	10	11	12
1	6	31	10	38	1	40	9	40	2	31	7	31
2	5	40	7	37	2	37	8	39	9	40	8	32
3	4	39	8	36	9	38	7	38	10	39	15	49
4	3	37	5	35	10	35	6	37	17	48	16	50
5	2	38	6	34	7	36	5	46	18	47	13	47
6	1	45	3	33	8	43	14	45	15	46	14	48
7	20	46	4	42	15	44	13	44	16	45	11	45
8	19	43	11	41	16	41	12	44	13	44	12	46
9	18	44	12	50	13	42	11	41	14	43	19	43
10	17	41	19	49	14	49	20	42	11	42	20	44
11	16	42	20	48	11	50	19	49	12	41	17	41
12	15	47	17	47	12	47	18	50	19	50	18	42
13	14	48	18	46	19	48	17	47	20	49	25	59
14	13	45	15	45	12	45	16	48	27	58	26	60
15	12	46	16	42	19	46	15	55	28	57	23	57
16	19	53	13	41	20	53	24	60	25	56	30	58
17	28	54	13	60	27	55	23	57	26	55	27	55
18	27	51	22	56	28	54	30	58	23	54	28	56
19	24	60	21	53	25	53	29	55	23	59	25	54
20	23	57	30	54	26	52	28	56	22	58	26	53
21	22	58	29	51	29	51	21	53	21	57	23	52
22	21	55	28	52	30	60	30	54	30	57	24	51
23	30	56	27	59	27	59	29	59	29	58	39	10
24	29	53	26	60	28	58	28	60	38	5	40	9
25	28	54	25	57	25	57	27	7	37	6	37	8
26	27	1	24	58	26	6	36	8	36	3	38	7
27	36	2	23	5	33	3	35	5	35	4	35	6
28	35	9	32	6	34	2	34	6	34	1	36	5
29	34		31	3	31	1	33	3	33	2	33	4
30	33		40	4	32	10	32	4	32	9	34	3
31	32		39		39		31	1		10		2

下ひとケタが… **1・2** 自我欲 **3・4** 食欲・性欲 **5・6** 金欲・財欲 **7・8** 権力・支配欲 **9・0** 創作欲

金

1980

昭和55年生

日＼月	1	2	3	4	5	6	7	8	9	10	11	12
1	1	46	4	42	15	44	13	44	16	45	11	45
2	20	45	11	41	16	41	12	43	13	44	12	46
3	19	44	12	50	13	42	11	42	14	43	19	43
4	18	43	19	49	14	49	20	41	11	42	20	44
5	17	41	20	48	11	50	19	50	12	41	17	41
6	16	42	17	47	12	47	17	49	19	50	18	42
7	15	49	18	46	19	48	17	47	20	49	25	59
8	14	50	15	45	20	45	16	48	27	58	26	60
9	13	47	16	44	17	46	15	55	28	57	23	57
10	12	48	13	43	18	53	24	56	25	56	24	58
11	11	55	14	52	25	54	23	53	26	55	21	55
12	30	56	21	51	26	51	22	54	23	54	22	56
13	29	51	22	60	25	52	21	51	24	53	29	53
14	28	52	29	57	26	59	30	52	21	52	30	54
15	27	59	30	56	23	60	29	53	22	51	23	51
16	24	60	28	55	24	60	28	54	29	60	24	52
17	23	57	27	59	21	59	25	51	30	59	31	9
18	22	58	26	60	22	58	24	52	38	4	32	9
19	29	55	25	57	29	57	23	9	37	3	39	8
20	28	54	24	58	26	6	36	10	36	2	40	7
21	27	1	23	5	33	5	35	7	35	4	37	6
22	36	2	32	6	34	4	34	6	34	1	36	5
23	35	9	31	3	31	3	33	3	33	2	33	4
24	34	10	40	4	32	2	32	4	32	9	34	3
25	33	7	39	1	39	1	31	1	31	10	31	2
26	32	8	38	2	40	8	40	2	40	7	32	1
27	31	5	37	9	37	7	39	9	39	8	49	20
28	40	6	36	10	38	6	38	10	48	15	50	19
29	39	3	35	7	35	5	37	17	47	16	47	18
30	38		34	8	36	14	46	18	46	13	48	17
31	37		33		43		45	15		14		16

銀

1981

昭和56年生

日＼月	1	2	3	4	5	6	7	8	9	10	11	12
1	15	50	17	47	12	47	18	49	19	50	18	42
2	14	49	18	46	19	48	17	48	20	49	25	59
3	13	48	15	45	20	45	16	47	27	58	26	60
4	12	48	16	44	17	46	15	56	28	57	23	57
5	11	55	17	43	18	53	24	55	25	56	24	58
6	30	56	14	52	25	54	23	54	26	55	21	55
7	29	53	21	51	26	51	22	54	23	54	22	56
8	28	54	22	60	23	52	21	51	24	53	29	53
9	27	51	29	59	24	59	30	52	21	52	30	54
10	26	52	30	58	21	60	29	59	22	51	27	51
11	25	59	27	57	22	57	28	60	29	60	28	52
12	24	58	28	56	29	58	27	57	30	59	35	9
13	23	55	25	55	22	55	26	58	37	8	36	10
14	22	56	26	54	29	56	25	5	38	7	33	7
15	21	3	23	51	30	3	34	10	35	6	40	8
16	38	4	24	10	37	4	33	7	36	5	37	5
17	37	1	32	9	38	4	40	8	33	4	38	6
18	36	2	31	3	35	3	39	5	34	9	35	4
19	33	7	40	4	36	2	38	6	32	8	36	3
20	32	8	39	1	39	1	31	3	31	7	33	2
21	31	5	38	2	40	10	40	4	40	7	34	1
22	40	6	37	9	37	9	39	9	39	8	49	20
23	39	3	36	10	38	8	38	10	48	15	50	19
24	38	4	35	7	35	7	37	17	47	16	47	18
25	37	11	34	8	36	16	46	18	46	13	48	17
26	46	12	33	15	43	15	45	15	45	14	45	16
27	45	19	42	16	44	12	44	16	44	11	46	15
28	44	20	41	13	41	11	43	13	43	12	43	14
29	43		50	14	42	20	42	14	42	19	44	13
30	42		49	11	49	19	41	11	41	20	41	12
31	41		48		50		50	12		17		11

命数が… 1～10 羅針盤座 11～20 インディアン座 21～30 鳳凰座 31～40 時計座 41～50 カメレオン座 51～60 イルカ座

1982

昭和57年生

日 月	1	2	3	4	5	6	7	8	9	10	11	12
1	30	55	14	52	25	54	23	54	26	55	21	55
2	29	54	21	51	26	51	22	53	23	54	22	56
3	28	53	22	60	23	52	21	52	24	53	29	53
4	27	51	29	59	24	59	30	51	21	52	30	54
5	26	52	24	58	21	60	29	60	22	51	27	51
6	25	59	27	57	22	57	28	59	29	60	28	52
7	24	60	28	56	29	58	27	58	30	59	35	9
8	23	57	25	55	30	55	26	58	37	8	36	10
9	22	58	26	54	27	56	25	5	38	7	33	7
10	21	5	23	53	28	3	34	6	35	6	34	8
11	40	6	24	2	35	4	33	3	36	5	31	5
12	39	1	31	1	36	1	32	4	33	4	32	6
13	38	2	32	10	33	2	31	1	34	3	39	3
14	37	9	39	9	36	9	40	2	31	2	40	4
15	36	10	40	6	33	10	39	9	32	1	37	1
16	33	7	37	5	34	7	38	4	39	10	34	2
17	32	8	37	4	31	9	35	1	40	9	41	19
18	31	5	36	10	32	8	34	2	47	14	42	19
19	38	4	35	7	39	7	33	19	47	13	49	18
20	37	11	34	8	40	16	46	20	46	12	50	17
21	46	12	33	15	43	15	45	17	45	14	47	16
22	45	19	42	16	44	14	44	18	44	11	48	15
23	44	20	41	13	41	13	43	13	43	12	43	14
24	43	17	50	14	42	12	42	14	42	19	44	13
25	42	18	49	11	49	11	41	11	41	20	41	12
26	41	15	48	12	50	20	50	12	50	17	42	11
27	50	16	47	19	47	17	49	19	49	18	59	30
28	49	13	46	20	48	16	48	20	58	25	60	29
29	48		45	17	45	15	47	27	57	26	57	28
30	47		44	18	46	24	56	28	56	23	58	27
31	56		43		53		55	25		24		26

1983

昭和58年生

日 月	1	2	3	4	5	6	7	8	9	10	11	12
1	25	60	27	57	22	57	28	59	29	60	28	52
2	24	59	28	56	29	58	27	58	30	59	35	9
3	23	58	25	55	30	55	26	57	37	8	36	10
4	22	58	26	54	27	56	25	6	38	7	33	7
5	21	5	23	53	28	3	34	5	35	6	34	8
6	40	6	24	2	35	4	33	4	36	5	31	5
7	39	3	31	1	36	1	31	3	33	4	32	6
8	38	4	32	10	33	2	31	1	34	3	39	3
9	37	1	39	9	34	9	40	2	31	2	40	4
10	36	2	40	8	31	10	39	9	32	1	37	1
11	35	9	37	7	32	7	38	10	39	10	38	2
12	34	8	38	6	39	8	37	7	40	9	45	19
13	33	5	35	5	40	5	36	8	47	18	46	20
14	32	6	36	4	39	6	35	15	48	17	43	17
15	31	13	33	1	40	13	44	16	45	16	44	18
16	48	14	34	20	47	14	43	17	46	15	47	15
17	47	11	42	19	48	14	42	18	43	14	48	16
18	46	12	41	13	45	13	49	15	44	13	45	13
19	43	17	50	14	46	12	48	16	42	18	46	13
20	42	18	49	11	43	11	47	13	41	17	43	12
21	41	15	48	12	50	20	50	14	50	16	44	11
22	50	16	47	19	47	19	49	11	49	18	51	30
23	49	13	46	20	48	18	48	20	58	25	60	29
24	48	14	45	17	45	17	47	27	57	26	57	28
25	47	21	44	18	46	26	56	28	56	23	58	27
26	56	22	43	25	53	25	55	25	55	24	55	26
27	55	29	52	26	54	22	54	26	54	21	56	25
28	54	30	51	23	51	21	53	23	53	22	53	24
29	53		60	24	52	30	52	24	52	29	54	23
30	52		59	21	59	29	51	21	51	30	51	22
31	51		58		60		60	22		27		21

下ひとケタが… **1·2** 自我欲 **3·4** 食欲・性欲 **5·6** 金欲・財欲 **7·8** 権力・支配欲 **9·0** 創作欲

金 1984 昭和59年生

日＼月	1	2	3	4	5	6	7	8	9	10	11	12
1	40	5	31	1	36	1	32	3	33	4	32	6
2	39	4	32	10	33	2	31	2	34	3	39	3
3	38	3	39	9	34	9	40	1	31	2	40	4
4	37	2	40	8	31	10	39	10	32	1	37	1
5	36	2	37	7	32	7	38	9	39	10	38	2
6	35	9	38	6	39	8	38	8	40	9	45	19
7	34	10	35	5	40	5	36	8	47	18	46	20
8	33	7	36	4	37	6	35	15	48	17	43	17
9	32	8	33	3	38	13	44	16	45	16	44	18
10	31	15	34	12	45	14	43	13	46	15	41	15
11	50	16	41	11	46	11	42	14	43	14	42	16
12	49	13	42	20	43	12	41	11	44	13	49	13
13	48	12	49	19	46	19	50	12	41	12	50	14
14	47	19	50	16	43	20	49	19	42	11	47	11
15	46	20	47	15	44	17	48	14	49	20	44	12
16	43	17	47	14	41	19	47	11	50	19	51	29
17	42	18	46	20	42	18	44	12	57	28	52	30
18	41	15	45	17	49	17	43	29	57	23	59	28
19	48	16	44	18	50	26	52	30	56	22	60	27
20	47	21	43	25	53	25	55	27	55	21	57	26
21	56	22	52	26	54	24	54	28	54	21	58	25
22	55	29	51	23	51	23	53	23	53	22	53	24
23	54	30	60	24	52	22	52	24	52	29	54	23
24	53	27	59	21	59	21	51	21	51	30	51	22
25	52	28	58	22	60	30	60	22	60	27	52	21
26	51	25	57	29	57	27	59	29	59	28	9	40
27	60	26	56	30	58	26	58	30	8	35	10	39
28	59	23	55	27	55	25	57	37	7	36	7	38
29	58	24	54	28	56	34	6	38	6	33	8	37
30	57		53	35	3	33	5	35	5	34	5	36
31	6		2		4		4	36		31		35

銀 1985 昭和60年生

日＼月	1	2	3	4	5	6	7	8	9	10	11	12
1	34	9	38	6	39	8	37	8	40	9	45	19
2	33	8	35	5	40	5	36	7	47	18	46	20
3	32	7	36	4	37	6	35	16	48	17	43	17
4	31	15	33	3	38	13	44	15	45	16	44	18
5	50	16	38	12	45	14	43	14	46	15	41	15
6	49	13	41	11	46	11	42	13	43	14	42	16
7	48	14	42	20	43	12	41	11	44	13	49	13
8	47	11	49	19	44	19	50	12	41	12	50	14
9	46	12	50	18	41	20	49	19	42	11	47	11
10	45	19	47	17	42	17	48	20	49	20	48	12
11	44	20	48	16	49	18	47	17	50	19	55	29
12	43	15	45	15	50	15	46	18	57	28	56	30
13	42	16	46	14	49	16	45	25	58	27	53	27
14	41	23	43	13	50	23	54	26	55	26	54	28
15	58	24	44	30	57	24	53	27	56	25	57	25
16	57	21	51	29	58	21	52	28	53	24	58	26
17	56	22	51	28	55	23	59	25	54	23	55	23
18	53	29	60	24	56	22	58	26	51	28	56	23
19	52	28	59	21	53	21	57	23	51	27	53	22
20	51	25	58	22	60	30	60	24	60	26	54	21
21	60	26	57	29	57	29	59	21	59	28	1	40
22	59	23	56	30	58	28	58	30	8	35	10	39
23	58	24	55	27	55	27	57	37	7	36	7	38
24	57	31	54	28	56	36	6	38	6	33	8	37
25	6	32	53	35	3	35	5	35	5	34	5	36
26	5	39	2	36	4	32	4	36	4	31	6	35
27	4	40	1	33	1	31	3	33	3	32	3	34
28	3	37	10	34	2	40	2	34	2	39	4	33
29	2		9	31	9	39	1	31	1	40	1	32
30	1		8	32	10	38	10	32	10	37	2	31
31	10		7		7		9	39		38		50

命数が… 1〜10 羅針盤座 11〜20 インディアン座 21〜30 鳳凰座 31〜40 時計座 41〜50 カメレオン座 51〜60 イルカ座

1986 昭和61年生

日＼月	1	2	3	4	5	6	7	8	9	10	11	12
1	49	14	41	11	46	11	42	13	43	14	42	16
2	48	13	42	20	43	12	41	12	44	13	49	13
3	47	12	49	19	44	19	50	11	41	12	50	14
4	46	12	50	18	41	20	49	20	42	11	47	11
5	45	19	41	17	42	17	48	19	49	20	48	12
6	44	20	48	16	49	18	47	18	50	19	55	29
7	43	17	45	15	50	15	46	17	57	28	56	30
8	42	18	46	14	47	16	45	25	58	27	53	27
9	41	25	43	13	48	23	54	26	55	26	54	28
10	60	26	44	22	55	24	53	23	56	25	51	25
11	59	23	51	21	56	21	52	24	53	24	52	26
12	58	22	52	30	53	22	51	21	54	23	59	23
13	57	29	59	29	54	29	60	22	51	22	60	24
14	56	30	60	28	53	30	59	29	52	21	57	21
15	55	27	57	25	54	27	58	30	59	30	58	22
16	52	28	58	24	51	28	57	21	60	29	1	39
17	51	25	56	23	52	28	54	22	7	38	2	40
18	60	26	55	27	59	27	53	39	8	33	9	38
19	57	31	54	28	60	36	2	40	6	32	10	37
20	6	32	53	35	7	35	5	37	5	31	7	36
21	5	39	2	36	4	34	4	38	4	31	8	35
22	4	40	1	33	1	33	3	35	3	32	5	34
23	3	37	10	34	2	32	2	34	2	39	4	33
24	2	38	9	31	9	31	1	31	1	40	1	32
25	1	35	8	32	10	40	10	32	10	37	2	31
26	10	36	7	39	7	39	9	39	9	38	19	50
27	9	33	6	40	8	36	8	40	18	45	20	49
28	8	34	5	37	5	35	7	47	17	46	17	48
29	7		4	38	6	44	16	48	16	43	18	47
30	16		3	45	13	43	15	45	15	44	15	46
31	15		12		14		14	46		41		45

1987 昭和62年生

日＼月	1	2	3	4	5	6	7	8	9	10	11	12
1	44	19	48	16	49	18	47	18	50	19	55	29
2	43	18	45	15	50	15	46	17	57	28	56	30
3	42	17	46	14	47	16	45	26	58	27	53	27
4	41	25	43	13	48	23	54	25	55	26	54	28
5	60	26	48	22	55	24	53	24	56	25	51	25
6	59	23	51	21	56	21	52	23	53	24	52	26
7	58	24	52	30	53	22	52	22	54	23	59	23
8	57	21	59	29	54	29	60	22	51	22	60	24
9	56	22	60	28	51	30	59	29	52	21	57	21
10	55	29	57	27	52	27	58	30	59	30	58	22
11	54	30	58	26	59	28	57	27	60	29	5	39
12	53	25	55	25	60	25	56	28	7	38	6	40
13	52	26	56	24	57	26	55	35	8	37	3	37
14	51	33	53	23	60	33	4	36	5	36	4	38
15	10	34	54	40	7	34	3	33	6	35	1	35
16	7	31	1	39	8	31	2	38	3	34	8	36
17	6	32	1	38	5	33	1	35	4	33	5	33
18	5	39	10	34	6	32	8	36	1	32	6	34
19	2	38	9	31	3	31	7	33	1	37	3	32
20	1	35	8	32	4	40	6	34	10	36	4	31
21	10	36	7	39	7	39	9	31	9	35	11	50
22	9	33	6	40	8	38	8	32	18	45	12	49
23	8	34	5	37	5	37	7	47	17	46	17	48
24	7	41	4	38	6	46	16	48	16	43	18	47
25	16	42	3	45	13	45	15	45	15	44	15	46
26	15	49	12	46	14	44	14	46	14	41	16	45
27	14	50	11	43	11	41	13	43	13	42	13	44
28	13	47	20	44	12	50	12	44	12	49	14	43
29	12		19	41	19	49	11	41	11	50	11	42
30	11		18	42	20	48	20	42	20	47	12	41
31	20		17		17		19	49		48		60

下ひとケタが… **1·2** 自我欲 **3·4** 食欲・性欲 **5·6** 金欲・財欲 **7·8** 権力・支配欲 **9·0** 創作欲

金 1988 昭和63年生

日＼月	1	2	3	4	5	6	7	8	9	10	11	12
1	59	24	52	30	53	22	51	22	54	23	59	23
2	58	23	59	29	54	29	60	21	51	22	60	24
3	57	22	60	28	51	30	59	30	52	21	57	21
4	56	22	57	27	52	27	58	29	59	30	58	22
5	55	29	58	26	59	28	57	28	60	29	5	39
6	54	30	55	25	60	25	55	27	7	38	6	40
7	53	27	56	24	57	26	55	35	8	37	3	37
8	52	28	53	23	58	33	4	36	5	36	4	38
9	51	35	54	32	5	34	3	33	6	35	1	35
10	10	36	1	31	6	31	2	34	3	34	2	36
11	9	33	2	40	3	32	1	31	4	33	9	33
12	8	32	9	39	4	39	10	32	1	32	10	34
13	7	39	10	38	3	40	9	39	2	31	7	31
14	6	40	7	35	4	37	8	40	9	40	8	32
15	5	37	8	34	1	38	7	31	10	39	11	49
16	2	38	6	33	2	38	6	32	17	48	12	50
17	1	35	5	37	9	37	3	49	18	47	19	47
18	10	36	4	38	10	46	12	50	16	42	20	47
19	7	41	3	45	17	45	11	47	15	41	17	46
20	16	42	12	46	14	44	14	48	14	50	18	45
21	15	49	11	43	11	43	13	45	13	42	15	44
22	14	50	20	44	12	42	12	44	12	49	14	43
23	13	47	19	41	19	41	11	41	11	50	11	42
24	12	48	18	42	20	50	20	42	20	47	12	41
25	11	45	17	49	17	49	19	49	19	48	29	60
26	20	46	16	50	18	46	18	50	28	55	30	59
27	19	43	15	47	15	45	17	57	27	56	27	58
28	18	44	14	48	16	54	26	58	26	53	28	57
29	17	51	13	55	23	53	25	55	25	54	25	56
30	26		22	56	24	52	24	56	24	51	26	55
31	25		21		21		23	53		52		54

銀 1989 昭和64年生／平成元年生

日＼月	1	2	3	4	5	6	7	8	9	10	11	12
1	53	28	55	25	60	25	56	27	7	38	6	40
2	52	27	56	24	57	26	55	36	8	37	3	37
3	51	36	53	23	58	33	4	35	5	36	4	38
4	10	36	54	32	5	34	3	34	6	35	1	35
5	9	33	1	31	6	31	2	33	3	34	2	36
6	8	34	2	40	3	32	1	32	4	33	9	33
7	7	31	9	39	4	39	10	32	1	32	10	34
8	6	32	10	38	1	40	9	39	2	31	7	31
9	5	39	7	37	2	37	8	40	9	40	8	32
10	4	40	8	36	9	38	7	37	10	39	15	49
11	3	37	5	35	10	35	6	38	17	48	16	50
12	2	36	6	34	7	36	5	45	18	47	13	47
13	1	43	3	33	10	43	14	46	15	46	14	48
14	20	44	4	42	17	44	13	43	16	45	11	45
15	17	41	11	49	18	41	12	48	13	44	18	46
16	16	42	11	48	15	42	11	45	14	43	15	43
17	15	49	20	47	16	42	18	46	11	42	16	44
18	12	50	19	41	13	41	17	43	12	47	13	42
19	11	45	18	42	14	50	16	44	20	46	14	41
20	20	46	17	49	17	49	19	41	19	45	21	60
21	19	43	16	50	18	48	18	42	28	55	22	59
22	18	44	15	47	15	47	17	57	27	56	27	58
23	17	51	14	48	16	56	26	58	26	53	28	57
24	26	52	13	55	23	55	25	55	25	54	25	56
25	25	59	22	56	24	54	24	56	24	51	26	55
26	24	60	21	53	21	53	23	53	23	52	23	54
27	23	57	30	54	22	60	22	54	22	59	24	53
28	22	58	29	51	29	59	21	51	21	60	21	52
29	21		28	52	30	58	30	52	30	57	22	51
30	30		27	59	27	57	29	59	29	58	39	10
31	29		26		28		28	60		5		9

命数が… 1〜10 羅針盤座　11〜20 インディアン座　21〜30 鳳凰座　31〜40 時計座　41〜50 カメレオン座　51〜60 イルカ座

1990 平成2年生

日＼月	1	2	3	4	5	6	7	8	9	10	11	12
1	8	33	2	40	3	32	1	32	4	33	9	33
2	7	32	9	39	4	39	10	31	1	32	10	34
3	6	31	10	38	1	40	9	40	2	31	7	31
4	5	39	7	37	2	37	8	39	9	40	8	32
5	4	40	2	36	9	38	7	38	10	39	15	49
6	3	37	5	35	10	35	6	37	17	48	16	50
7	2	38	6	34	7	36	5	46	18	47	13	47
8	1	45	3	33	8	43	14	46	15	46	14	48
9	20	46	4	42	15	44	13	43	16	45	11	45
10	19	43	11	41	16	41	12	44	13	44	12	46
11	18	44	12	50	13	42	11	41	14	43	19	43
12	17	49	19	49	14	49	20	42	11	42	20	44
13	16	50	20	48	11	50	19	49	12	41	17	41
14	15	47	17	47	14	47	18	50	19	50	18	42
15	12	48	18	44	11	48	17	47	20	49	25	59
16	11	45	15	43	12	45	16	42	27	58	22	60
17	20	46	15	42	19	47	13	59	28	57	29	57
18	17	53	14	48	20	56	22	60	25	52	30	57
19	26	52	13	55	27	55	21	57	25	51	27	56
20	25	59	22	56	28	54	24	58	24	60	28	55
21	24	60	21	53	21	53	23	55	23	52	25	54
22	23	57	30	54	22	52	22	56	22	59	26	53
23	22	58	29	51	29	51	21	51	21	60	21	52
24	21	55	28	52	30	60	30	52	30	57	22	51
25	30	56	27	59	27	59	29	59	29	58	39	10
26	29	53	26	60	28	58	28	60	38	5	40	9
27	28	54	25	57	25	55	27	7	37	6	37	8
28	27	1	24	58	26	4	36	8	36	3	38	7
29	36		23	5	33	3	35	5	35	4	35	6
30	35		32	6	34	2	34	6	34	1	36	5
31	34		31		31		33	3		2		4

1991 平成3年生

日＼月	1	2	3	4	5	6	7	8	9	10	11	12
1	3	38	5	35	10	35	6	37	17	48	16	50
2	2	37	6	34	7	36	5	46	18	47	13	47
3	1	46	3	33	8	43	14	45	15	46	14	48
4	20	46	4	42	15	44	13	44	16	45	11	45
5	19	43	15	41	16	41	12	43	13	44	12	46
6	18	44	12	50	13	42	11	42	14	43	19	43
7	17	41	19	49	14	49	20	41	11	42	20	44
8	16	42	20	48	11	50	19	49	12	41	17	41
9	15	49	17	47	12	47	18	50	19	50	18	42
10	14	50	18	46	19	48	17	47	20	49	25	59
11	13	47	15	45	20	45	16	48	27	58	26	60
12	12	46	16	44	17	46	15	55	28	57	23	57
13	11	53	13	43	18	53	24	56	25	56	24	58
14	30	54	14	52	27	54	23	53	26	55	21	55
15	29	51	21	59	28	51	22	54	23	54	22	56
16	26	52	22	58	25	52	21	55	24	53	25	53
17	25	59	30	57	26	52	28	56	21	52	26	54
18	24	60	29	51	23	51	27	53	22	51	23	51
19	21	55	28	52	24	60	26	54	30	56	24	51
20	30	56	27	59	21	59	29	51	29	55	31	10
21	29	53	26	60	28	58	28	52	38	4	32	9
22	28	54	25	57	25	57	27	9	37	6	39	8
23	27	1	24	58	26	6	36	8	36	3	38	7
24	36	2	23	5	33	5	35	5	35	4	35	6
25	35	9	32	6	34	4	34	6	34	1	36	5
26	34	10	31	3	31	1	33	3	33	2	33	4
27	33	7	40	4	32	10	32	4	32	9	34	3
28	32	8	39	1	39	9	31	1	31	10	31	2
29	31		38	2	40	8	40	2	40	7	32	1
30	40		37	9	37	7	39	9	39	8	49	20
31	39		36		38		38	10		15		19

下ひとケタが… 1･2 自我欲　3･4 食欲・性欲　5･6 金欲・財欲　7･8 権力・支配欲　9･0 創作欲

金

1992 平成4年生

日＼月	1	2	3	4	5	6	7	8	9	10	11	12
1	18	43	19	49	14	49	20	41	11	42	20	44
2	17	42	20	48	11	50	19	50	12	41	17	41
3	16	41	17	47	12	47	18	49	19	50	18	42
4	15	49	18	46	19	48	17	48	20	49	25	59
5	14	50	15	45	20	45	16	47	27	58	26	60
6	13	47	16	44	17	46	16	56	28	57	23	57
7	12	48	13	43	18	53	24	56	25	56	24	58
8	11	55	14	52	25	54	23	53	26	55	21	55
9	30	56	21	51	26	51	22	54	23	54	22	56
10	29	53	22	60	23	52	21	51	24	53	29	53
11	28	54	29	59	24	59	30	52	21	52	30	54
12	27	59	30	58	21	60	29	59	22	51	27	51
13	26	60	27	57	24	57	28	60	29	60	28	52
14	25	57	28	54	21	58	27	57	30	59	35	9
15	24	58	25	53	22	55	26	52	37	8	32	10
16	21	55	25	52	29	57	25	9	38	7	39	7
17	30	56	24	58	30	6	32	10	35	6	40	8
18	29	3	23	5	37	5	31	7	35	1	37	6
19	36	2	32	6	38	4	40	8	34	10	38	5
20	35	9	31	3	31	3	33	5	33	9	35	4
21	34	10	40	4	32	2	32	6	32	9	36	3
22	33	7	39	1	39	1	31	1	31	10	31	2
23	32	8	38	2	40	10	40	2	40	7	32	1
24	31	5	37	9	37	9	39	9	39	8	49	20
25	40	6	36	10	38	8	38	10	48	15	50	19
26	39	3	35	7	35	5	37	17	47	16	47	18
27	38	4	34	8	36	14	46	18	46	13	48	17
28	37	11	33	15	43	13	45	15	45	14	45	16
29	46	12	42	16	44	12	44	16	44	11	46	15
30	45		41	13	41	11	43	13	43	12	43	14
31	44		50		42		42	14		19		13

銀

1993 平成5年生

日＼月	1	2	3	4	5	6	7	8	9	10	11	12
1	12	47	16	44	17	46	15	56	28	57	23	57
2	11	56	13	43	18	53	24	55	25	56	24	58
3	30	55	14	52	25	54	23	54	26	55	21	55
4	29	53	21	51	26	51	22	53	23	54	22	56
5	28	54	22	60	23	52	21	52	24	53	29	53
6	27	51	29	59	24	59	30	51	21	52	30	54
7	26	52	30	58	21	60	30	59	22	51	27	51
8	25	59	27	57	22	57	28	60	29	60	28	52
9	24	60	28	56	29	58	27	57	30	59	35	9
10	23	57	25	55	30	55	26	58	37	8	36	10
11	22	58	26	54	27	56	25	5	38	7	33	7
12	21	3	23	53	28	3	34	6	35	6	34	8
13	40	4	24	2	37	4	33	3	36	5	31	5
14	39	1	31	1	38	1	32	4	33	4	32	6
15	36	2	32	8	35	2	31	5	34	3	35	3
16	35	9	40	7	36	9	40	6	31	2	36	4
17	34	10	39	6	33	1	39	3	32	1	33	1
18	31	7	38	2	34	10	36	4	39	6	34	1
19	40	6	37	9	31	9	35	1	39	5	41	20
20	39	3	36	10	38	8	34	2	48	14	42	19
21	38	4	35	7	35	7	37	19	47	16	49	18
22	37	11	34	8	36	16	46	18	46	13	48	17
23	46	12	33	15	43	15	45	15	45	14	45	16
24	45	19	42	16	44	14	44	16	44	11	46	15
25	44	20	41	13	41	13	43	13	43	12	43	14
26	43	17	50	14	42	12	42	14	42	19	44	13
27	42	18	49	11	49	19	41	11	41	20	41	12
28	41	15	48	12	50	18	50	12	50	17	42	11
29	50		47	19	47	17	49	19	49	18	59	30
30	49		46	20	48	16	48	20	58	25	60	29
31	48		45		45		47	27		26		28

命数が… 1〜10 羅針盤座 11〜20 インディアン座 21〜30 鳳凰座 31〜40 時計座 41〜50 カメレオン座 51〜60 イルカ座

1994
平成6年生

日＼月	1	2	3	4	5	6	7	8	9	10	11	12
1	27	52	29	59	24	59	30	51	21	52	30	54
2	26	51	30	58	21	60	29	60	22	51	27	51
3	25	60	27	57	22	57	28	59	29	60	28	52
4	24	60	28	56	29	58	27	58	30	59	35	9
5	23	57	29	55	30	55	26	57	37	8	36	10
6	22	58	26	54	27	56	25	6	38	7	33	7
7	21	5	23	53	28	3	34	5	35	6	34	8
8	40	6	24	2	35	4	33	3	36	5	31	5
9	39	3	31	1	36	1	32	4	33	4	32	6
10	38	4	32	10	33	2	31	1	34	3	39	3
11	37	1	39	9	34	9	40	2	31	2	40	4
12	36	10	40	8	31	10	39	9	32	1	37	1
13	35	7	37	7	32	7	38	10	39	10	38	2
14	34	8	38	6	31	8	37	7	40	9	45	19
15	31	5	35	3	32	5	36	8	47	18	46	20
16	40	6	36	2	39	6	35	19	48	17	49	17
17	39	13	34	1	40	16	42	20	45	16	50	18
18	46	14	33	15	47	15	41	17	46	11	47	16
19	45	19	42	16	48	14	50	18	44	20	48	15
20	44	20	41	13	45	13	43	15	43	19	45	14
21	43	17	50	14	42	12	42	16	42	19	46	13
22	42	18	49	11	49	11	41	13	41	20	43	12
23	41	15	48	12	50	20	50	12	50	17	42	11
24	50	16	47	19	47	19	49	19	49	18	59	30
25	49	13	46	20	48	18	48	20	58	25	60	29
26	48	14	45	17	45	17	47	27	57	26	57	28
27	47	21	44	18	46	24	56	28	56	23	58	27
28	56	22	43	25	53	23	55	25	55	24	55	26
29	55		52	26	54	22	54	26	54	21	56	25
30	54		51	23	51	21	53	23	53	22	53	24
31	53		60		52		52	24		29		23

銀

1995
平成7年生

日＼月	1	2	3	4	5	6	7	8	9	10	11	12
1	22	57	26	54	27	56	25	6	38	7	33	7
2	21	6	23	53	28	3	34	5	35	6	34	8
3	40	5	24	2	35	4	33	4	36	5	31	5
4	39	3	31	1	36	1	32	3	33	4	32	6
5	38	4	32	10	33	2	31	2	34	3	39	3
6	37	1	39	9	34	9	40	1	31	2	40	4
7	36	2	40	8	31	10	39	10	32	1	37	1
8	35	9	37	7	32	7	38	10	39	10	38	2
9	34	10	38	6	39	8	37	7	40	9	45	19
10	33	7	35	5	40	5	36	8	47	18	46	20
11	32	8	36	4	37	6	35	15	48	17	43	17
12	31	13	33	3	38	13	44	16	45	16	44	18
13	50	14	34	12	45	14	43	13	46	15	41	15
14	49	11	41	11	48	11	42	14	43	14	42	16
15	48	12	42	18	45	12	41	11	44	13	49	13
16	45	19	49	17	46	19	50	16	41	12	46	14
17	44	20	49	16	43	11	47	13	42	11	43	11
18	43	17	48	12	44	20	46	14	49	20	44	11
19	50	16	47	19	41	19	45	11	49	15	51	30
20	49	13	46	20	42	18	48	12	58	24	52	29
21	48	14	45	17	45	17	47	29	57	23	59	28
22	47	21	44	18	46	26	56	30	56	23	60	27
23	56	22	43	25	53	25	55	25	55	24	55	26
24	55	29	52	26	54	24	54	26	54	21	56	25
25	54	30	51	23	51	23	53	23	53	22	53	24
26	53	27	60	24	52	22	52	24	52	29	54	23
27	52	28	59	21	59	29	51	21	51	30	51	22
28	51	25	58	22	60	28	60	22	60	27	52	21
29	60		57	29	57	27	59	29	59	28	9	40
30	59		56	30	58	26	58	30	8	35	10	39
31	58		55		55		57	37		36		38

下ひとケタが… **1·2** 自我欲 **3·4** 食欲・性欲 **5·6** 金欲・財欲 **7·8** 権力・支配欲 **9·0** 創作欲

金 1996 平成8年生

日＼月	1	2	3	4	5	6	7	8	9	10	11	12
1	37	2	40	8	31	10	39	10	32	1	37	1
2	36	1	37	7	32	7	38	9	39	10	38	2
3	35	10	38	6	39	8	37	8	40	9	45	19
4	34	10	35	5	40	5	36	7	47	18	46	20
5	33	7	36	4	37	6	35	16	48	17	43	17
6	32	8	33	3	38	13	43	15	45	16	44	18
7	31	15	34	12	45	14	43	13	46	15	41	15
8	50	16	41	11	46	11	42	14	43	14	42	16
9	49	13	42	20	43	12	41	11	44	13	49	13
10	48	14	49	19	44	19	50	12	41	12	50	14
11	47	11	50	18	41	20	49	19	42	11	47	11
12	46	20	47	17	42	17	48	20	49	20	48	12
13	45	17	48	16	41	18	47	17	50	19	55	29
14	44	18	45	13	42	15	46	18	57	28	56	30
15	43	15	46	12	49	16	45	29	58	27	59	27
16	50	16	44	11	50	26	54	30	55	26	60	28
17	49	23	43	25	57	25	51	27	56	25	57	25
18	58	24	52	26	58	24	60	28	54	30	58	25
19	55	29	51	23	55	23	59	25	53	29	55	24
20	54	30	60	24	52	22	52	26	52	28	56	23
21	53	27	59	21	59	21	51	23	51	30	53	22
22	52	28	58	22	60	30	60	22	60	27	52	21
23	51	25	57	29	57	29	59	29	59	28	9	40
24	60	26	56	30	58	28	58	30	8	35	10	39
25	59	23	55	27	55	27	57	37	7	36	7	38
26	58	24	54	28	56	34	6	38	6	33	8	37
27	57	31	53	35	3	33	5	35	5	34	5	36
28	6	32	2	36	4	32	4	36	4	31	6	35
29	5	39	1	33	1	31	3	33	3	32	3	34
30	4		10	34	2	40	2	34	2	39	4	33
31	3		9		9		1	31		40		32

銀 1997 平成9年生

日＼月	1	2	3	4	5	6	7	8	9	10	11	12
1	31	16	33	3	38	13	44	15	45	16	44	18
2	50	15	34	12	45	14	43	14	46	15	41	15
3	49	14	41	11	46	11	42	13	43	14	42	16
4	48	14	42	20	43	12	41	12	44	13	49	13
5	47	11	49	19	44	19	50	11	41	12	50	14
6	46	12	50	18	41	20	49	20	42	11	47	11
7	45	19	47	17	42	17	48	20	49	20	48	12
8	44	20	48	16	49	18	47	17	50	19	55	29
9	43	17	45	15	50	15	46	18	57	28	56	30
10	42	18	46	14	47	16	45	25	58	27	53	27
11	41	25	43	13	48	23	54	26	55	26	54	28
12	60	24	44	22	55	24	53	23	56	25	51	25
13	59	21	51	21	58	21	52	24	53	24	52	26
14	58	22	52	30	55	22	51	21	54	23	59	23
15	55	29	59	27	56	29	60	26	51	22	56	24
16	54	30	59	26	53	30	59	23	52	21	53	21
17	53	27	58	25	54	30	56	24	59	30	54	22
18	60	28	57	29	51	29	55	21	59	25	1	40
19	59	23	56	30	52	28	54	22	8	34	2	39
20	58	24	55	27	55	27	57	39	7	33	9	38
21	57	31	54	28	56	36	6	40	6	33	10	37
22	6	32	53	35	3	35	5	35	5	34	5	36
23	5	39	2	36	4	34	4	36	4	31	6	35
24	4	40	1	33	1	33	3	33	3	32	3	34
25	3	37	10	34	2	32	2	34	2	39	4	33
26	2	38	9	31	9	39	1	31	1	40	1	32
27	1	35	8	32	10	38	10	32	10	37	2	31
28	10	36	7	39	7	37	9	39	9	38	19	50
29	9		6	40	8	36	8	40	18	45	20	49
30	8		5	37	5	35	7	47	17	46	17	48
31	7		4		6		16	48		43		47

命数が…1〜10 羅針盤座　11〜20 インディアン座　21〜30 鳳凰座　31〜40 時計座　41〜50 カメレオン座　51〜60 イルカ座

1998

平成10年生

日＼月	1	2	3	4	5	6	7	8	9	10	11	12
1	46	11	50	18	41	20	49	20	42	11	47	11
2	45	20	47	17	42	17	48	19	49	20	48	12
3	44	19	48	16	49	18	47	18	50	19	55	29
4	43	17	45	15	50	15	46	17	57	28	56	30
5	42	18	50	14	47	16	45	26	58	27	53	27
6	41	25	43	13	48	23	54	25	55	26	54	28
7	60	26	44	22	55	24	53	24	56	25	51	25
8	59	23	51	21	56	21	52	24	53	24	52	26
9	58	24	52	30	53	22	51	21	54	23	59	23
10	57	21	59	29	54	29	60	22	51	22	60	24
11	56	22	60	28	51	30	59	29	52	21	57	21
12	55	27	57	27	52	27	58	30	59	30	58	22
13	54	28	58	26	59	28	57	27	60	29	5	39
14	53	25	55	25	52	25	56	28	7	38	6	40
15	60	26	56	22	59	26	55	35	8	37	3	37
16	59	33	53	21	60	33	4	40	5	36	10	38
17	8	34	53	40	7	35	1	37	6	35	7	35
18	5	31	2	36	8	34	10	38	3	40	8	35
19	4	40	1	33	5	33	9	35	3	39	5	34
20	3	37	10	34	6	32	2	36	2	38	6	33
21	2	38	9	31	9	31	1	33	1	40	3	32
22	1	35	8	32	10	40	10	34	10	37	4	31
23	10	36	7	39	7	39	9	39	9	38	19	50
24	9	33	6	40	8	38	8	40	18	45	20	49
25	8	34	5	37	5	37	7	47	17	46	17	48
26	7	41	4	38	6	46	16	48	16	43	18	47
27	16	42	3	45	13	43	15	45	15	44	15	46
28	15	49	12	46	14	42	14	46	14	41	16	45
29	14		11	43	11	41	13	43	13	42	13	44
30	13		20	44	12	50	12	44	12	49	14	43
31	12		19		19		11	41		50		42

銀

1999

平成11年生

日＼月	1	2	3	4	5	6	7	8	9	10	11	12
1	41	26	43	13	48	23	54	25	55	26	54	28
2	60	25	44	22	55	24	53	24	56	25	51	25
3	59	24	51	21	56	21	52	23	53	24	52	26
4	58	24	52	30	53	22	51	22	54	23	59	23
5	57	21	53	29	54	29	60	21	51	22	60	24
6	56	22	60	28	51	30	59	30	52	21	57	21
7	55	29	57	27	52	27	58	29	59	30	58	22
8	54	30	58	26	59	28	57	27	60	29	5	39
9	53	27	55	25	60	25	56	28	7	38	6	40
10	52	28	56	24	57	26	55	35	8	37	3	37
11	51	35	53	23	58	33	4	36	5	36	4	38
12	10	34	54	32	5	34	3	33	6	35	1	35
13	9	31	1	31	6	31	2	34	3	34	2	36
14	8	32	2	40	5	32	1	31	4	33	9	33
15	7	39	9	37	6	39	10	32	1	32	10	34
16	4	40	10	36	3	40	9	33	2	31	3	31
17	3	37	8	35	4	40	6	34	9	40	4	32
18	2	38	7	39	1	39	5	31	10	39	11	50
19	9	33	6	40	2	38	4	32	18	44	12	49
20	8	34	5	37	9	37	7	49	17	43	19	48
21	7	41	4	38	6	46	16	50	16	42	20	47
22	16	42	3	45	13	45	15	47	15	44	17	46
23	15	49	12	46	14	44	14	46	14	41	16	45
24	14	50	11	43	11	43	13	43	13	42	13	44
25	13	47	20	44	12	42	12	44	12	49	14	43
26	12	48	19	41	19	41	11	41	11	50	11	42
27	11	45	18	42	20	48	20	42	20	47	12	41
28	20	46	17	49	17	47	19	49	19	48	29	60
29	19		16	50	18	46	18	50	28	55	30	59
30	18		15	47	15	45	17	57	27	56	27	58
31	17		14		16		26	58		53		57

下ひとケタが… **1·2** 自我欲　**3·4** 食欲・性欲　**5·6** 金欲・財欲　**7·8** 権力・支配欲　**9·0** 創作欲

金 2000 平成12年生

日＼月	1	2	3	4	5	6	7	8	9	10	11	12
1	56	21	57	27	52	27	58	29	59	30	58	22
2	55	30	58	26	59	28	57	28	60	29	5	39
3	54	29	55	25	60	25	56	27	7	38	6	40
4	53	27	56	24	57	26	55	36	8	37	3	37
5	52	28	53	23	58	33	4	35	5	36	4	38
6	51	35	54	32	5	34	4	34	6	35	1	35
7	10	36	1	31	6	31	2	34	3	34	2	36
8	9	33	2	40	3	32	1	31	4	33	9	33
9	8	34	9	39	4	39	10	32	1	32	10	34
10	7	31	10	38	1	40	9	39	2	31	7	31
11	6	32	7	37	2	37	8	40	9	40	8	32
12	5	37	8	36	9	38	7	37	10	39	15	49
13	4	38	5	35	2	35	6	38	17	48	16	50
14	3	35	6	32	9	36	5	45	18	47	13	47
15	2	36	3	31	10	43	14	50	15	46	20	48
16	9	43	3	50	17	45	13	47	16	45	17	45
17	18	44	12	46	18	44	20	48	13	44	18	46
18	17	41	11	43	15	43	19	45	13	49	15	44
19	14	50	20	44	16	42	18	46	12	48	16	43
20	13	47	19	41	19	41	11	43	11	47	13	42
21	12	48	18	42	20	50	20	44	20	47	14	41
22	11	45	17	49	17	49	19	49	19	48	29	60
23	20	46	16	50	18	48	18	50	28	55	30	59
24	19	43	15	47	15	47	17	57	27	56	27	58
25	18	44	14	48	16	56	26	58	26	53	28	57
26	17	51	13	55	23	53	25	55	25	54	25	56
27	26	52	22	56	24	52	24	56	24	51	26	55
28	25	59	21	53	21	51	23	53	23	52	23	54
29	24	60	30	54	22	60	22	54	22	59	24	53
30	23		29	51	29	59	21	51	21	60	21	52
31	22		28		30		30	52		57		51

銀 2001 平成13年生

日＼月	1	2	3	4	5	6	7	8	9	10	11	12
1	10	35	54	32	5	34	3	34	6	35	1	35
2	9	34	1	31	6	31	2	33	3	34	2	36
3	8	33	2	40	3	32	1	32	4	33	9	33
4	7	31	9	39	4	39	10	31	1	32	10	34
5	6	32	10	38	1	40	9	40	2	31	7	31
6	5	39	7	37	2	37	7	39	9	40	8	32
7	4	40	8	36	9	38	7	37	10	39	15	49
8	3	37	5	35	10	35	6	38	17	48	16	50
9	2	38	6	34	7	36	5	45	18	47	13	47
10	1	45	3	33	8	43	14	46	15	46	14	48
11	20	46	4	42	15	44	13	43	16	45	11	45
12	19	41	11	41	16	41	12	44	13	44	12	46
13	18	42	12	50	15	42	11	41	14	43	19	43
14	17	49	19	49	16	49	20	42	11	42	20	44
15	14	50	20	46	13	50	19	43	12	41	13	41
16	13	47	18	45	14	50	18	44	19	50	14	42
17	12	48	17	44	11	49	15	41	20	49	21	59
18	19	45	16	50	12	48	14	42	28	54	22	59
19	18	44	15	47	19	47	13	59	27	53	29	58
20	17	51	14	48	16	56	26	60	26	52	30	57
21	26	52	13	55	23	55	25	57	25	54	27	56
22	25	59	22	56	24	54	24	56	24	51	26	55
23	24	60	21	53	21	53	23	53	23	52	23	54
24	23	57	30	54	22	52	22	54	22	59	24	53
25	22	58	29	51	29	51	21	51	21	60	21	52
26	21	55	28	52	30	58	30	52	30	57	22	51
27	30	56	27	59	27	57	29	59	29	58	39	10
28	29	53	26	60	28	56	28	60	38	5	40	9
29	28		25	57	25	55	27	7	37	6	37	8
30	27		24	58	26	4	36	8	36	3	38	7
31	36		23		33		35	5		4		6

命数が… 1〜10 羅針盤座 11〜20 インディアン座 21〜30 鳳凰座 31〜40 時計座 41〜50 カメレオン座 51〜60 イルカ座

2002 平成14年生

日＼月	1	2	3	4	5	6	7	8	9	10	11	12
1	5	40	7	37	2	37	8	39	9	40	8	32
2	4	39	8	36	9	38	7	38	10	39	15	49
3	3	38	5	35	10	35	6	37	17	48	16	50
4	2	38	6	34	7	36	5	46	18	47	13	47
5	1	45	7	33	8	43	14	45	15	46	14	48
6	20	46	4	42	15	44	13	44	16	45	11	45
7	19	43	11	41	16	41	12	43	13	44	12	46
8	18	44	12	50	13	42	11	41	14	43	19	43
9	17	41	19	49	14	49	20	42	11	42	20	44
10	16	42	20	48	11	50	19	49	12	41	17	41
11	15	49	17	47	12	47	18	50	19	50	18	42
12	14	48	18	46	19	48	17	47	20	49	25	59
13	13	45	15	45	20	45	16	48	27	58	26	60
14	12	46	16	44	19	46	15	55	28	57	23	57
15	19	53	13	41	20	53	24	56	25	56	30	58
16	28	54	14	60	27	54	23	57	26	55	27	55
17	27	51	22	59	28	54	30	58	23	54	28	56
18	24	52	21	53	25	53	29	55	24	59	25	54
19	23	57	30	54	26	52	28	56	22	58	26	53
20	22	58	29	51	23	51	21	53	21	57	23	52
21	21	55	28	52	30	60	30	54	30	57	24	51
22	30	56	27	59	27	59	29	51	29	58	39	10
23	29	53	26	60	28	58	28	60	38	5	40	9
24	28	54	25	57	25	57	27	7	37	6	37	8
25	27	1	24	58	26	6	36	8	36	3	38	7
26	36	2	23	5	33	5	35	5	35	4	35	6
27	35	9	32	6	34	2	34	6	34	1	36	5
28	34	10	31	3	31	1	33	3	33	2	33	4
29	33		40	4	32	10	32	4	32	9	34	3
30	32		39	1	39	9	31	1	31	10	31	2
31	31		38		40		40	2		7		1

銀

2003 平成15年生

日＼月	1	2	3	4	5	6	7	8	9	10	11	12
1	20	45	4	42	15	44	13	44	16	45	11	45
2	19	44	11	41	16	41	12	43	13	44	12	46
3	18	43	12	50	13	42	11	42	14	43	19	43
4	17	41	19	49	14	49	20	41	11	42	20	44
5	16	42	14	48	11	50	19	50	12	41	17	41
6	15	49	17	47	12	47	18	49	19	50	18	42
7	14	50	18	46	19	48	17	48	20	49	25	59
8	13	47	15	45	20	45	16	48	27	58	26	60
9	12	48	16	44	17	46	15	55	28	57	23	57
10	11	55	13	43	18	53	24	56	25	56	24	58
11	30	56	14	52	25	54	23	53	26	55	21	55
12	29	51	21	51	26	51	22	54	23	54	22	56
13	28	52	22	60	23	52	21	51	24	53	29	53
14	27	59	29	59	26	59	30	52	21	52	30	54
15	26	60	30	56	23	60	29	59	22	51	27	51
16	23	57	27	55	24	57	28	54	29	60	24	52
17	22	58	27	54	21	59	25	51	30	59	31	9
18	21	55	26	60	22	58	24	52	37	8	32	9
19	28	54	25	57	29	57	23	9	37	3	39	8
20	27	1	24	58	30	6	36	10	36	2	40	7
21	36	2	23	5	33	5	35	7	35	1	37	6
22	35	9	32	6	34	4	34	8	34	1	38	5
23	34	10	31	3	31	3	33	3	33	2	33	4
24	33	7	40	4	32	2	32	4	32	9	34	3
25	32	8	39	1	39	1	31	1	31	10	31	2
26	31	5	38	2	40	10	40	2	40	7	32	1
27	40	6	37	9	37	7	39	9	39	8	49	20
28	39	3	36	10	38	6	38	10	48	15	50	19
29	38		35	7	35	5	37	17	47	16	47	18
30	37		34	8	36	14	46	18	46	13	48	17
31	46		33		43		45	15		14		16

下ひとケタが… 1·2 自我欲　3·4 食欲・性欲　5·6 金欲・財欲　7·8 権力・支配欲　9·0 創作欲

金

2004

平成16年生

日＼月	1	2	3	4	5	6	7	8	9	10	11	12
1	15	50	18	46	19	48	17	48	20	49	25	59
2	14	49	15	45	20	45	16	47	27	58	26	60
3	13	48	16	44	17	46	15	56	28	57	23	57
4	12	48	13	43	18	53	24	55	25	56	24	58
5	11	55	14	52	25	54	23	54	26	55	21	55
6	30	56	21	51	26	51	21	53	23	54	22	56
7	29	53	22	60	23	52	21	51	24	53	29	53
8	28	54	29	59	24	59	30	52	21	52	30	54
9	27	51	30	58	21	60	29	59	22	51	27	51
10	26	52	27	57	22	57	28	60	29	60	28	52
11	25	59	28	56	29	58	27	57	30	59	35	9
12	24	58	25	55	30	55	26	58	37	8	36	10
13	23	55	26	54	29	56	25	5	38	7	33	7
14	22	56	23	51	30	3	34	6	35	6	34	8
15	21	3	24	10	37	4	33	7	36	5	37	5
16	38	4	32	9	38	4	32	8	33	4	38	6
17	37	1	31	3	35	3	39	5	34	3	35	3
18	36	2	40	4	36	2	38	6	32	8	36	3
19	33	7	39	1	33	1	37	3	31	7	33	2
20	32	8	38	2	40	10	40	4	40	6	34	1
21	31	5	37	9	37	9	39	1	39	8	41	20
22	40	6	36	10	38	8	38	10	48	15	50	19
23	39	3	35	7	35	7	37	17	47	16	47	18
24	38	4	34	8	36	16	46	18	46	13	48	17
25	37	11	33	15	43	15	45	15	45	14	45	16
26	46	12	42	16	44	12	44	16	44	11	46	15
27	45	19	41	13	41	11	43	13	43	12	43	14
28	44	20	50	14	42	20	42	14	42	19	44	13
29	43	17	49	11	49	19	41	11	41	20	41	12
30	42		48	12	50	18	50	12	50	17	42	11
31	41		47		47		49	19		18		30

銀

2005

平成17年生

日＼月	1	2	3	4	5	6	7	8	9	10	11	12
1	29	54	21	51	26	51	22	53	23	54	22	56
2	28	53	22	60	23	52	21	52	24	53	29	53
3	27	52	29	59	24	59	30	51	21	52	30	54
4	26	52	30	58	21	60	29	60	22	51	27	51
5	25	59	27	57	22	57	28	59	29	60	28	52
6	24	60	28	56	29	58	28	58	30	59	35	9
7	23	57	25	55	30	55	26	58	37	8	36	10
8	22	58	26	54	27	56	25	5	38	7	33	7
9	21	5	23	53	28	3	34	6	35	6	34	8
10	40	6	24	2	35	4	33	3	36	5	31	5
11	39	3	31	1	36	1	32	4	33	4	32	6
12	38	2	32	10	33	2	31	1	34	3	39	3
13	37	9	39	9	36	9	40	2	31	2	40	4
14	36	10	40	8	33	10	39	9	32	1	37	1
15	33	7	37	5	34	7	38	4	39	10	34	2
16	32	8	37	4	31	9	37	1	40	9	41	19
17	31	5	36	3	32	8	34	2	47	18	42	20
18	38	6	35	7	39	7	33	19	47	13	49	18
19	37	11	34	8	40	16	42	20	46	12	50	17
20	46	12	33	15	43	15	45	17	45	11	47	16
21	45	19	42	16	44	14	44	18	44	11	48	15
22	44	20	41	13	41	13	43	13	43	12	43	14
23	43	17	50	14	42	12	42	14	42	19	44	13
24	42	18	49	11	49	11	41	11	41	20	41	12
25	41	15	48	12	50	20	50	12	50	17	42	11
26	50	16	47	19	47	17	49	19	49	18	59	30
27	49	13	46	20	48	16	48	20	58	25	60	29
28	48	14	45	17	45	15	47	27	57	26	57	28
29	47		44	18	46	24	56	28	56	23	58	27
30	56		43	25	53	23	55	25	55	24	55	26
31	55		52		54		54	26		21		25

命数が… 1～10 羅針盤座　11～20 インディアン座　21～30 鳳凰座　31～40 時計座　41～50 カメレオン座　51～60 イルカ座

金 2006 平成18年生

日＼月	1	2	3	4	5	6	7	8	9	10	11	12
1	24	59	28	56	29	58	27	58	30	59	35	9
2	23	58	25	55	30	55	26	57	37	8	36	10
3	22	57	26	54	27	56	25	6	38	7	33	7
4	21	5	23	53	28	3	34	5	35	6	34	8
5	40	6	28	2	35	4	33	4	36	5	31	5
6	39	3	31	1	36	1	32	3	33	4	32	6
7	38	4	32	10	33	2	31	2	34	3	39	3
8	37	1	39	9	34	9	40	2	31	2	40	4
9	36	2	40	8	31	10	39	9	32	1	37	1
10	35	9	37	7	32	7	38	10	39	10	38	2
11	34	10	38	6	39	8	37	7	40	9	45	19
12	33	5	35	5	40	5	36	8	47	18	46	20
13	32	6	36	4	37	6	35	15	48	17	43	17
14	31	13	33	3	40	13	44	16	45	16	44	18
15	48	14	34	20	47	14	43	13	46	15	47	15
16	47	11	41	19	48	11	42	18	43	14	48	16
17	46	12	41	18	45	13	49	15	44	13	45	13
18	43	19	50	14	46	12	48	16	41	18	46	13
19	42	18	49	11	43	11	47	13	41	17	43	12
20	41	15	48	12	44	20	50	14	50	16	44	11
21	50	16	47	19	47	19	49	11	49	18	51	30
22	49	13	46	20	48	18	48	12	58	25	60	29
23	48	14	45	17	45	17	47	27	57	26	57	28
24	47	21	44	18	46	26	56	28	56	23	58	27
25	56	22	43	25	53	25	55	25	55	24	55	26
26	55	29	52	26	54	24	54	26	54	21	56	25
27	54	30	51	23	51	21	53	23	53	22	53	24
28	53	27	60	24	52	30	52	24	52	29	54	23
29	52		59	21	59	29	51	21	51	30	51	22
30	51		58	22	60	28	60	22	60	27	52	21
31	60		57		57		59	29		28		40

銀 2007 平成19年生

日＼月	1	2	3	4	5	6	7	8	9	10	11	12
1	39	4	31	1	36	1	32	3	33	4	32	6
2	38	3	32	10	33	2	31	2	34	3	39	3
3	37	2	39	9	34	9	40	1	31	2	40	4
4	36	2	40	8	31	10	39	10	32	1	37	1
5	35	9	37	7	32	7	38	9	39	10	38	2
6	34	10	38	6	39	8	37	8	40	9	45	19
7	33	7	35	5	40	5	36	7	47	18	46	20
8	32	8	36	4	37	6	35	15	48	17	43	17
9	31	15	33	3	38	13	44	16	45	16	44	18
10	50	16	34	12	45	14	43	13	46	15	41	15
11	49	13	41	11	46	11	42	14	43	14	42	16
12	48	12	42	20	43	12	41	11	44	13	49	13
13	47	19	49	19	44	19	50	12	41	12	50	14
14	46	20	50	18	43	20	49	19	42	11	47	11
15	45	17	47	15	44	17	48	20	49	20	48	12
16	42	18	48	14	41	18	47	11	50	19	51	29
17	41	15	46	13	42	18	44	12	57	28	52	30
18	50	16	45	17	49	17	43	29	58	27	59	28
19	47	21	44	18	50	26	52	30	56	22	60	27
20	56	22	43	25	57	25	55	27	55	21	57	26
21	55	29	52	26	54	24	54	28	54	30	58	25
22	54	30	51	23	51	23	53	25	53	22	55	24
23	53	27	60	24	52	22	52	24	52	29	54	23
24	52	28	59	21	59	21	51	21	51	30	51	22
25	51	25	58	22	60	30	60	22	60	27	52	21
26	60	26	57	29	57	29	59	29	59	28	9	40
27	59	23	56	30	58	26	58	30	8	35	10	39
28	58	24	55	27	55	25	57	37	7	36	7	38
29	57		54	28	56	34	6	38	6	33	8	37
30	6		53	35	3	33	5	35	5	34	5	36
31	5		2		4		4	36		31		35

下ひとケタが… **1･2** 自我欲　**3･4** 食欲・性欲　**5･6** 金欲・財欲　**7･8** 権力・支配欲　**9･0** 創作欲

金 2008 平成20年生

日＼月	1	2	3	4	5	6	7	8	9	10	11	12
1	34	9	35	5	40	5	36	7	47	18	46	20
2	33	8	36	4	37	6	35	16	48	17	43	17
3	32	7	33	3	38	13	44	15	45	16	44	18
4	31	15	34	12	45	14	43	14	46	15	41	15
5	50	16	41	11	46	11	42	13	43	14	42	16
6	49	13	42	20	43	12	42	12	44	13	49	13
7	48	14	49	19	44	19	50	12	41	12	50	14
8	47	11	50	18	41	20	49	19	42	11	47	11
9	46	12	47	17	42	17	48	20	49	20	48	12
10	45	19	48	16	49	18	47	17	50	19	55	29
11	44	20	45	15	50	15	46	18	57	28	56	30
12	43	15	46	14	47	16	45	25	58	27	53	27
13	42	16	43	13	50	23	54	26	55	26	54	28
14	41	23	44	30	57	24	53	23	56	25	51	25
15	60	24	51	29	58	21	52	28	53	24	58	26
16	57	21	51	28	55	23	51	25	54	23	55	23
17	56	22	60	24	56	22	58	26	51	22	56	24
18	55	29	59	21	53	21	57	23	51	27	53	22
19	52	28	58	22	54	30	56	24	60	26	54	21
20	51	25	57	29	57	29	59	21	59	25	1	40
21	60	26	56	30	58	28	58	22	8	35	2	39
22	59	23	55	27	55	27	57	37	7	36	7	38
23	58	24	54	28	56	36	6	38	6	33	8	37
24	57	31	53	35	3	35	5	35	5	34	5	36
25	6	32	2	36	4	34	4	36	4	31	6	35
26	5	39	1	33	1	31	3	33	3	32	3	34
27	4	40	10	34	2	40	2	34	2	39	4	33
28	3	37	9	31	9	39	1	31	1	40	1	32
29	2	38	8	32	10	38	10	32	10	37	2	31
30	1		7	39	7	37	9	39	9	38	19	50
31	10		6		8		8	40		45		49

銀 2009 平成21年生

日＼月	1	2	3	4	5	6	7	8	9	10	11	12
1	48	13	42	20	43	12	41	12	44	13	49	13
2	47	12	49	19	44	19	50	11	41	12	50	14
3	46	11	50	18	41	20	49	20	42	11	47	11
4	45	19	47	17	42	17	48	19	49	20	48	12
5	44	20	48	16	49	18	47	18	50	19	55	29
6	43	17	45	15	50	15	46	17	57	28	56	30
7	42	18	46	14	47	16	45	25	58	27	53	27
8	41	25	43	13	48	23	54	26	55	26	54	28
9	60	26	44	22	55	24	53	23	56	25	51	25
10	59	23	51	21	56	21	52	24	53	24	52	26
11	58	24	52	30	53	22	51	21	54	23	59	23
12	57	29	59	29	54	29	60	22	51	22	60	24
13	56	30	60	28	53	30	59	29	52	21	57	21
14	55	27	57	27	54	27	58	30	59	30	58	22
15	52	28	58	24	51	28	57	21	60	29	1	39
16	51	25	56	23	52	28	56	22	7	38	2	40
17	60	26	55	22	59	27	53	39	8	37	9	37
18	57	33	54	28	60	36	2	40	6	32	10	37
19	6	32	53	35	7	35	1	37	5	31	7	36
20	5	39	2	36	4	34	4	38	4	40	8	35
21	4	40	1	33	1	33	3	35	3	32	5	34
22	3	37	10	34	2	32	2	34	2	39	4	33
23	2	38	9	31	9	31	1	31	1	40	1	32
24	1	35	8	32	10	40	10	32	10	37	2	31
25	10	36	7	39	7	39	9	39	9	38	19	50
26	9	33	6	40	8	36	8	40	18	45	20	49
27	8	34	5	37	5	35	7	47	17	46	17	48
28	7	41	4	38	6	44	16	48	16	43	18	47
29	16		3	45	13	43	15	45	15	44	15	46
30	15		12	46	14	42	14	46	14	41	16	45
31	14		11		11		13	43		42		44

命数が… 1〜10 羅針盤座 11〜20 インディアン座 21〜30 鳳凰座 31〜40 時計座 41〜50 カメレオン座 51〜60 イルカ座

2010 平成22年生

日＼月	1	2	3	4	5	6	7	8	9	10	11	12
1	43	18	45	15	50	15	46	17	57	28	56	30
2	42	17	46	14	47	16	45	26	58	27	53	27
3	41	26	43	13	48	23	54	25	55	26	54	28
4	60	26	44	22	55	24	53	24	56	25	51	25
5	59	23	55	21	56	21	52	23	53	24	52	26
6	58	24	52	30	53	22	51	22	54	23	59	23
7	57	21	59	29	54	29	60	22	51	22	60	24
8	56	22	60	28	51	30	59	29	52	21	57	21
9	55	29	57	27	52	27	58	30	59	30	58	22
10	54	30	58	26	59	28	57	27	60	29	5	39
11	53	27	55	25	60	25	56	28	7	38	6	40
12	52	26	56	24	57	26	55	35	8	37	3	37
13	51	33	53	23	60	33	4	36	5	36	4	38
14	10	34	54	32	7	34	3	33	6	35	1	35
15	7	31	1	39	8	31	2	38	3	34	8	36
16	6	32	2	38	5	32	1	35	4	33	5	33
17	5	39	10	37	6	32	8	36	1	32	6	34
18	2	40	9	31	3	31	7	33	2	37	3	32
19	1	35	8	32	4	40	6	34	10	36	4	31
20	10	36	7	39	7	39	9	31	9	35	11	50
21	9	33	6	40	8	38	8	32	18	45	12	49
22	8	34	5	37	5	37	7	47	17	46	17	48
23	7	41	4	38	6	46	16	48	16	43	18	47
24	16	42	3	45	13	45	15	45	15	44	15	46
25	15	49	12	46	14	44	14	46	14	41	16	45
26	14	50	11	43	11	43	13	43	13	42	13	44
27	13	47	20	44	12	50	12	44	12	49	14	43
28	12	48	19	41	19	49	11	41	11	50	11	42
29	11		18	42	20	48	20	42	20	47	12	41
30	20		17	49	17	47	19	49	19	48	29	60
31	19		16		18		18	50		55		59

銀

2011 平成23年生

日＼月	1	2	3	4	5	6	7	8	9	10	11	12
1	58	23	52	30	53	22	51	22	54	23	59	23
2	57	22	59	29	54	29	60	21	51	22	60	24
3	56	21	60	28	51	30	59	30	52	21	57	21
4	55	29	57	27	52	27	58	29	59	30	58	22
5	54	30	52	26	59	28	57	28	60	29	5	39
6	53	27	55	25	60	25	56	27	7	38	6	40
7	52	28	56	24	57	26	55	36	8	37	3	37
8	51	35	53	23	58	33	4	36	5	36	4	38
9	10	36	54	32	5	34	3	33	6	35	1	35
10	9	33	1	31	6	31	2	34	3	34	2	36
11	8	34	2	40	3	32	1	31	4	33	9	33
12	7	39	9	39	4	39	10	32	1	32	10	34
13	6	40	10	38	1	40	9	39	2	31	7	31
14	5	37	7	37	4	37	8	40	9	40	8	32
15	4	38	8	34	1	38	7	37	10	39	15	49
16	1	35	5	33	2	35	6	32	17	48	12	50
17	10	36	5	32	9	37	3	49	18	47	19	47
18	9	43	4	38	10	46	12	50	15	46	20	47
19	16	42	3	45	17	45	11	47	15	41	17	46
20	15	49	12	46	18	44	14	48	14	50	18	45
21	14	50	11	43	11	43	13	45	13	49	15	44
22	13	47	20	44	12	42	12	46	12	49	16	43
23	12	48	19	41	19	41	11	41	11	50	11	42
24	11	45	18	42	20	50	20	42	20	47	12	41
25	20	46	17	49	17	49	19	49	19	48	29	60
26	19	43	16	50	18	48	18	50	28	55	30	59
27	18	44	15	47	15	45	17	57	27	56	27	58
28	17	51	14	48	16	54	26	58	26	53	28	57
29	26		13	55	23	53	25	55	25	54	25	56
30	25		22	56	24	52	24	56	24	51	26	55
31	24		21		21		23	53		52		54

下ひとケタが… 1·2 自我欲　3·4 食欲・性欲　5·6 金欲・財欲　7·8 権力・支配欲　9·0 創作欲

金 2012 平成24年生

日＼月	1	2	3	4	5	6	7	8	9	10	11	12
1	53	28	56	24	57	26	55	36	8	37	3	37
2	52	27	53	23	58	33	4	35	5	36	4	38
3	51	36	54	32	5	34	3	34	6	35	1	35
4	10	36	1	31	6	31	2	33	3	34	2	36
5	9	33	2	40	3	32	1	32	4	33	9	33
6	8	34	9	39	4	39	9	31	1	32	10	34
7	7	31	10	38	1	40	9	39	2	31	7	31
8	6	32	7	37	2	37	8	40	9	40	8	32
9	5	39	8	36	9	38	7	37	10	39	15	49
10	4	40	5	35	10	35	6	38	17	48	16	50
11	3	37	6	34	7	36	5	45	18	47	13	47
12	2	36	3	33	8	43	14	46	15	46	14	48
13	1	43	4	42	17	44	13	43	16	45	11	45
14	20	44	11	49	18	41	12	44	13	44	12	46
15	19	41	12	48	15	42	11	45	14	43	15	43
16	16	42	20	47	16	42	20	46	11	42	16	44
17	15	49	19	41	13	41	17	43	12	41	13	41
18	14	50	18	42	14	50	16	44	20	46	14	41
19	11	45	17	49	11	49	15	41	19	45	21	60
20	20	46	16	50	18	48	18	42	28	54	22	59
21	19	43	15	47	15	47	17	59	27	56	29	58
22	18	44	14	48	16	56	26	58	26	53	28	57
23	17	51	13	55	23	55	25	55	25	54	25	56
24	26	52	22	56	24	54	24	56	24	51	26	55
25	25	59	21	53	21	53	23	53	23	52	23	54
26	24	60	30	54	22	60	22	54	22	59	24	53
27	23	57	29	51	29	59	21	51	21	60	21	52
28	22	58	28	52	30	58	30	52	30	57	22	51
29	21	55	27	59	27	57	29	59	29	58	39	10
30	30		26	60	28	56	28	60	38	5	40	9
31	29		25		25		27	7		6		8

銀 2013 平成25年生

日＼月	1	2	3	4	5	6	7	8	9	10	11	12
1	7	32	9	39	4	39	10	31	1	32	10	34
2	6	31	10	38	1	40	9	40	2	31	7	31
3	5	40	7	37	2	37	8	39	9	40	8	32
4	4	40	8	36	9	38	7	38	10	39	15	49
5	3	37	5	35	10	35	6	37	17	48	16	50
6	2	38	6	34	7	36	6	46	18	47	13	47
7	1	45	3	33	8	43	14	46	15	46	14	48
8	20	46	4	42	15	44	13	43	16	45	11	45
9	19	43	11	41	16	41	12	44	13	44	12	46
10	18	44	12	50	13	42	11	41	14	43	19	43
11	17	41	19	49	14	49	20	42	11	42	20	44
12	16	50	20	48	11	50	19	49	12	41	17	41
13	15	47	17	47	14	47	18	50	19	50	18	42
14	14	48	18	46	11	48	17	47	20	49	25	59
15	11	45	15	43	12	45	16	42	27	58	22	60
16	20	46	15	42	19	47	15	59	28	57	29	57
17	19	53	14	41	20	56	22	60	25	56	30	58
18	26	54	13	55	27	55	21	57	25	51	27	56
19	25	59	22	56	28	54	30	58	24	60	28	55
20	24	60	21	53	21	53	23	55	23	59	25	54
21	23	57	30	54	22	52	22	56	22	59	26	53
22	22	58	29	51	29	51	21	51	21	60	21	52
23	21	55	28	52	30	60	30	52	30	57	22	51
24	30	56	27	59	27	59	29	59	29	58	39	10
25	29	53	26	60	28	58	28	60	38	5	40	9
26	28	54	25	57	25	55	27	7	37	6	37	8
27	27	1	24	58	26	4	36	8	36	3	38	7
28	36	2	23	5	33	3	35	5	35	4	35	6
29	35		32	6	34	2	34	6	34	1	36	5
30	34		31	3	31	1	33	3	33	2	33	4
31	33		40		32		32	4		9		3

命数が… **1〜10** 羅針盤座 **11〜20** インディアン座 **21〜30** 鳳凰座 **31〜40** 時計座 **41〜50** カメレオン座 **51〜60** イルカ座

日＼月	1	2	3	4	5	6	7	8	9	10	11	12
1	2	37	6	34	7	36	5	46	18	47	13	47
2	1	46	3	33	8	43	14	45	15	46	14	48
3	20	45	4	42	15	44	13	44	16	45	11	45
4	19	43	11	41	16	41	12	43	13	44	12	46
5	18	44	12	50	13	42	11	42	14	43	19	43
6	17	41	19	49	14	49	20	41	11	42	20	44
7	16	42	20	48	11	50	19	49	12	41	17	41
8	15	49	17	47	12	47	18	50	19	50	18	42
9	14	50	18	46	19	48	17	47	20	49	25	59
10	13	47	15	45	20	45	16	48	27	58	26	60
11	12	48	16	44	17	46	15	55	28	57	23	57
12	11	53	13	43	18	53	24	56	25	56	24	58
13	30	54	14	52	27	54	23	53	26	55	21	55
14	29	51	21	51	28	51	22	54	23	54	22	56
15	26	52	22	58	25	52	21	55	24	53	25	53
16	25	59	29	57	26	59	30	56	21	52	26	54
17	24	60	29	56	23	51	27	53	22	51	23	51
18	21	57	28	52	24	60	26	54	29	56	24	51
19	30	56	27	59	21	59	25	51	29	55	31	10
20	29	53	26	60	28	58	28	52	38	4	32	9
21	28	54	25	57	25	57	27	9	37	6	39	8
22	27	1	24	58	26	6	36	8	36	3	38	7
23	36	2	23	5	33	5	35	5	35	4	35	6
24	35	9	32	6	34	4	34	6	34	1	36	5
25	34	10	31	3	31	3	33	3	33	2	33	4
26	33	7	40	4	32	2	32	4	32	9	34	3
27	32	8	39	1	39	9	31	1	31	10	31	2
28	31	5	38	2	40	8	40	2	40	7	32	1
29	40		37	9	37	7	39	9	39	8	49	20
30	39		36	10	38	6	38	10	48	15	50	19
31	38		35		35		37	17		16		18

2015
平成27年生

日＼月	1	2	3	4	5	6	7	8	9	10	11	12
1	17	42	19	49	14	49	20	41	11	42	20	44
2	16	41	20	48	11	50	19	50	12	41	17	41
3	15	50	17	47	12	47	18	49	19	50	18	42
4	14	50	18	46	19	48	17	48	20	49	25	59
5	13	47	15	45	20	45	16	47	27	58	26	60
6	12	48	16	44	17	46	15	56	28	57	23	57
7	11	55	13	43	18	53	24	55	25	56	24	58
8	30	56	14	52	25	54	23	53	26	55	21	55
9	29	53	21	51	26	51	22	54	23	54	22	56
10	28	54	22	60	23	52	21	51	24	53	29	53
11	27	51	29	59	24	59	30	52	21	52	30	54
12	26	60	30	58	21	60	29	59	22	51	27	51
13	25	57	27	57	22	57	28	60	29	60	28	52
14	24	58	28	56	21	58	27	57	30	59	35	9
15	23	55	25	53	22	55	26	58	37	8	36	10
16	30	56	26	52	29	56	25	9	38	7	39	7
17	29	3	24	51	30	6	32	10	35	6	40	8
18	38	4	23	5	37	5	31	7	36	1	37	6
19	35	9	32	6	38	4	40	8	34	10	38	5
20	34	10	31	3	35	3	33	5	33	9	35	4
21	33	7	40	4	32	2	32	6	32	9	36	3
22	32	8	39	1	39	1	31	3	31	10	33	2
23	31	5	38	2	40	10	40	2	40	7	32	1
24	40	6	37	9	37	9	39	9	39	8	49	20
25	39	3	36	10	38	8	38	10	48	15	50	19
26	38	4	35	7	35	7	37	17	47	16	47	18
27	37	11	34	8	36	14	46	18	46	13	48	17
28	46	12	33	15	43	13	45	15	45	14	45	16
29	45		42	16	44	12	44	16	44	11	46	15
30	44		41	13	41	11	43	13	43	12	43	14
31	43		50		42		42	14		19		13

下ひとケタが… **1·2** 自我欲 **3·4** 食欲・性欲 **5·6** 金欲・財欲 **7·8** 権力・支配欲 **9·0** 創作欲

金 2016 平成28年生

日＼月	1	2	3	4	5	6	7	8	9	10	11	12
1	12	47	13	43	18	53	24	55	25	56	24	58
2	11	56	14	52	25	54	23	54	26	55	21	55
3	30	55	21	51	26	51	22	53	23	54	22	56
4	29	53	22	60	23	52	21	52	24	53	29	53
5	28	54	29	59	24	59	30	51	21	52	30	54
6	27	51	30	58	21	60	30	60	22	51	27	51
7	26	52	27	57	22	57	28	60	29	60	28	52
8	25	59	28	56	29	58	27	57	30	59	35	9
9	24	60	25	55	30	55	26	58	37	8	36	10
10	23	57	26	54	27	56	25	5	38	7	33	7
11	22	58	23	53	28	3	34	6	35	6	34	8
12	21	3	24	2	35	4	33	3	36	5	31	5
13	40	4	31	1	38	1	32	4	33	4	32	6
14	39	1	32	8	35	2	31	1	34	3	39	3
15	38	2	39	7	36	9	40	6	31	2	36	4
16	35	9	39	6	33	1	39	3	32	1	33	1
17	34	10	38	2	34	10	36	4	39	10	34	2
18	33	7	37	9	31	9	35	1	39	5	41	20
19	40	6	36	10	32	8	34	2	48	14	42	19
20	39	3	35	7	35	7	37	19	47	13	49	18
21	38	4	34	8	36	16	46	20	46	13	50	17
22	37	11	33	15	43	15	45	15	45	14	45	16
23	46	12	42	16	44	14	44	16	44	11	46	15
24	45	19	41	13	41	13	43	13	43	12	43	14
25	44	20	50	14	42	12	42	14	42	19	44	13
26	43	17	49	11	49	19	41	11	41	20	41	12
27	42	18	48	12	50	18	50	12	50	17	42	11
28	41	15	47	19	47	17	49	19	49	18	59	30
29	50	16	46	20	48	16	48	20	58	25	60	29
30	49		45	17	45	15	47	27	57	26	57	28
31	48		44		46		56	28		23		27

銀 2017 平成29年生

日＼月	1	2	3	4	5	6	7	8	9	10	11	12
1	26	51	30	58	21	60	29	60	22	51	27	51
2	25	60	27	57	22	57	28	59	29	60	28	52
3	24	59	28	56	29	58	27	58	30	59	35	9
4	23	57	25	55	30	55	26	57	37	8	36	10
5	22	58	26	54	27	56	25	6	38	7	33	7
6	21	5	23	53	28	3	33	5	35	6	34	8
7	40	6	24	2	35	4	33	3	36	5	31	5
8	39	3	31	1	36	1	32	4	33	4	32	6
9	38	4	32	10	33	2	31	1	34	3	39	3
10	37	1	39	9	34	9	40	2	31	2	40	4
11	36	2	40	8	31	10	39	9	32	1	37	1
12	35	7	37	7	32	7	38	10	39	10	38	2
13	34	8	38	6	31	8	37	7	40	9	45	19
14	33	5	35	3	32	5	36	8	47	18	46	20
15	40	6	36	2	39	6	35	19	48	17	49	17
16	39	13	34	1	40	16	44	20	45	16	50	18
17	48	14	33	15	47	15	41	17	46	15	47	15
18	45	11	42	16	48	14	50	18	44	20	48	15
19	44	20	41	13	45	13	49	15	43	19	45	14
20	43	17	50	14	42	12	42	16	42	18	46	13
21	42	18	49	11	49	11	41	13	41	20	43	12
22	41	15	48	12	50	20	50	12	50	17	42	11
23	50	16	47	19	47	19	49	19	49	18	59	30
24	49	13	46	20	48	18	48	20	58	25	60	29
25	48	14	45	17	45	17	47	27	57	26	57	28
26	47	21	44	18	46	24	56	28	56	23	58	27
27	56	22	43	25	53	23	55	25	55	24	55	26
28	55	29	52	26	54	22	54	26	54	21	56	25
29	54		51	23	51	21	53	23	53	22	53	24
30	53		60	24	52	30	52	24	52	29	54	23
31	52		59		59		51	21		30		22

命数が… 1〜10 羅針盤座 11〜20 インディアン座 21〜30 鳳凰座 31〜40 時計座 41〜50 カメレオン座 51〜60 イルカ座

金

2018 平成30年生

日＼月	1	2	3	4	5	6	7	8	9	10	11	12
1	21	6	23	53	28	3	34	5	35	6	34	8
2	40	5	24	2	35	4	33	4	36	5	31	5
3	39	4	31	1	36	1	32	3	33	4	32	6
4	38	4	32	10	33	2	31	2	34	3	39	3
5	37	1	33	9	34	9	40	1	31	2	40	4
6	36	2	40	8	31	10	39	10	32	1	37	1
7	35	9	37	7	32	7	38	10	39	10	38	2
8	34	10	38	6	39	8	37	7	40	9	45	19
9	33	7	35	5	40	5	36	8	47	18	46	20
10	32	8	36	4	37	6	35	15	48	17	43	17
11	31	15	33	3	38	13	44	16	45	16	44	18
12	50	14	34	12	45	14	43	13	46	15	41	15
13	49	11	41	11	48	11	42	14	43	14	42	16
14	48	12	42	20	45	12	41	11	44	13	49	13
15	45	19	49	17	46	19	50	16	41	12	46	14
16	44	20	50	16	43	20	49	13	42	11	43	11
17	43	17	48	15	44	20	46	14	49	20	44	12
18	50	18	47	19	41	19	45	11	50	15	51	30
19	49	13	46	20	42	18	44	12	58	24	52	29
20	48	14	45	17	45	17	47	29	57	23	59	28
21	47	21	44	18	46	26	56	30	56	23	60	27
22	56	22	43	25	53	25	55	25	55	24	55	26
23	55	29	52	26	54	24	54	26	54	21	56	25
24	54	30	51	23	51	23	53	23	53	22	53	24
25	53	27	60	24	52	22	52	24	52	29	54	23
26	52	28	59	21	59	21	51	21	51	30	51	22
27	51	25	58	22	60	28	60	22	60	27	52	21
28	60	26	57	29	57	27	59	29	59	28	9	40
29	59		56	30	58	26	58	30	8	35	10	39
30	58		55	27	55	25	57	37	7	36	7	38
31	57		54		56		6	38		33		37

銀

2019 平成31年生／令和元年生

日＼月	1	2	3	4	5	6	7	8	9	10	11	12
1	36	1	40	8	31	10	39	10	32	1	37	1
2	35	10	37	7	32	7	38	9	39	10	38	2
3	34	9	38	6	39	8	37	8	40	9	45	19
4	33	7	35	5	40	5	36	7	47	18	46	20
5	32	8	40	4	37	6	35	16	48	17	43	17
6	31	15	33	3	38	13	44	15	45	16	44	18
7	50	16	34	12	45	14	43	14	46	15	41	15
8	49	13	41	11	46	11	42	14	43	14	42	16
9	48	14	42	20	43	12	41	11	44	13	49	13
10	47	11	49	19	44	19	50	12	41	12	50	14
11	46	12	50	18	41	20	49	19	42	11	47	11
12	45	17	47	17	42	17	48	20	49	20	48	12
13	44	18	48	16	49	18	47	17	50	19	55	29
14	43	15	45	15	42	15	46	18	57	28	56	30
15	42	16	46	12	49	16	45	25	58	27	53	27
16	49	23	43	11	50	23	54	30	55	26	60	28
17	58	24	43	30	57	25	51	27	56	25	57	25
18	57	21	52	26	58	24	60	28	53	30	58	25
19	54	30	51	23	55	23	59	25	53	29	55	24
20	53	27	60	24	56	22	52	26	52	28	56	23
21	52	28	59	21	59	21	51	23	51	30	53	22
22	51	25	58	22	60	30	60	24	60	27	54	21
23	60	26	57	29	57	29	59	29	59	28	9	40
24	59	23	56	30	58	28	58	30	8	35	10	39
25	58	24	55	27	55	27	57	37	7	36	7	38
26	57	31	54	28	56	36	6	38	6	33	8	37
27	6	32	53	35	3	33	5	35	5	34	5	36
28	5	39	2	36	4	32	4	36	4	31	6	35
29	4		1	33	1	31	3	33	3	32	3	34
30	3		10	34	2	40	2	34	2	39	4	33
31	2		9		9		1	31		40		32

下ひとケタが… 1·2 自我欲　3·4 食欲・性欲　5·6 金欲・財欲　7·8 権力・支配欲　9·0 創作欲

金

2020

令和2年生

日＼月	1	2	3	4	5	6	7	8	9	10	11	12
1	31	16	34	12	45	14	43	14	46	15	41	15
2	50	15	41	11	46	11	42	13	43	14	42	16
3	49	14	42	20	43	12	41	12	44	13	49	13
4	48	14	49	19	44	19	50	11	41	12	50	14
5	47	11	50	18	41	20	49	20	42	11	47	11
6	46	12	47	17	42	17	47	19	49	20	48	12
7	45	19	48	16	49	18	47	17	50	19	55	29
8	44	20	45	15	50	15	46	18	57	28	56	30
9	43	17	46	14	47	16	45	25	58	27	53	27
10	42	18	43	13	48	23	54	26	55	26	54	28
11	41	25	44	22	55	24	53	23	56	25	51	25
12	60	24	51	21	56	21	52	24	53	24	52	26
13	59	21	52	30	55	22	51	21	54	23	59	23
14	58	22	59	27	56	29	60	22	51	22	60	24
15	57	29	60	26	53	30	59	23	52	21	53	21
16	54	30	58	25	54	30	58	24	59	30	54	22
17	53	27	57	29	51	29	55	21	60	29	1	39
18	52	28	56	30	52	28	54	22	8	34	2	39
19	59	23	55	27	59	27	53	39	7	33	9	38
20	58	24	54	28	56	36	6	40	6	32	10	37
21	57	31	53	35	3	35	5	37	5	34	7	36
22	6	32	2	36	4	34	4	36	4	31	6	35
23	5	39	1	33	1	33	3	33	3	32	3	34
24	4	40	10	34	2	32	2	34	2	39	4	33
25	3	37	9	31	9	31	1	31	1	40	1	32
26	2	38	8	32	10	38	10	32	10	37	2	31
27	1	35	7	39	7	37	9	39	9	38	19	50
28	10	36	6	40	8	36	8	40	18	45	20	49
29	9	33	5	37	5	35	7	47	17	46	17	48
30	8		4	38	6	44	16	48	16	43	18	47
31	7		3		13		15	45		44		46

命数が… 1～10 羅針盤座 11～20 インディアン座 21～30 鳳凰座 31～40 時計座 41～50 カメレオン座 51～60 イルカ座

おわりに

運命の人に会うために、もっとも大切なこと

この本は、自分の運気だけではなく、気になった相手とどうしたら仲よくなれるのか、どうしたら付き合うことができるのか、その作戦を立てて、皆さんの人生の中で少しでもお役に立てればいいなと思ってつくりました。

占いは100％ではありませんが、気になる相手にはこんな一面もあると知れば、仲よくなれるきっかけをつかめる道具となります。この本で気になる相手の好みをつかみ、「私たち運命の人かも」と伝えてみれば、相手も意識してくれるようになるはずです。それをきっかけに、本当に運命の人になるかもしれません。

まずは、どんな人にも好かれる努力をしてください。「嫌われてもいい」という考えで生きていると、本当に嫌われるだけです。好かれる努力をしても、どうしても合わない人がいるのは仕方がないので、そこを気にしないようにすることも大切です。

占いの分析を参考に、どんな人が素敵で魅力的なのかをよく観察し、成長の糧にしながら、自分磨きの努力を楽しむようにしてください。

すべての出会いはつねに自分と見合っています。納得がいかないと言うのなら、自分のレベルを上げられるように成長する必要があります。ときには環境を変える、習い事を始める、行動範囲や友人関係を思い切って変える必要もあるでしょう。運気のいいタイミングを知って、運命の人と出会える日までにいろいろな人と触れ合ってみる経験が必要ですし、失恋から学ぶこともあると思います。

僕がもっとも言いたいことは、運命の人がいるからと待っているのではなく、この本をきっかけに運命の人をつくるように生活してみてほしい、ということです。そうすれば、本当に運命の人が現れると思います。

運命の人がいることを信じて、運命の人と出会う可能性がある時期を知り、それまで諦めないで自分磨きを積み重ね、いろいろな人と仲よくなっておいてください。そして、本当に素敵な運命の人と出会ったときに、緊張してうまく話せなかったり、相手の気持ちを素直に受け止められなくてチャンスを逃したりすることのないように、いろいろな経験を積み重ねていってください。

本書で皆さんが「運命の人」につながることを願っています。

ゲッターズ飯田

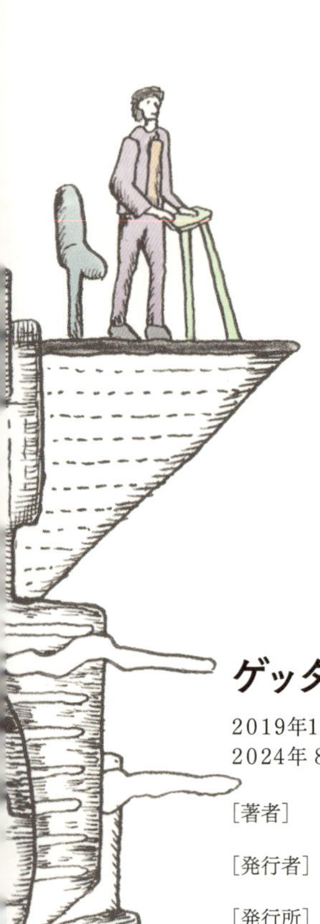

ゲッターズ飯田（げったーず いいだ）

これまで6万人を超える人を無償で占い続け、「人の紹介がないと占わない」というスタンスが業界で話題に。20年以上占ってきた実績をもとに「五星三心占い」を編み出し、芸能界最強の占い師としてテレビ、ラジオに出演するほか、雑誌やwebなどにも数多く登場する。メディアに出演するときは、自分の占いで「顔は出さないほうがいい」から赤いマスクを着けている。LINE公式アカウントの登録者数は140万人を超え、著書の累計発行部数も500万部を超えている（2019年11月現在）。『ゲッターズ飯田の金持ち風水』『ゲッターズ飯田の裏運気の超え方』『ゲッターズ飯田の「五星三心占い」決定版』（以上、朝日新聞出版）、『ゲッターズ飯田の運命の変え方』（ポプラ社）、『開運レッスン』（セブン&アイ出版）はいずれも10万部突破。『ゲッターズ飯田の五星三心占い2018年版』『同 2019年版』（セブン＆アイ出版）はともに100万部を発行している。

ゲッターズ飯田オフィシャルブログ　https://ameblo.jp/koi-kentei/

ゲッターズ飯田の運命の人の増やし方

2019年12月30日 第1刷発行
2024年 8 月20日 第3刷発行

［著者］　ゲッターズ飯田
［発行者］　宇都宮健太朗
［発行所］　朝日新聞出版
〒104-8011 東京都中央区築地 5-3-2
電話03-5541-8832（編集）
03-5540-7793（販売）

［印刷製本］　中央精版印刷株式会社

ISBN978-4-02-251649-7